岭南文化书系
韶文化研究丛书

南禅宗海外传播史

王焰安　慧　贤　编著

暨南大学出版社
JINAN UNIVERSITY PRESS
中国·广州

图书在版编目（CIP）数据

南禅宗海外传播史/王焰安，慧贤编著 .—广州：暨南大学出版社，2013.12

（岭南文化书系·韶文化研究丛书）

ISBN 978－7－5668－0851－6

Ⅰ.①南… Ⅱ.①王… ②慧… Ⅲ.①禅宗—文化传播—文化史—世界 Ⅳ.①B946.5

中国版本图书馆 CIP 数据核字(2013)第 269871 号

出版发行：暨南大学出版社

地　　址：中国广州暨南大学

电　　话：总编室（8620）85221601

营销部（8620）85225284　85228291　85228292（邮购）

传　　真：（8620）85221583（办公室）　85223774（营销部）

邮　　编：510630

网　　址：http：//www.jnupress.com　http：//press.jnu.edu.cn

排　　版：广州市天河星辰文化发展部照排中心

印　　刷：韶关市新华宏达印务有限公司

开　　本：787mm×1092mm　1/16

印　　张：15

字　　数：242 千

版　　次：2013 年 12 月第 1 版

印　　次：2013 年 12 月第 1 次

定　　价：38.00 元

总　序

一

韶关历史悠久，文化底蕴深厚，源远流长，为岭南开发较早的地区之一。宋代乐史撰《太平寰宇记》所引《郡国志》言：“韶州科斗劳水间有韶石，两石相对，大小略均，有似双阙……昔舜帝游此石，奏韶乐，因以名之。”其实，“韶”字来源于“舜帝南巡奏韶乐”的千古美妙传说早在隋唐时期就已流传。隋开皇九年（589 年），韶州以“韶”为州名，千百年来始终未改。此后，在中华大地上以“韶”命名的古城韶州成为岭南著名州府。迄今为止，韶关是唯一以“韶”命名的历史文化名城。

马坝人的发现证明了早在十多万年前，人类的祖先就在韶关这块古老的土地上繁衍生息。石峡文化遗址的发掘又告诉人们，在四五千年前，这片区域已经与长江流域在经济文化方面有了密切的联系，及至秦破百越、收岭南，韶州成为岭南最早归属中央政权管辖和开发的地区之一。汉晋以降，珠玑先民持续南迁至珠江三角洲，衍成广府民系和广府文化。可以说，韶文化是岭南文化早期的一个主要源头。唐代著名文学家皇甫湜在为韶州作《韶阳楼记》时写道：“岭南属州以百数，韶州为大。”韶关作为广东北大门及粤北历史文化中心，自古就发挥了传输中原文化、弘扬岭南文化的先进作用。

韶关自古为岭南重镇，又是人杰地灵之都、山川灵秀之域。唐初，禅宗南派创始人六祖惠能在韶州弘法近四十年，述成了第一部中国化的佛家经典《六祖坛经》，形成了著名的禅宗文化。南北朝时期以勇猛刚烈著称的风烈将军侯安都，唐开元盛世名相，以风度名扬天下的张九龄，学深刚毅、文采拔萃、以风采而著名的北宋政治家余靖，明代抗倭名将陈璘，清代著名思想家廖燕等，都是受韶文化滋养的土生土长的韶州人杰。唐代大文豪韩愈，北宋文学家苏东坡，南宋诗人杨万里，著名理学家朱熹，名臣文天祥，明代才子解缙，著名学者丘睿，理学家陈白沙，科学家徐光启，军事家袁崇焕，清代著名诗人王士祯、朱彝尊，以及民国时期革命先行者孙中山，新中国创建者毛泽东、朱德、陈毅等一大批名人都在韶关留下了千古流芳的诗文和历史足迹。在中华世纪坛上铭刻的一百多位对中国历史文化产生深刻影响的人中有两位外国人，其中有一位是被誉为“中西文化交流第一人”的意大利传教士利玛窦，他也曾经于明代在韶关活动六年，对西学东渐和东学西传作出了不可磨灭的贡献。

从古代相传“舜帝南巡奏韶乐”到岭南名州、历史文化名城，韶关经过代代相传，已经形成了岭南文化中不可或缺的重要组成部分——韶文化。因此，我们说，韶文化是指分布在粤北地区的、受历代行政区划和自然环境影响孕育滋生的一种有着较为突出特征的史志阶段的区域文化。简言之，韶关本土的历史文化就是韶文化。韶文化的核心是以“韶”为主的包容、和谐、善美的传统精神，其文化结构的主要元素是舜韶乐文化、客家文化、南禅宗佛教文化、历史名人文化、瑶族文化、矿冶文化、山区生态文化、红色革命文化等，在文化形态上既表现了与岭南文化的同一性，又表现出自然与人文各方面的多元性和独特性。正是由于以上在地域特征、自然生态、族源构成等方面显示出的诸多特殊性，以“韶”为主题的韶文化才得以确立，并在数千年的历史中不断融合发展。

二

韶文化是岭南文化中一个主要的文化类型。这个文化类型的特色在以石峡文化为代表的萌芽阶段已初现端倪，在秦代南越国及两汉以后步入发展阶段，曲江（又称曲红，因曲红岗得名）、始兴郡皆为当时岭南最重要的中心城市之一，特别是此地最富特色的以丹霞红岩为主的自然生态风光逐渐被人们发现，而且由于舜帝南巡，在岭南地区奏韶乐的历史传说，原名“曲红岗”的丹霞地貌被赋予“至美”、“至善”的韶乐精神，并命名为“韶石”：“隋平陈，为韶州，以韶石为名。”（唐初梁载言《十道志》）至此，以“韶”为核心的优美的自然环境和善美和合的韶乐人文精神在粤北地区被有机地结合起来，韶乐、韶石、韶州成为这一地区最响亮的文化符号。基于地方行政区划和自然环境特殊性而形成的区域文化——韶文化，在保留了岭南文化一般特征的同时，逐渐在粤北展现出自己独特的文化结构、文化形态特征，主要表现在：

——舜帝韶乐文化。它不仅是韶关得名之源，而且有历史上一大批古建筑作为载体，以及隋唐以来历代史志和名人歌赋作为文献记录。韶乐的和谐善美精神在韶关地区的传播至少有千余年，是韶文化的精神内核，是统领其他文化要素的主导部分，也是区别于其他区域文化的重要地方特色。之所以把粤北地区的文化称为“韶文化”，其主要原因正在于此。

——汉族移民文化、粤北客家文化、瑶族文化、疍民文化构成了韶文化的民族民系主体。特别是持续南迁的珠玑巷移民构成了日后广府民系的主体，对岭南和东南亚的开发影响深远。

——发源于韶关的南禅宗佛教文化及其他宗教文化构成了韶文化精神层面的重要补充。南禅宗文化使佛教比较彻底地中国化，影响超出岭南，波及全国甚至全世界。

——历史上，粤北古道交通文化和名人文化突出。粤北是中原文化和岭南文化之间的主要通道、海上丝绸之路的陆上重要节点，而惠能、张九龄、余靖等都是岭南人杰，影响广泛。

——历史悠久的矿冶文化。韶关采矿历史久远、规模巨大，是世界上最早运用“淋铜法（湿法炼铜）”来大规模生产胆铜的地方。矿冶业延续至今，是韶关的重要经济命脉，也是韶关突出的城市文化特色和韶文化的突出特征。

——山区生态文化。地域居民秉承“天地同和”精神，在历史长河中与自然和谐相处，生态环境基本保持良好，是韶文化特色的显现，也是今后韶关发展的最重要的资源之一。

——以毛泽东、朱德、陈毅等人及抗战时期的广东省委在韶关的革命活动为代表的红色革命文化。此外，孙中山以韶关为根据地二次誓师北伐，抗战初期广东省省会北迁韶关等也都是宝贵的历史财富。

上述文化结构、文化特征是韶文化的主要内涵，也是我们开展韶

文化研究的主要方向。

三

重视韶文化的研究、传承与弘扬，对岭南文化的传播与发展具有非常重要的意义。深入细致地挖掘和研究韶文化，可以有力地推动粤北历史文化研究的发展，推动地方人文历史与环境的良性互动，丰富人民群众的精神文化生活，深化岭南文化的固有内涵，促进岭南文化繁荣发展，为广东建设文化强省、韶关建设区域文化中心提供理论依据和文化支撑。有鉴于此，韶关市和韶关学院于2009年11月正式联合成立了韶文化研究院，现已拥有专职、兼职研究人员40多人，特聘文化顾问10人。研究院成立以来，在韶关学院和韶关市委宣传部、韶关市社会科学界联合会的领导与支持下，积极开展地方文化历史研究与传播工作，先后获准设立广东省张九龄研究中心、广东省韶文化研究基地。2012年7月，经广东省委宣传部和广东省社会科学院发文，研究院升格为广东地方特色文化（韶文化）研究基地，成为全省首批九大特色文化研究基地之一。

本丛书即是该基地的初期研究成果。丛书的规模暂不限定，计划先用三年时间陆续推出几批著作。目前选题以历史文化为主，专注于与韶关有关的人、事和物，今后将逐渐扩大研究范围。

感谢韶关学院的党政领导和韶关市委宣传部、韶关市社会科学界联合会对本丛书立项、研究撰写和出版发行的支持与资助。特别感谢本丛书的各位作者，正是由于他们的辛勤劳动和无私奉献，才使本丛书得以付梓面世。暨南大学出版社对本丛书的出版发行给予了帮助，在此一并感谢。

是为序。

韶关市韶文化研究院

韶关学院韶文化研究院

广东地方特色文化（韶文化）研究基地

2013年10月

目录

绪 论

中国南禅宗渊源于古印度，古印度佛教文化传入中国时，聪明的印度、中国僧人，按照中国人的文化思维与表述习惯，宣传、解释经义，从而说动了中国士大夫和民众，使他们根据各自的不同需要，在不同的层面接受了印度的佛教，印度佛教从而获得了在中国生存与发展的空间，形成了各具特色、各有主张的宗教派别。中国南禅宗就是其中一个较有影响力的派别，并由中国传播到了海外。

印度禅

禅，是梵语，是印度语“禅那”的简称。按照它的意思，禅那可以译为“思维修”、“静虑”、“禅定”等，讲的是佛教的一种修持方法。所谓“思维修”，即一门心思地专注于研修，从而使心灵安静，佛教称为“依因立名”；所谓“静虑”，即摒弃外界的干扰，使精神反观自身，佛教称为“依体立名”；所谓“禅定”，即将混乱的思绪平静下来，专注于 境。

佛教是在印度产生、形成与发展的。禅宗作为佛教的一个派别，首先也是渊源于印度，人们因而将它称为印度禅。

据传，摩诃迦叶是印度禅的祖师，禅宗源流的史籍也多是这样记载。传说，释迦牟尼在灵山会上拈花示众，所有弟子都不明白释迦牟尼的用意，只有大弟子摩诃迦叶望着释迦牟尼手中的花，会意地一笑。这一不言不语的微笑，正中释迦牟尼的心意。于是，释迦牟尼就向他传授了佛教的“正法眼藏”，并把一领金缕袈裟传给他，作为传法的证据。

摩诃迦叶之后，印度禅经过一千多年的传承，已辗转传承到了第二十八代，该代祖师为菩提达摩。

中国禅

印度佛教传入中国，据考是在汉朝末年。其主要流派是来自安息系的小乘学派，代表人物是安世高。安世高翻译的经文，大多是些不同派别的删节文本，很少有完整的经典文本。他的目的在于要求人们努力修禅而寻求解脱。他的方法是：译经以格义行，传教依神异行。

印度禅传入中国的第一人，目前佛家口头传承和史籍记载都普遍认为是达摩，并尊称达摩为中国禅宗的一世祖。关于达摩的最早记录，北魏杨炫之的《洛阳伽蓝记》中有所记载：“修梵寺，有金刚，鸠鸽不入，鸟雀不栖。菩提达摩云：得其真相也。”“永宁寺，熙平元年（516 年）太后胡氏所立也……殚土木之功，穷造型之巧。佛事精妙，不可思议。时有西域沙门菩提达摩者，波斯国胡人也，起自荒裔，来游中土；见金盘炫日，光照云表，宝铎含风，响出天外，歌咏赞叹，实是神功。自云年 150 岁，历涉诸国，靡不周遍，而此寺精丽，阎浮所无也。极佛境界，并未有此。”这段话描述了达摩是“波斯国胡人”，有“150 岁”，游历了众多的国家和地区，具有相当的功夫，能“见金盘炫日，光照云表，宝铎含风，响出天外，歌咏赞叹”。有人根据杨炫之反对佛法，与达摩又处在同一时代，有此记载而断定达摩是确有其人。

达摩可能是真有其人，或计也真是印度僧人。但《洛阳伽蓝记》只简单地记载了他是“来游中土”，游历中土的事迹却没有详细记载，不过在民众的口中，却留下了不少有关他的传说，著名的有“一苇渡江”、“少林面壁”、“只履西归”等，从不同方面确立了他的始祖地位，塑造了他的始祖形象。

达摩

达摩的禅宗思想，有人将它归结为“二入四行说”。“二入”指“理入”和“行入”。“理入”指的是教理，《大正藏》将它的主要内容概括为：“藉教悟宗，深信含生同一真性。客尘障故，令舍伪归真，凝住壁观，无自无他，凡圣等一，坚住不移，不随于文教，与道冥符，寂然无为。”意思就是说，人要心住一境，不起他念，从而达到寂静无为的境界。“行入”指的是实践，它的主要内容是：行入者，谓四行，其余诸行悉入此中。何为四行？一报冤行，二报缘行，三无所求行，四称法行。意思是说，在日常的修行过程中，人们应该按照佛法的教导，远离一切爱憎怨恨，无所欲求，无所执着。其中的“藉教悟宗”是通过经文而达到觉悟，“不随于文教”，是觉悟之后，不拘泥于言教，即后世教徒所概括的“不立文字，教外别传”。这是达摩禅宗的标志。

达摩禅宗理论与方法形成之后，首先获得了中国僧人慧可的青睐，慧可从而成为中国禅宗的二世祖。传说慧可为追随达摩学禅，曾有“立雪”与“断臂”的举动，印证了达摩的“求法的人，不以身为身，不以命为命”的语意，从而获得了达摩的认可，跟随达摩六年左右。

传说达摩经过19年的修炼与传法，感觉自己应该离去了。于是，他把弟子们都召集到自己的身边，对他们说：“你们谈谈自己的心得吧！”

弟子道副说：“依照我自己的理解，既不要过分拘泥于文字，但也不能完全抛弃文字，这就是法的实质所在。”

达摩说：“你得到了我的皮毛。”

总持比丘说：“依照我的理解，听了你的法，就像庆喜看见了如来佛国一样，见了一次，就没有必要再见第二次。”

达摩说：“你得到了我的肉。”

道育说：“四大皆空，五蕴非有，依照我的看法，我没有获得任何心得。”

达摩说：“你得到了我的骨。”

轮到了神光，神光什么也没有说，只是上前向达摩施了一礼，拜了一拜，就回到了自己的座位。

达摩说：“你得到我的真髓了！”

于是，神光慧可成为禅宗二祖。

慧可承续达摩的禅宗思想，以“忘言忘念、无得正观”为根本宗旨传法，经历36年的传法后，把衣钵传给了僧璨，僧璨在慧可“即心是佛”思想的基础上，增加了“自性清净心”内容，从而成为禅宗三

祖；僧璨又把衣钵传给了道信，道信从而成了禅宗四祖；道信再把衣钵传给了弘忍，于是弘忍成为禅宗五祖。

弘忍追随道信44年，深得道信禅风的精髓，但是，他在学习与弘法过程中，提倡“静乱无二”、“语默恒一”、“四仪皆是道场、三业咸为佛事”等理论，即日常生活中的事务，无论是坐卧行住的四仪，还是身口意的三业，都可引入到修禅中来，这改变了修禅必坐禅的传统，具有非常重要的革新意义。所以中国禅宗的分化，在弘忍身上已见端倪，并不是一般人所认为的那样，是始于他的两个弟子神秀与惠能的分化。神秀与惠能的差别，只是他们两人对弘忍理论继承的侧重点不同，神秀继承的是传统禅宗思想，主张“渐悟”，被人称为“北禅宗”；惠能继承的是革新的禅宗思想，并在继承的基础上有所发展，彻底将禅宗理论“在地化”，主张“顿悟”，被人称为“南禅宗”。有这样一则传说表现了两者的不同。

五祖将要老去的时候，想通过偈语来决定传法的弟子。于是，他命令寺中的弟子每人都写一首偈语。

大弟子神秀跟随弘忍多年，在弟子中已有相当的声望，他们认为，神秀肯定会得到衣钵。人们这样想，神秀也是这么想的。当其他人还在犹豫的时候，神秀便写出了偈语：

身是菩提树，
心如明镜台；
时时勤拂拭，
勿使惹尘埃。

惠能跟随弘忍只有半年，且又是在柴房里舂米，因此没有几个人认识他。可他看了神秀的偈语后，却很不以为然，也作了一首偈语：

菩提本无树，
明镜亦非台；
本来无一物，
何处惹尘埃。

惠能虽能作偈语，但因为不识字，没法写下来，于是，就叫人帮他把这首偈语写在神秀偈语的旁边。

人们见神秀的偈语旁多了一首偈语，都纷纷来观看，边看边议论。

这事很快就传到了弘忍的耳朵里，弘忍便也前来观看。弘忍看了看，没有任何表情和言语，只见他脱下鞋子，用鞋擦去了墙上的偈语。

随后，弘忍来到柴房，用手敲了敲门，问道：“米熟了没有？”

惠能回答说：“早就熟了，只等着筛了。”

弘忍听了，便用手在门上敲了三下。

晚上三更时分，惠能来到五祖座下，请求五祖开示。

五祖故意问道：“谁叫你这个时候到我这里来，请我给你开示？”

惠能说：“是您叫我来的，您在门上敲三下，就是告诉我这个时间。”

五祖笑了笑，于是开始向惠能传授《金刚经》，当讲到“应无所住而生其心”时，惠能便大彻大悟了。

就这样，五祖将衣钵传给了惠能，并叫惠能立即离开东山，往南行进，等待时机，传播佛法。

一般人认为，这则传说以两首不同的偈语表明了南北禅宗的分野，其实，传说还透露了更多的信息，如禅悟的获得不一定要靠坐禅。传说惠能到黄梅的时间只有半年，他在黄梅东山寺的工作是在厨房舂米。这就明确地表明了惠能获得禅悟的途径不是靠坐禅得来，一是时间短，二是正规坐禅的机会少，虽然在舂米之余，他也可以抽时间自我练习。如从不同的经文，获得不同的悟禅方式。自达摩开始，禅宗的传经经文是《楞伽经》，达摩决定将慧可作为自己的法系继承人时，就传给他4卷《楞伽经》，并嘱咐说：“我看中国境内，只有《楞伽经》最适宜传播了。你依照此经修行传教，自然可以济度众生。”后各祖都用这个经文传法。那么弘忍为什么突然在这里用《金刚经》为传法的文本呢？我们认为这应该是传说的一种伪托，是南禅宗为了建构自己的合法地位而编造的。其实，惠能的南禅宗理论，并不是如传说所言，当讲到“应无所住而生其心”时，就大彻大悟了，而是经历了一个长期的社会文化积累和不断的自我吸收过程。这有两方面的情况：一是禅宗传承到五祖时，无论是弘忍的自我修习，还是对僧众的传授，《楞伽经》都已从当初的唯一经文变成了主要的经文，相关经文如《金刚经》也得到了不同程度的关注，弘忍对禅宗的部分改革，就是对《金刚经》有关理论的吸收与实践，因此，他是了解《金刚经》的，因为了解，才可以讲解；二是《金刚经》在当时已经较为流

行了，惠能到湖北黄梅寻法的缘由，已表明了这一点。

传说惠能从小丧父，便以打柴为生，一天，他忽然听人在读《金刚般若经》，从中大得感悟，并从那人那里知道，五祖弘忍在湖北东山寺传法，于是便到黄梅东山求法。

这个人是不是僧人，传说没有明说。这个人是哪里人？为何要念《金刚经》？传说也没有解释。传说要建构的是惠能与弘忍的一种因缘，为“顿悟”理论造势。但是在建立这种因缘时，也说明了一个事实，那就是当时《金刚经》已经在广东传播了。至于《金刚经》是从北方传向广东，还是从广东传向了北方，却是一个值得研究的问题。

北禅宗

自弘忍之后，南北禅宗开始了各自的发展道路。

弘忍在给惠能传授《金刚经》，把衣钵传给他之前，早已向神秀传授了《楞伽经》，并给予了神秀充分的肯定，弘忍对于神秀的圆解妙悟，曾由衷地发出感叹说：“东山之法，尽在秀矣。”这里的“东山之法”，就是以《楞伽经》为经文的传统禅法。

尽得东山之法的神秀，不知是因为弘忍没有把衣钵传给他，还是其他的原因，史料记载他离开东山寺是“涕辞而别”的。辞别之后，神秀“退藏于秘”，隐蔽在不为人知的地方。他曾游历过哪些地方，做过哪些事，不得而知。直到唐高宗仪凤年间，他才出现在湖北江陵当阳山的玉泉寺，在离玉泉山东七里的楞伽峰下，开设道场，传授禅法。一时间，追随他的人不计其数，跟他学法的人络绎不绝，许多士大夫也投到他的门下，向他学习禅法，如唐玄宗时代的名相张说就是在这时成为他的俗家弟子。楞伽峰，是因神秀在此传法而得名，还是因先有峰名，才被神秀刻意选为传法之地，也是值得探究的。但神秀在此传授禅法，是以神秀为标志的北禅宗的正式登场与亮相。

神秀在楞伽峰下传授禅法的兴盛场面，很快就传到了当时的女皇武则天的耳朵里。武则天很想见见这个神奇的人物，于是就在公元700年派遣使者来到楞伽峰下，迎接神秀进京。据张说《大通禅师碑》记载，神秀来到西安，武则天竟不计君臣之别，亲加跪礼：“诏请而来，趺坐观见，肩舆上殿，屈万乘而稽首，洒九重而宴居。”每当神秀讲授禅法，都“帝王分座，后妃临席”，武则天听得声声入耳。武则天为了便于向神秀问禅，便将神秀供养在内道场中。一时间，王公以下的达官贵人及京城的老百姓，日以万计前来拜谒。中宗即位以后，对神秀更加礼敬，从而神秀为自己赢得了“两京法主，三帝国师”的声誉，获得了北方禅宗领袖的地位。

神秀圆寂后，他的嗣法弟子19人中，嵩山普寂、西京义福、景贤和惠福最为著名。普寂、义福两位弟子继续弘扬神秀的宗风，获得了朝廷的格外礼遇，被封为国师。在他们的倡导和努力下，神秀的宗风得到了进一步的发扬，当时社会上流传有“两京之间皆宗神秀”的说法。

普寂曾得到中宗的重视。据说，唐中宗曾钦定普寂为释迦正宗，神秀嫡传。他下诏书，令普寂继承神秀“心宝”，“统领徒众，宣扬教迹”。朝廷的支持，使普寂成了禅宗的当然领袖，历时30多年。《旧唐书·神秀传》记载：普寂“及神秀卒，天下好释者，咸师事之”。关于他的地位和声望，在李邕所写的《大照禅师塔铭》中，将他和唐玄宗相提并论，给予了他极高的评价。他认为：四海大君者，我开元圣文神武皇帝之谓也；入佛之智，赫然为万法之宗主者，我禅门七叶大照和尚之谓也。“大君”指的是唐玄宗，“大照”是普寂的谥号。

义福曾得到玄宗的扶植。有记载表明，公元727年，唐玄宗到东都去视察，下诏义福作为从驾随行。他“从驾往东都，途经蒲、虢，二州刺史及官吏、士女皆赍幡花迎之，所在途路充塞”。义福在终南山，开演神秀禅慧之业时，前来向他学禅的人，“不远千里，曾未旬时，腾凑道场，延袤山谷”，其中还有“负才籍贵，鸿名硕德”的“息心贞信之士，抗迹隐沦之辈”。义福在南龙兴寺时，前来学禅的人，“靡然向风者，日有千数”。他的影响和地位，从他葬礼的规模可见一斑，有记载说：那天“威仪法事，尽令官给。缙绅缟素者数百人，士庶丧服者有万计”。

由于神秀所传的禅法得到了当时统治阶级的大力支持，因而他的禅法在当时的禅宗思潮中占据了主导地位，成为禅法的正宗。但是，随着安史之乱的爆发，神秀系的禅宗渐趋衰微。

南禅宗

接受弘忍《金刚经》思想的惠能回到岭南后，根据弘忍的指点，

"杂居止于偏人"、"混农商于老侣"，传说他曾与猎人为伍，隐居了十四年。

公元676年，惠能离开猎人队伍，带着弘忍传给他的衣钵和袈裟，从四会来到广州的法性寺，此时印宗法师正在为弟子讲说《涅槃经》。忽然，一阵风吹来，吹得寺庙的风幡不停地转动，一个和尚见此情景，说："这是风在动。"另一个和尚说："这不是风在动，是幡在动。"正在争论不休的时候，惠能说："既不是风在动，也不是幡在动，是你们的心在动。"印宗法师和和尚们一听此话，立即惊叹不已。于是，印宗法师来到惠能面前，询问惠能的因缘，惠能不仅向他说出了自己的得法经过，而且还向他出示了袈裟。

这是惠能隐居十四年后的第一次亮相，也是他"顿悟"理论的第二次公开亮相。"风动"、"幡动"、"心动"，只有六个字，却蕴含着深刻的哲学道理。简单地理解，风动，是指客观环境所发生的变化；幡动，指事物本体所发生的变化；心动，指主观心态所发生的变化。惠能在这里所强调的是"一切唯心造"的主张。

由于惠能身份特殊，来到法性寺七天后，即正月十五日，由印宗法师亲自为惠能剃度落发。二月初八，惠能在光孝寺受戒，两个月后在法性寺的菩提树下升座说法。印宗法师听了惠能的言说，感动不已，以一个剃度师的身份，转而拜惠能为师，并向众弟子说："我说的《涅槃经》犹如瓦砾，卢行者的高论犹如金玉，我和卢行者相遇是凡夫有幸遇见了法身菩萨。"印宗法师身份的转换，有人认为这不是普通人的所为，应是佛菩萨的示现；有人认为正是印宗法师的这一举动，为惠能的发展奠定了基础，抬高了惠能的地位。我们认为，这是对《金刚经》宗旨的认同。

六祖惠能

公元677年，惠能来到韶关曹溪宝林寺。在这里，他教授僧众，宣传自己“直指人心，见性成佛”的顿悟主张。一时间，他的顿悟主张得到了广大僧众和民众的认可与响应，前来拜访他的弟子应接不暇，听法的僧民不可胜数。有记载，当时的韶州刺史韦璩曾邀请惠能到大梵寺说法。

惠能在宝林寺说法 30 多年，影响越来越大，从岭南影响到京城，当时的武则天和中宗曾先后下诏召他进京，不知是出于什么原因，都被他婉言谢绝了。

经过 30 年的传法与实践，惠能的顿悟思想在宝林寺逐渐形成、丰富而成熟，开启了源源不断的曹溪法脉。

惠能嗣法弟子有行思、怀让、神会、玄觉、慧忠、法海等 40 人，其中，怀让、行思和神会为惠能的顿悟禅法作出了贡献。神会为使惠能的顿悟禅法获得合法地位，进行了不懈的努力。当时北禅宗在北方获得了官方的认可与推崇，形成了一统天下的形势，南禅宗在北方影响甚微。为了改变这种现象，开元二十二年（734 年），神会在滑台大云寺僧俗大会上对神秀门下的普寂禅师进行发难，并取得了胜利，从而使南禅宗在北方站住了阵脚，并获得了不断的发展，进而成为中国禅宗的正宗。而怀让、行思则在禅宗理论化方面进行了积极的建设与发展，怀让先是建立自己的南岳系，再在南岳系的基础上衍生出了沩仰、临济两宗，宋时，临济宗又衍生出黄龙、杨岐二派；行思先是建立自己的青原系，随后又衍生出曹洞、云门和法眼三派。这就是通常所说的“一花五叶七宗”。

随着各宗各派的延传，南禅宗不仅在国内法乳广布，从岭南到江淮再到黄河流域，并且通过不同的方式，借助不同的载体，传播到了世界各地，真正实现了“地不分南北，人不分种族”，“人人有佛性，人人皆可成佛”的理想。

海外的中国禅宗

海外的中国禅宗，主要是指中国的南禅宗，确切地说，就是海外的中国南禅宗。

根据考察可知，海外的五大洲几乎都有中国南禅宗在流传，只是有的流传时间长，思想较为成熟，如日本、韩国、越南、美国等；有的流传时间短，思想较为零散，如法国、英国等。

第一章　南传越南的中国南禅宗

越南与中国唇齿相依，山水相连。中国禅宗早在公元6世纪就传入了越南，经过四百年的传法，在李陈王朝形成了鼎盛的局面。那一时期，越南几乎一半的百姓都在追随禅宗，越南大地随处可见寺庙。竹林派的创立则结束了越南佛教各宗派的创立者为外人垄断的局面，表明佛教已在越南当地扎根，为本地人所理解消化。禅宗经过三百年的沉寂，17世纪初便再次兴盛，支系衍生，影响日广，从而成为越南佛教的主要流派，对越南的政治、经济、文化等领域产生了多方面的影响。

越南禅宗起源于中国，曾产生了“严喜禅宗派”、“无言通禅宗派”、“草堂禅宗派”、“竹林禅宗派”、“拙公禅派”、“水月禅派”、“元韶禅派”和“了观禅派”八大禅宗支派。其中“严喜禅宗派”由印度人毗尼多流支创立。毗尼多流支（？—594年）虽是印度人，但他的禅宗理论却是源于中国禅宗三祖僧璨，并尽得三祖之法。毗尼多流支虽然与惠能师事的是共同的祖先，但因发展而形成了不同的理论与实践形式，因此，它不是严格意义上中国南禅宗的沿袭，所以，我们在这里不对它进行介绍。

第一节　无言通禅宗派

无言通禅宗派由中国人无言通创立。无言通师承百丈怀海，百丈怀海师承马祖道一，马祖道一师承南岳怀让，怀让师承六祖惠能。因此，无言通禅宗派是中国的南禅宗派，有人认为它应该和希运的临济宗、灵祐的沩仰宗并列，是百丈怀海门下的第三宗。

《禅苑集英·感诚传》通过无言通的话语，明确记载了他们的传承关系，无言通对感诚说：过去，佛祖为了使世人转迷开悟，现身于俗世，经过修行，终于体会到了微妙的心体，获得了清净的法眼，认识到了真实的本体，于是将最高、最上、最深奥微妙的三种法门，亲自传授给弟子摩诃迦叶，摩诃迦叶成为禅宗史上的一世祖。随后，世世相传，传到了第二十八代达摩祖师，达摩祖师不顾艰难险阻，跋山涉水来到中国，传授禅宗，传到五祖弘忍，五祖弘忍又传给曹溪六祖惠能。

达摩刚到中国时，他所传授的禅宗并没有得到人们的信任，于是，他便以衣钵作为法系传承的证据。现在禅宗已经蓬勃发展了，但衣钵却变成了争执的祸根，于是弘忍将衣钵传给惠能时嘱咐他不要再往下传了，以后就是以心传心。首先惠能把心传给了南岳怀让，南岳怀让又把心传给了马祖道一，马祖道一又把心传给了百丈怀海，百丈怀海又把心传给了我。由于很多人向往南禅宗，南禅宗在中国产生了广泛的影响。为了扩大南禅宗的影响，我来到了你们越南，想找一个有慧根的法师传法，现在遇到了你，是你跟我的缘分，更是你跟禅宗佛法的缘分，请听我的偈语：

诸方浩浩，
妄自宣传，
谓吾始祖，
亲自西来，
传法眼藏，
曰谓之禅，
一花五叶，
种子绵绵，
潜符密语，
千万有缘，
咸谓心宗，
清净本然，
西方此土，
此土西方，
古今日月，
古今山川，

触涂成滞，
佛祖成冤，
差之毫厘，
失之百千，
汝善观察，
莫赚儿孙，
直饶问我，
我本无言。

无言通不仅清楚地交代了他的传承脉络，更交代了他的思想渊源。在建初寺的七年时间里，有人认为“凡坐面壁，未尝言说”。我们认为这种说法应是后来人的臆想，或是沿袭达摩在少林寺面壁的习惯性思维，也说无言通面壁七年，或是突出无言通面壁的修行方式而未能顾及其余，因为一位来自外国的僧人，仅仅面壁又如何能宣传自己的学说？仅仅靠住持感诚一个人的礼敬与接收，又如何能传播自己的思想？感诚的礼敬，可以理解为是对无言通的支持，支持他在这里招徒，支持他在这里讲学。只有招徒，只有讲学，才有学说传播的大众基础，才有学说创立与形成的可能。正是感诚的认可与支持，使无言通得以在这里运用中国禅宗的面壁观、现成公案和体验方式，传播“顿悟”学说，弘扬“心、佛、众生三无差别”的思想，提倡心性“清净本然”，破除成佛“心外别求”的执念，从而创立并形成了越南禅宗史上的第二个支派——无言通禅宗派。

无言通禅宗派以《圆觉经》、《法华经》和《雪窦语录》为理论经典，具有如下主张：

1. 主张顿悟修行方法

《圆觉经》专讲顿悟方法，无言通禅宗派奉它为修行法本，禅师们个个都学习、参究。据《禅苑集英》记载，圆照禅师、悟印禅师精通“圆觉三观法”，信学禅师、净力禅师依“圆觉三观法”而获感悟。

“即心即佛”，是“即心是佛”的异词表述，无言通禅宗派把它作为传法的核心词，不论是无言通得法的公案，还是善会得法的公案，都是为了强调这一思想，都是宣传，只要消除了心中的分别、执着念头，认识到“体无相”的真理，就可以达到佛的境界，就可以成佛。

2. 主张“真如心”认识方式

“真如心”就是无分别、无执着的心。无言通禅宗派认为，若不具有“真如心”，世界就是“空”的，不仅世界上的一切事物都是虚幻的，而且人们对客观事物的认识更是虚妄的。因此，必须培养自我的“真如心”，获得“物我一如”的真理。

3. 主张无概念分别认识载体

无概念分别认识载体，就是不要运用概念、名词等作为认识问题的载体，无言通禅宗派认为，概念、名词和思辨，是分别、执着产生的根源，更是悟道的大障碍，因此，必须抛弃对概念、名词和思辨的认识与执着，才能达到悟道的目的。

无言通禅宗派在越南流传了十五代，历时四百多年，到第十五代应王之后才逐渐衍灭。四百多年来，无言通禅宗派名僧辈出，著名的得法者有 74 人，最有代表的有第一代的感诚，第二代的善会，第三代的云峰，第四代的匡越大师吴真流，第五代的多宝，第六代的禅老与定香，第七代的太宗、圆照、究旨、宝性、心明、广智等，第八代的通辨、满觉、悟印、悟法华，第九代的道惠、辨才、宝鉴、空路、本净，第十代的明智、信学、净空、大舍、净力、智宝、长原、净戒、觉海、愿学，第十一代的广严，第十二代的常照，第十三代的通师、神仪、法界，第十四代的息虑、现光、隐空，第十五代的应王、道圆、一宗等。

无言通（？—826 年），俗姓郑，广东广州人，因为性格稳重，寡言少语，却又有见有识，所以当时的人便叫他无言通，《景德传灯录》记载为“不语通”。先在婺州（今浙江金华）双林寺出家，后到江西跟随马祖道一学法，马祖道一圆寂后，转而向百丈怀海求学，获得了百丈怀海的禅旨。

有人是这样描述的：

有一天无言通在大殿礼佛，一位禅者问：“座主礼什么？”

他回答说：“礼佛。”

禅者指着佛像问：“这个是什么？”

他无法回答。

那天晚上他来到禅者住处礼拜禅者，问：“向之所问，未审意旨如何？”

禅者却问："座主出家以来，经逾几夏？"

他回答说："十夏。"

禅者又问："这样曾算是出家了吗？"

他却茫然无知。

禅者便说："这么简单的问题如果都不懂，那就出家到百夏也无益。"

于是，禅者便带他去拜谒马祖道一，来到江西，才知道马祖道一刚刚圆寂，于是便转而拜谒百丈怀海。

恰在这时，有一位禅僧问百丈："如何是大乘顿悟法门？"

百丈回答说："心地若空，慧日自照。"

无言通顿时"于言下有所得"。

"心地若空，慧日自照。"就是说人的心识活动假如能够达到没有执着、没有分别的境界，他就能够顿时消除妄念，获得无分别的智慧。

无言通有所领悟后，便到广州的和安寺任住持，不久又到韶关的南华寺居住，并在南华寺指教仰山学习话头禅。《宋高僧传》中的《仰山慧寂传》有这样的记载："仰山依南华寺通禅师下削染……"

820 年 9 月，无言通云游到越南的交趾，驻锡在仙游山扶董乡建初寺。在这里，他以禅悦为乐，受到了当时的住持感诚的特别礼敬，感诚"奉侍左右，尽得其要"。826 年，在他将禅法传给弟子感诚后，便圆寂了。于是，感诚成了他的得法弟子。

圆寂那天，无言通把感诚叫来，对感诚说：

以前，我的祖师南岳怀让禅师圆寂时说了这样一首偈语：

一切诸法，
皆从心生；
心无所生，
法无所住；
若达心地，
所作无碍；
非遇上根，
慎勿轻许。

偈语刚一说完，他便"合掌而逝"。

这里，无言通借用怀让的偈语来阐释他的认识，"法"指现象事物，“心”指心识活动。即世界上的一切现象与事物，都是人们心理认识活动的结果，如果没有人的心识活动的不同认识，就没有事物与现象分别的根据；如果人的心识活动不执着、无分别，人的认识就充满了智慧。但同时也要明白，人人虽都能成佛，但不一定人人都能够顿时觉悟，能够顿时觉悟的人是根基好的人，根基中下等的人，你若强行要求他顿时觉悟，不仅不能使他成佛，反而会使他生出对佛的怨愤之心。

无言通圆寂后，感诚按照佛教的仪式，焚烧了无言通的遗体，收取无言通的舍利，在仙游山建塔供奉。

感诚（？—860 年），原称立德大师，是建初寺的第一住持，接受无言通的禅学理论后，改称为感诚禅师。由于他的大力支持，建初寺成为无言通禅宗派的重要基地。

感诚认为，执着、分别是顿悟的障碍，只有消除一切执着、分别的念头，才能达到顿悟的境界。

感诚对弟子善会说：“离心求佛者为道，执心求佛者为魔。”这是提醒善会要注意对“即心是佛”产生执着、分别的念头。

据记载：一次，善会问感诚：“丛林中说，过去释迦牟尼，经过长时间的修行，才得以成佛。您现在经常说，‘即心即佛’，我不明白，希望能得到您的开示。”

感诚于是问善会：“释迦牟尼经过长时间的修行才成佛，是什么人说的？”

善会回答说：“那还不是佛说的吗？”

感诚说：“如果是佛说的，那为什么《文殊经》又有‘我传法四十九年，却没有向他人说过一词一字’这样的话。而且过去的大德们还说若想依照文字而获取证据就会更加停滞，若想依靠苦行的方式而成为佛就会更加迷茫，脱离‘心’而寻求成佛是错误的做法，执着于‘心’而求成佛则是走火入魔。”

善会问：“像您这样说，那么这个‘心’，什么时候是成佛的‘心’？什么时候又是成魔的‘心’？”

感诚见善会对“心”的认识还存在着佛、魔的分别与执着，于是便引用马祖道一的话说：“过去有人问马祖道一：如果‘即心是佛’的话，哪个‘心’是佛呢？马祖道一反问他：‘你说哪个‘心’不是

佛，指出来给我看看。’那个人无法回答。这时马祖道一又说：‘觉悟了就到处都是，没有觉悟就哪里也不是。就依这个话头，你能明白吗？’”

善会终于顿悟。

善会禅师（？—901年），号祖风，典冷人。

云峰禅师（？—957年），开国寺住持，他把开国寺扩大成为当时有名的佛学院。很多僧人来此寺学佛，其中有多宝禅师。

匡越大师（930—1011年），俗姓吴，名真流，爱州常乐县（今清化省安顺县）人，青少年时学习中国儒学，后来思想发生变化，弃儒崇佛，出家为僧。曾任大罗城省（今河内）开国寺的住持，以精通禅学而闻名。历仕丁、黎、李三朝，丁先皇在970年封他为僧统，负责管理国家的僧侣事务，他是越南佛教史上第一位僧统。971年，丁朝皇帝赐封他为太师和匡越大师。黎大行对他则更为重视，邀请他参与管理国家事务，有记载说：“凡朝廷军国之事，师皆与焉。”曾受黎大行之命接待宋朝使者李觉，并为李觉制曲饯行，即席作有一首《饯别曲送宋使李觉》，又叫《王郎归》。

词云：

祥光风好锦帆张，
遥望神仙复帝乡。
万重山水涉沧浪，
九天归路长。
情惨切，
对离觞，
攀恋使星郎。
愿将深意为边疆，
分明奏我皇。

据说这是越南文学史上最早的成文文学作品之一。

匡越年老后，他回乡创建佛陀寺，并任住持，门徒众多。

匡越认为，法身即是心的本体，虽然不可以言说，但可以感觉。就像燃烧的柴火，敲响的钟声，尽管远离人们，人们感觉不到，但不能说它不存在。因此，他反对习禅拘泥于任何执着、分别等的思维方式。他与弟子的答问及示偈，清楚地表达了他的这一思想。

据记载：

有一天，他的弟子多宝问他："如何是学道始终？"
匡越答："始终无物妙虚空，会得真如体自同。"
多宝又问："如何保任？"
匡越答："无汝下手处。"
多宝又说："和尚道了也。"
匡越问："汝作么生会？"
多宝便喝。

他的示寂偈，同样表述了这种思想，圆寂前，他曾召集众弟子说偈曰：

木中元有火，
有火复还生；
若谓木无火，
钻燧何由萌。

多宝禅师，生卒年不详，曾与匡越、万行一起拥戴李公蕴登上皇位，《禅苑集英·多宝传》记载：李公蕴多次请他到皇宫中讲解禅旨。有时，他们还研究朝廷的军政大事，很多大事往往是在讲禅期间决定的。

定香禅师（？—1051 年），无言通禅宗派第六代，他对"空"的认识，体现在他的示寂偈中：

本来无处所，处所是真宗，
真宗如是幻，幻有即空空。

这里的"空空"，就是"法空"，也就是说，为因缘所生的世俗法，是无实体的，是空的。

圆照禅师，生卒年不详，俗姓梅，讳直，福堂龙潭（今河内清池县）人，李朝灵感太后的侄子。少年时聪明好学，深得人们的喜爱。关于他出家为僧，有一则故事是这样传说的：他听说当地的密严寺有位和尚会看相，于是便到寺里请那位和尚帮他看相，和尚看了看，便对他说："你跟佛法有缘，如果出家，一定是善菩萨；如果不出家，你的生命可能就难保了。"圆照听从了和尚的建议，于是便辞别亲人，在定香禅师的门下出了家。这样，他跟定香禅师学习禅学，常常手捧

《圆觉经》，研究思考经中的三观法，经过一年多的学习，他已参透了经中的意蕴。

圆照禅师著有《药师十二愿文》、《赞圆觉经》、《十二菩萨修行证道场》和《参图显诀》，可惜这些作品除《参图显诀》还现存外，其余的都已散佚。关于他的《药师十二愿文》，有个传说充分显现了它的价值：李仁宗见到《药师十二愿文》后，欣喜不已，于是便派使者将《药师十二愿文》作为礼物送给中国宋朝的宋哲宗，宋哲宗接受《药师十二愿文》后，便召请中国德高望重的法师们到相国寺来拜读此书，法师们看过《药师十二愿文》，个个惊叹不已，一齐合掌礼拜道：“南方诞生了一位肉身菩萨，讲经说法如此精辟透彻，我们岂敢妄自评说，飞短流长。”

他的《参图显诀》，采用话头禅的形式，记载他和弟子及禅客有关禅学的问答，如：

一日，堂前坐次。忽有僧问，佛之与圣，其义如何？

师云：“篱下重阳菊，枝头淑气莺。”

进云：“谢！学人不会。请再指示。”

师云：“昼则金乌照，夜来玉兔明。”

僧又问：“已获师真指，玄机是如何。”

师云：“不慎水盘擎满去，一遭蹉跌悔何之。”

进云：“谢。”

师指云：“莫濯江波溺，亲来却自沉。”

李太宗（1000—1054 年），又名李佛玛，讳德政。李太祖的大儿子，跟禅老禅师学禅得悟。

通辨禅师（？—1134 年），无言通禅宗派第八代传人，有偈云：

色是空空即色，
空是色色即空；
色空俱不管，
方得契真宗。

辨才禅师，生卒年不详，中国广州人，无言通禅宗派第九代传人，李圣宗时到越南跟通辨禅师习禅，得到了通辨禅师的禅旨。曾奉皇帝的命令，编修《对照录》。

净空禅师（1091—1170 年），中国福州人，无言通禅宗派第十代传人，30 岁云游到越南，得到李朝皇帝的敬重，随道惠禅师习禅得法。

广严禅师（1120—1190 年），俗姓阮，丹凤（今河西丹凤县）人，无言通禅宗派第十一代传人，先随宝岳禅师出家，后跟禅智禅师习禅得旨。

常照禅师（？—1203 年），俗姓范，扶宁（今河内市嘉林县）人，无言通禅宗派第十二代传人。李高宗时，曾任广慈宫令都曹。后辞去官职，跟随广严禅师出家，并得到了广严禅师的宗旨。得法后，出任绎榜乡六祖寺住持。曾培养了三位著名弟子：现光、神仪和通师。

常照著有《南宗嗣法图》一卷。黎贵惇的《大越通史》载，他还著有《释道科教》一卷。可惜，这些作品现在都已失传。

他提出了越南“帝王禅”的基本理论。他认为，现象有生有灭，但“心真如”性则是永恒不变的。他的偈语表明了他的这种认识。

物我两忘，
心性无常；
易生易灭，
刹那不停；
谁是攀援，
生为物生；
灭为物灭，
彼法所得；
常无生灭。

应王居士（？—1231 年），俗姓杜，讳文，升龙都画市坊（今河内市）人，无言通禅宗派第十五代传人。性格豪放，与世无争，在陈太宗朝虽任中品奉御，但一门心思都放在了学禅上，有记载说他“笃志禅学，手不释卷，搜穷祖意，了达心宗”。

后来，他干脆跟随息虑禅师习禅，从而得到了息虑禅师的禅旨，从此他的禅学大为长进。得法弟子有逍遥禅师、一宗国师、戒明禅师、戒圆禅师等。其中逍遥禅师是陈朝慧忠的师父，因此，对竹林禅派的形成产生了重要的影响。

第二节　草堂禅宗派

草堂禅宗派由中国僧人草堂创立。草堂是雪窦重显的得法弟子，雪窦重显上承智门光祚，智门光祚上承香林澄远，香林澄远上承文偃禅师，文偃禅师上承青原行思，青原行思上承六祖惠能。因此，草堂传承的是南禅宗的法统。

草堂得到李圣宗的器重后，便驻锡在开国寺传播禅法，宣讲雪窦重显的《颂古百则》，释解禅学公案，从而创立了越南禅宗史上的第三个支派——草堂禅宗派。由于草堂禅宗派主要在当时的知识分子和高级官员中传承和发展，所以又被称为“知识禅派”或“儒禅禅派”。

现有的文献对草堂禅宗派缺乏详细的记载，《禅苑集英》记载草堂仅有 17 字，“升龙京，开国寺，草堂禅师传雪窦明觉宗派”，没有记述他在越南传授禅法的详细情况。所以，我们只可根据他坚守雪窦重显的禅法，来推测草堂禅宗派的大致思想。

1. 佛法遍在

佛法存在于一切事物之中，因此，参禅的人只要通过观察和参究日常生活中的一切事物，就能达到觉悟而自我解脱。

2. 自修自悟

佛法不仅存在于一切事物之中，而且也存在于当前、当下的事物之中，因此，参禅的人只要自己通过对当前、当下的事物进行体悟，就能从当前的事物中获得修行的满足、懂得蕴含的佛理。仅仅依靠外在的教导和指引，往往达不到理想的修行效果。

3. 不可言说

禅悟是参禅之人的直觉感受和心灵体验，这种感受和体验是无法用语言来描述的。因此，参禅的人不必执着于别人所描述的名相，为别人所描述的文字所束缚。对于参禅的人来说，别人一切的言教和说法都是梦幻。

草堂禅宗派在越南流传了五代，历时二百余年，到李朝灭亡后便日益衰落。期间产生了一些代表性的人物：如第一代的李圣宗、般若、遇赦等，第二代的吴益、绍明、空路、定觉，第三代的李英宗、杜武、梵音、杜都，第四代的张三藏、真玄、杜常，第五代的李高宗、海净、阮识、范奉御。

草堂禅师，生卒年、出生地均不详，是雪窦重显的得法弟子。草堂不是自己云游到了越南，而是被俘虏到越南的。《安南志略》卷十五有关于他到越南的记载，记载说：草堂随师傅云游到占城，占城很快就被李圣王占领了，草堂在不知不觉中就成了李圣王的战利品，并被派给了一名僧录作杂役。一天，僧录将他刚写好的语录放在案上便出去了，草堂看到语录中很多地方都有错误，于是便偷偷地对这些错误的话语进行了改动。僧录回来一看，觉得草堂修改得有道理，于是对草堂的才能惊异不已，赶紧向国王作了报告。国王听了僧录的报告，也感到很惊奇，立即下诏，叫草堂进宫询问，一问才知，草堂不是普通的俘虏，而是来自中国在占城传法的禅师。见草堂禅学知识如此渊博，于是国王便拜草堂为师，并请他任升龙开国寺的住持。

于是，草堂在开国寺以雪窦重显的《颂古百则》为说禅的蓝本，向僧众解释禅学公案，提倡禅净一致，实行禅宗修禅与净土宗念佛的结合，传播南禅宗理论。圆寂后，李圣宗为他的第二代传承弟子。

李圣宗（1023—1072 年），名曰李日尊，李朝太宗李佛玛的第三个儿子，是越南李朝的第三代皇帝，1054—1072 年在位，母亲梅氏。据说他有神奇的出生。传说李太宗有天晚上做了一个梦，梦见月亮忽然飘入梅皇后的怀中，不久，梅皇后便怀有身孕，经过十月怀胎，在顺天十四年二月二十五日（1023 年）生下了李日尊。天成元年（1028 年），李日尊被立为太子。龙瑞太平元年（1054 年）继位，神武四年（1072 年）逝世。

李圣宗喜欢读书，熟读了不少书籍，重视文化教育，积极弘扬中国的儒家学说，要求皇太子学习儒家文化。有记载说：神武二年（1070 年）农历八月，他兴修文庙，塑造孔子、周公、颜回、曾参、孔伋、孟轲及七十二贤人等的塑像，规定每年的四季进行祭祀。他熟悉音律，善于谋划战略，在位期间，不仅政局稳定，有记载说：“登基以来，少有寇盗”，而且还经常向外扩张。据记载，他在位期间，曾北侵中国的钦州地区，南征越南的占城国。他相信中国的南禅宗，在全国大造寺院，曾赋予草堂国师的地位，并经常听草堂说禅，获得了草堂禅宗的宗旨，成为草堂禅宗的第二代传承人。

空路禅师（？—1119 年），俗姓杨，海清乡（今越南南定省）人。其世代以捕鱼为生，但他却舍弃家业投入佛门，时常念诵《伽罗尼门经》。据说经过一段时间的虔诚念诵，他逐渐达到了一种不管外界如何喧嚣烦扰，都能专心修禅的禅定境界，并且心情与感官一天比一天清爽。有记载这样描述他，“外绝驰骛，内修禅定，心神耳目，日觉爽然”。还有传说说因为他虔诚地念诵，居然具有了奇技绝巧，“能飞空履冰，伏虎降龙，万怪千奇，人莫能测”。

传说有一天，有个僧人前来对他说：“我到你这里来修禅，但一直没有得到你的指教，也就没有得到你的禅法‘心要’，今天冒昧呈上一首偈语，请您指教：

锻炼身心好得精，
森森直干对棋庭；
有人来问空之法，
身坐屏边影集形。”

空路禅师说：“你一到来，我就接待你，并向你讲授禅法，怎么说没有向你传授‘心要’呢?”禅师说完不禁放声大笑。

空路禅师在传授禅法的过程中，经常向弟子说这首偈语：

选取蛟龙地中居，
野情终日乐无余；
有时直上孤峰岭，
长啸一声寒太虚。

祥符大庆十年（1119 年）六月初三日，空路禅师在严光寺圆寂，嗣法弟子为杜都禅师。空路禅师圆寂后，他的弟子们收取他的舍利，葬于严光寺。后来，有皇帝下诏要大修严光寺，并赦免 20 人的赋役，要他们专门在寺庙里供奉香火。

空路禅师还曾留下了一首《渔闲》诗：

万里清江万里天，
一村桑柘一村烟。
渔翁睡着无人唤，
过午醒来雪满船。

定觉禅师，生卒年不详，又称觉海禅师，俗姓阮，海清乡（今越南南定省）人，任海清乡延福寺住持。传说他小的时候，非常喜欢钓鱼，经常漂浮在江海之上，以小艇为家，其乐融融。到了二十五岁那

年，他忽然决定舍弃家业，削发为僧。起初，他与空路法师在荷泽寺共同向一位禅师习禅。

传说李仁宗时，李仁宗经常召他和通玄真人一起到莲瓮的凉石寺陪侍仁宗闲坐。有一次，忽然有一对蛤蚧在不停地鸣叫，声音刺耳且可恶。仁宗叫通玄真人制止它，通玄真人默默地念了一咒，其中的一只蛤蚧马上就不叫了。仁宗笑着对定觉禅师说："还留一只给这位禅师，让禅师念咒制止它。"定觉禅师也念了一咒，过了一会儿，另一只蛤蚧也不叫了。仁宗非常惊异定觉禅师的神奇功能，马上作了一首诗：

觉海心如海，
通玄道亦玄。
神通能变化，
一佛一神仙。

于是，定觉禅师的名声很快就传遍了天下，无论僧人还是民众都非常崇拜他。仁宗每次见到他，都以弟子的礼仪拜见他；每次去海清行宫，也一定先到他的寺庙去拜见他。

传说：有一天，仁宗对定觉禅师说："应真伸足，可得闻欤？"于是，定觉禅师便连续念诵了八遍，身子一下就升到了半空中，离地大约有五丈高，一会儿，又从空中慢慢地落到了地上。仁宗和一班大臣，见此情形，都不禁合掌惊叹。从此，仁宗赐给他一乘轿子，准许其坐着轿子自由地出入宫廷。

到了神宗朝代，神宗曾多次下诏，召他进京，但他多次以自己年事已高，又身体有恙为由，进行推辞，不应神宗的邀请。传说有个僧人问他："佛与众生，谁宾谁主？"

定觉禅师作了一首偈语：

不觉汝头白，
报你作饯客；
若曰佛境界，
龙门遭点额。

传说他将要圆寂时，作了一首偈语给众弟子，偈语说：

春来花蝶善知时，
花蝶应须便应期。
花蝶本来皆时幻，
莫将花蝶向心持。

这天晚上，天上忽然有一颗明亮的星星，落在了他住室的西南边。到了第二天清晨，定觉禅师已经端坐而逝了。定觉禅师嗣法弟子是李英宗。定觉禅师圆寂后，朝廷专门下诏，赦免30户人家的赋役，让他们在延福寺为定觉禅师供奉香火。

第三节　竹林禅宗派

竹林禅宗派由越南人陈仁宗创立，因此在越南又称为“帝王禅”。《陈朝慧忠上士语录》中有一幅这样的“略引禅派图”：通祥→息虑→应顺→逍遥→慧忠→竹林→法螺→玄光；其实，它还有另一幅传承图：中国临济宗→天封禅师→大灯国师→逍遥→慧忠→竹林→法螺→玄光。《三祖实录》载：“又有天封居士，从漳泉来，与应顺同时，自称临济之宗，传与大灯国师……大灯传我圣宗皇帝、了明国师。”因此，竹林禅宗派应是无言通禅宗派和中国临济宗派相融合的产物。无言通禅宗派源于中国的南禅宗，天封禅师是中国临济宗，临济宗渊源于希运禅师，希运渊源于马祖道一，马祖道一渊源于六祖惠能，因此，竹林禅宗派传承的是中国南禅宗的法统。

陈仁宗以《课虚录》、《禅宗指南歌》及《陈朝慧忠上士语录》为基础，参悟杨岐禅僧大慧宗杲的《大慧语录》，明确了看话禅的立场，形成了坐禅和“四宾主”师徒问答的修行方式，从而创立了越南禅宗史上的第四个支派——竹林禅宗派。竹林禅宗派是具有越南特色的禅宗派，它在中国南禅宗的框架下，把越南的各种宗派、各种教派高度地统一起来，并在禅宗中注入了高度的入世精神，提出了禅净双修、顿渐并修和三教同行的主张。

竹林禅宗派在越南传承了三代，陈仁宗为“竹林第一祖”，法螺为“竹林第二祖”，玄光为“竹林第三祖”。

陈太宗（1218—1277年），俗名煚（Trần Cảnh），又作陈日煚。即墨乡（今南定省美禄县）人，陈朝的开国皇帝，在位33年，1258年传皇位给儿子陈晃，退居北宫，自称上皇，尊为“显尧圣寿太上皇

帝”。1277 年去世，安葬在昭陵，庙号为太宗，谥号为统天御极隆功茂德显和佑顺神文圣武元孝皇帝。

据有关史书记载，太宗生来就有帝王之相，鼻梁高耸，上额突起，跟中国汉高祖的相貌一模一样。1225 年 7 岁时与李昭皇（李朝末代女皇帝）成亲，1226 年 8 岁时获得李昭皇禅让的皇位，登基称帝。

1236 年 18 岁时，他去安子山请求跟随圆证国师出家。《禅宗指南歌·序》中有段文字记述了这一段经历，记文大意如下：

那是天应正平五年（1236 年）四月三日的夜晚，太宗跟着七八个侍从微服出宫私访，说是为了倾听民间百姓的声音，察看民间百姓的思想，了解民间百姓的疾苦。可是渡过江后，太宗才把自己欲剃度出家的真实意图告诉了侍从，侍从一听，个个惊愕不已，人人泪流满面。第三天他到安子山寺参见了圆证国师，把自己的想法跟国师和盘托出，他说：“我幼稚无知，又丧父失母，远离人民群众，依靠不了父母也依靠不了民众。想想以前各朝各代帝王们的事业，大多没有兴亡的定数。因此，我要出家，只求做一个佛门中的人，不再乞求其他的东西。”圆证国师听了他的诉说，对他说：“安子山中是求不着佛的，求佛关键在于自己的内心，心灵安寂而不为外界纷扰，就能成就为真的佛。你现在有这种感悟，就可以立地成佛了，没有必要再在这里苦苦寻求了。”

几天以后，他的叔父陈守度带着朝廷的百官也来到了安子山，迎请陈太宗回京。可是，无论他们怎么劝说，陈太宗就是不答应他们的请求。陈守度没有办法，就对百官们说：“皇帝轿子所在的地方，就是朝廷所在的地方。”陈守度立即派人来这里建造朝廷，然后边说边用手指着：“在这里建天安殿，在那里建端明阁。”

见此情形，圆证国师立即向陈太宗禀奏，说：“您还是赶快回京吧，不要伤害了我的山林。”陈太宗听了圆证国师的禀奏后，不得已才同意回京，勉强继续做他的皇帝。

回京之前，圆证国师跟太宗说：“身为国君的人，要以天下人的欲求为自己的欲求，以天下人的心思为自己的心思，现在全国的人都要迎请您回京，您怎么能够不回去呢？然而对于有关佛学经典的参悟，希望您不要忘记了。”圆证国师几句短短的劝说，已经奠定了陈太宗的“帝王禅”和入世精神的基础。

陈太宗没有跟圆证国师说出他出家的具体原因，我们认为，他与嫂子成亲应是出家的具体原因之一。据史料记载：

他18岁那年，陈守度为了太宗早点有孩子来继承皇位，逼他废弃了李昭皇皇后，立顺天公主为皇后。因为那时顺天公主已怀有身孕，她不仅是李昭皇皇后的亲姐姐，而且还是太宗的亲嫂嫂，因此，他认为这是一种无道而乱伦的做法，从心底里难以接受，于是他想通过出家，解脱自己。

陈太宗回到京城后，谨记圆证国师的教诲，一边用心勤政，努力管理国家，一边虔心学佛习禅。有记载说：自此以后的十多年间，他只要一有闲暇，就请那些具有道行和修养的禅师来参禅问道，他曾跟天封禅师习禅、德诚禅师参学，并邀请天封禅师到升龙宣讲佛学，终于学得了禅宗的奥义；凡是有所影响的那些经文，他都要学习参悟，并经常诵读《金刚经》，每当读到“应无所住而生其心”的时候，总是豁然而自悟。

陈太宗在参禅过程中，还撰写了反映禅学思想的《课虚录》、《禅宗指南歌》，提出了“四山”之说，认为生、老、病、死是人生的四座大山。人们只有求佛学禅，勤行修忏，才可以超越苦海、渡过迷津，越过人生的四座大山，得以解脱而轮回。

慧忠上士（1230—1291年），俗名陈嵩，安生王陈柳的长子，兴道王陈国峻和元圣天感皇后的长兄，曾被陈太宗封为兴宁王。少年时就非常羡慕佛门生活，后跟随逍遥禅师习禅，得到了逍遥的禅旨，从而成为逍遥的嗣法弟子。他认为习禅是生活快乐的源泉，因此抛弃所有的功名利禄，在自己的家乡万年乡建造一座养真庄，作为自己终日习禅的场所。逍遥是应王居士的嗣法弟子，应王居士是无言通禅宗派的第十五代传承人，因此，慧忠是无言通禅宗派的传人。但是慧忠在无言通禅学的基础上，结合当时越南的社会与时代进行了创造和革新，从而为竹林禅派理论的形成奠定了坚实的思想基础。

他身份特殊，不仅是圣宗皇帝的表哥，还是元圣天感皇后的长兄；他在陈朝具有崇高的地位，曾三次随太宗、圣宗和仁宗出征，并获得胜利，被多次任命为太平寨节度使；他具有高深的禅学修养，为此圣宗皇帝经常与他谈论禅旨，他每次的回答都令圣宗如春风拂面，心旷神怡，于是，圣宗亲切地叫他为“师兄”，并赐封他为“上士”，给予了他高度的评价，说他“神运严肃，容止方棱，其谈玄说妙，明月风清。当时诸方硕德，或谓上士信识深明，逆行顺行，实为难测矣”。

按照佛教规矩，和尚不得食用荤腥之物。但在中国禅宗史上，却有两个食肉的说法：一是南禅宗之祖惠能，他在新会曾 14 年与猎人为伴，但有人问他那时有没有吃肉时，他说：“但吃肉边菜。”肉边菜虽不是肉，但是应与肉差别不大。二是济公和尚，他更有直接的话语：“酒肉穿肠过，佛祖心中留。”他认为，酒肉是外在的东西，吃了它没有关系，关键是要心中有佛。

据说，慧忠上士也曾留有关于吃肉喝酒的传说：有一天，他妹妹圣元天感皇后在宫中准备好了一桌丰盛的饭菜宴请他。吃饭时，慧忠对饭菜没有任何讲究，见肉就吃。皇后见他如此，觉得很奇怪，便迷惑不解地问他：“哥哥呀，你不是成天都在习禅吗？怎么还吃肉呀，你这样怎么能够成佛呀！”

慧忠笑着回答道：“佛是佛，我是我，我不是佛，佛也不是我。没有听古代的高僧说过吗？‘文殊菩萨还是文殊菩萨，解脱还是依靠自己解脱。’”

还有一次，仁宗问他：“人们以喝酒吃肉为业，他们如何才能免除罪孽呢？”

慧忠回答说：“假如有个背对着你的人站在那里，忽然你从他的背后经过，那个人根本不知道你正从他的背后经过。这时有人把一个东西丢到了你的身上，那个人会因有东西丢到了你的身上而感觉到害怕吗？感到恐怖的应该是你吧！因此，这是两个互不相干的事。”

同时，慧忠还给圣宗写了一首偈语：

无常诸法行，
心疑罪便生；
本来无一物，
罪种亦非萌；
日日对境时，
境境从心出；
心境本来无，
处处波罗蜜。

仁宗看了看他的偈语，虽然懂得了慧忠偈语的意思，但没有完全

解决他心头的疑问，他又问慧忠：“说虽是这样说，但是他们谁有罪、谁有福，还是很明显的呀！”

慧忠见圣宗还有疑问，就又作了一首偈语：

吃草与吃肉，
众生各所属；
春来百草生，
何处见最福。

圣宗看了看，觉得还有疑惑，便问慧忠：“那要是这样，僧尼们还有必要修行吗？现在你们这样修行，岂不是白白浪费时间，有什么意义？”

慧忠听了圣宗的发问，没有回答，只是对他笑了笑。

圣宗不知何意，便再紧追不舍地问慧忠，慧忠只得再给他作一首偈语：

持戒兼忍辱，
招罪不招福；
欲知无罪福，
非持戒忍辱；
如人上树时，
安中自求危；
如人不上树，
风月何所为。

慧忠还秘密交代圣宗，不要将这些偈语轻易告诉一般的人。

1291 年四月初一，慧忠在养真庄为自己准备了一张木床，安详地躺在床上，准备圆寂。他的妻妾子孙见状，不禁放声痛哭，哭声惊醒了等待圆寂的慧忠，他便睁开眼睛，在子孙的帮助下慢慢坐起来，坦然地对他们说：“人的生死是由大自然安排的，死有什么好哭的。你们不要哭了，不要扰乱我的行程。”

说完，慧忠就安然圆寂了。

慧忠圆寂后，仁宗亲自到他家里去凭吊他，并写了一首《烧香报恩偈》的偈语。仁宗出家后，为供养慧忠，派人画了一张慧忠的画像，并在画像上题写了赞颂：

这老古锥，
人难名邈；
梁皇曲尺，
泰帝铎轹；
能方能圆，
能厚能薄；
法海独眼，
禅林三角。

慧忠的传承弟子有30多人，较为著名的有天然、安然、石镜、话婆等，仁宗是他们中的佼佼者。

慧忠上士的禅宗思想主要表现在《陈朝慧忠上士语录》中，《陈朝慧忠上士语录》除了他自己的偈、颂和诗外，还有他门徒的偈、诗及仁宗的《上士行状》、杜克众的跋。具体体现为：即心即佛、亡二见和以欲制欲。

所谓即心即佛，就是他所写的《佛心歌》：

佛、佛、佛，不可见！
心、心、心，不可说！
若心生时是佛生，若佛灭时是心灭。
灭心存佛是处无，灭佛存心何时歇？
……
万法之心即佛心，佛心确与我心合，法尔如然亘古今！

他的“亡二见”思想是指人要抛却常、断二见，走中观的认识道路，立不生不灭的认识。“身从无相本来空，玄化分错成二见。我人似露亦似霜，凡圣如雷亦似电。”“但能亡二见，法界尽包容”等言论明确地表达了他的这一思想。

他的以欲制欲思想是讲只要心中“无念”，自然就会心明无疑。

陈仁宗（1258—1308年），讳昑，曾以佛金、日尊为名，自号“香云大头陀”、“竹林大士”，尊称为“调御觉皇”。天长府息默乡（今越南河南省）人，圣宗陈晃的长子，陈朝第三代国王。

《大越史记全书》描述了陈仁宗非同寻常的形象和德行，说他“得圣人之精，道貌之粹，紫磨凝色，体质浑金，神气光彩，两宫棋之，命曰金仙童子。左肩上有黑痣，故能担当大事焉”。《大越史记全书》还说他“仁慈和易，固结民心，重兴事业，有光前古，真陈家之贤君也”。《三祖实录》记载，陈仁宗聪明好学，博览群书，文史典故，烂熟于心，“至于天文、历数、兵法、医药、音律，莫不皆造其阃奥”。由于从小深受陈太宗的影响，陈仁宗继而喜爱禅学，精心研读了陈太宗的《课虚录》和《禅宗指南歌》及慧忠上士的《陈朝慧忠上士语录》，深得书中的精华妙理。《三祖实录》曾记载了这样一件事，显示了他对禅宗的痴迷心态：

他16岁那年，被立为皇太子，因不想做皇太子，就在某夜子时，爬过城墙，离开京城，准备到安子山去。他来到东究山塔寺时，天已经大亮了，他困乏得不得了，就到寺中去休息。寺里的和尚看他相貌堂堂，气质非凡，就送来了精美的饭菜，请他食用。这一天，太后把他出宫的事报告给了圣宗，圣宗便派人到处去寻找。他见如此大规模地全国寻找，实在劳民伤财，没有办法，只好自己回到宫中。

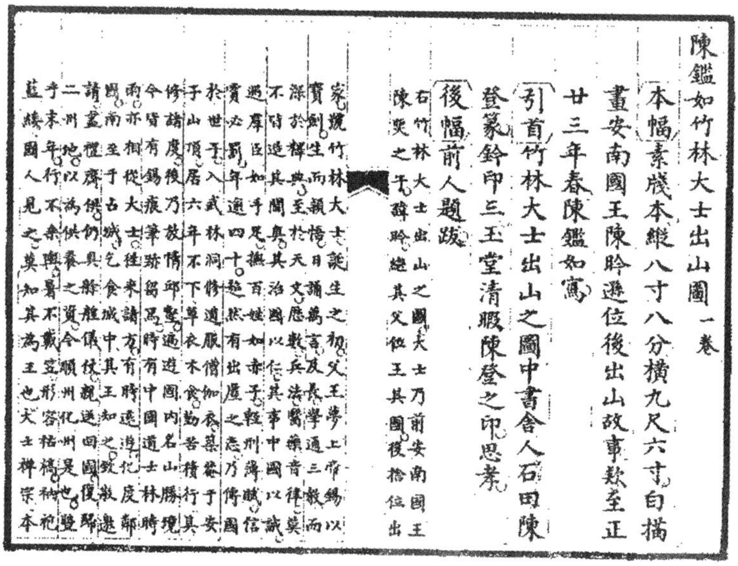
陳鑑如竹林大士出山圖一卷
本幅素箋本縱八寸八分橫九尺六寸白描畫安南國王陳昑遜位後出山故事款至正廿三年春陳鑑如寫
引首竹林大士出山之圖中書舍人石田陳登篆鈐印三玉堂清暇陳登之印思孝
後幅前人題跋
石竹林大士出山之圖大士乃前安南國王陳奘之子諱昑繼其父位王其國後捨位出
案竹林大士誕生之初父王夢上帝錫以寶劍生而穎悟日誦萬言及長學通三教而深於禪典至於天文歷數兵法醫藥音律莫不傍通其閫奧其治國以仁其事中國以誠遇群臣如手足撫百姓如赤子輕刑薄賦信賞必罰年逾四十超然有出塵之志乃傳國於世子入武林洞修道服僧伽衣棲于安子山頂居六年不下草衣木食勤苦積行其修持度後乃放情邱壑通遊國內名山勝境今皆有錫痕筆跡留焉時有中國道士林時雨亦相從大士往來請於有時遠遊化度鄰國南至于古城乞食城中其王知之致敬邀請留禮齋供仍具舟艤儀仗親送回國復歸二州地以為供養之資今順州化州是也暨[illegible]藍綾國人見之莫知其為王也大士禪宗本

陈鑑如竹林大士出山图

1278年，圣宗禅位于他，他继承王位，称为孝皇。1293年，他把皇位禅让于皇太子陈烇，陈烇继承王位，称为英宗。1299年10月，他终于忍不住对禅宗的向往，离开皇宫正式出家，来到安子山（今广宁省东潮县内）烟花寺。在这里，他勤奋、刻苦地修十二头陀行，“自号香云大头陀”，并建了一座简单的禅庵，招收弟子，讲授禅法。

一时间，追随他的僧侣络绎不绝，由此正式创立竹林禅宗派，也叫竹林安子禅派。几年后，他离开烟花寺继续云游，来到市政寨（今越南中部平治天省广泽），创立知见庵。1301 年 3 月，他和几位禅师甚至“化度邻国”，“南至于占城，乞食城中，其王知之，致敬邀请，尽礼斋供，仍艎仪仗，亲送回国。仍归二州地，以为供养之资，今顺州、化州是也”。1308 年 11 月，陈仁宗在安子山紫霄峰卧云庵圆寂，尊号为“大圣陈朝竹林头陀净慧觉皇觉调御祖佛”。著名的得法弟子有法螺、宝刹和抱璞禅师。

据《三祖实录》记载，陈仁宗撰写有《禅林铁嘴语录》、《竹林后录》、《大香海印诗集》、《僧伽碎事》和《石室寐语》等。可惜这些书现在都已亡佚，《越音诗集》和《全越诗录》中的《居尘乐道》和《得趣林间成道》两首字喃赋及附在《陈朝慧忠上士语录》后面记录慧忠生平的《上士行状》，据考证，是陈仁宗留存于世的作品。

陈仁宗的禅学思想主要为：即心即佛、无念和积极入世修行。

所谓即心即佛，简单地说就是佛在自己的心中，他曾对弟子说：“鼻孔直下，当面门眉毛横眨。在眼背岂容易觅，要且追寻不见道。三千法门同归方寸，河沙妙用总在心源。所谓戒门、定门、慧门，汝无欠少，应反自思。凡诸謦欬之声，扬眉瞬目，手执足运，是什么性？知此性者，是什么心？心性洞明，那个是，那个不是？法即性也，佛即心也。那性不是法？那性不是佛？即心即佛，即心即法。法本非法，即法即心。心本非心，即心即佛。”

这里的“性”、“法”指的是客观存在的事物及其规律，“心”指的是人的内在心理意识。即心即佛，强调的是佛在人的心中。你没有感觉到，只是因为你的内心被名利、贪欲等蒙蔽了，去除了蒙蔽你内心的尘垢，你就能见到你心中的佛了。

所谓无念，就是说在修行方法上，心不要受到外物的迷惑。他与弟子的对话一再表达了这种思想。

临终之前，他与弟子宝刹曾有一段这样的对话：

十一月初一日，午夜明星朗然，调御问曰：“此何时也?”宝刹答曰：“子时。”调御以手拨开窗牖视之，曰：“是吾时也。”宝刹问曰：“尊德何处去?”调御曰：“一切法不生，一切法不灭，若能如是解，诸佛常现前。何去来之有也?”进云：“只如不生不灭时如何?”调御蓦然掌之口曰："莫寐语。"言讫，乃狮子卧，安然顺化。

他认为要从内心证得佛性，就一定要做到"无住"、"无相"，不执着于任何名相，因此，当宝刹追问"只如不生不灭时如何"时，宝刹已陷入了执着的泥潭，因此，仁宗要掌口警醒他，让他放弃执着。因为，仁宗认为，只有放弃了执着，自我的心才不为外物所羁绊，才能获得自我的解脱、心灵的舒畅。

所谓入世，在陈仁宗看来，有两层意思，一是针对社会而言，就是以佛治世，以佛教思想为社会思想；二是针对个人而言，就是人生短暂，要有所追求，切莫辜负了光阴。他在灵山崇严寺大参中所作的偈语，很好地表现了他的这一主张，偈曰：

身如呼吸鼻中气，
世似风行岭外云；
杜鹃啼断月如驻，
不是寻常空过春。

这则偈语提醒人们莫要虚度时光，让美好的春天白白地过去。

据说，陈仁宗曾创作了不少文学作品，可留存下来的不多，其中他的五言诗《登宝山台》就是难得留存下来的作品：

地僻台逾古，
时来春未深。
云山相远近，
花径半晴阴。
万事水流水，
百年心语心。
依栏横玉笛，
明月满胸襟。

该诗不仅体现了仁宗个人清净虚空的恬然心境，更寄托了随缘任运、寂静无为的哲理禅思，真是意味深长。他的另一首诗《山房漫兴》也别有蕴意：

谁缚更将求解脱，
不凡何必觅神仙。
猿闲马倦人应老，

依旧云庄一榻眠。
是非言逐朝花落，
名利心随夜雨寒。
花尽雨晴山寂寂，
一声啼鸟又春残。

法螺（1284—1330 年），南栅江九罗乡同和村（今越南海阳省南栅县）人，俗姓武，名同圣刚。传说在他之前，他的母亲连接生了八个女儿，当怀他时，便不想再生了。于是，他的母亲便想吃药打掉他，可是连续吃了四次打胎药，都没能把他打下来，不得已，他母亲只好将他生了下来，并取名叫同圣刚。

说也奇怪，这个同圣刚虽历经磨难而出生，却没有如当今的年轻妈妈们所担心的那样，是畸形儿或者低能儿，而是相貌清秀，聪明颖悟。更加奇怪的是，他从能说话开始，就从不说一句污言秽语，从能吃饭时起，就从不吃一口荤腥。

据《三祖实录》记载：1304 年，陈仁宗为了倡导竹林禅派，到全国各地游历，一方面打击、废除那些非竹林禅派的寺院，一方面施舍药物，救治那些贫困交加、重病在身的百姓；另一方面是寻找能够继承竹林禅派的具有慧根的嗣法之人。当仁宗游历到南栅江九罗乡时，他遇到了法螺。真是有缘千里来相会，法螺一见到仁宗，立即就向他提出了出家的请求。仁宗一见到法螺，就满心欢喜，称赞道："你这个小子真有道眼，以后必定能够成就法器。"仁宗立即答应法螺的出家请求，并给他取名叫"善来"，意思是向我请求出家，正合时宜，恰到好处。于是，仁宗派他到琼馆寺跟性觉和尚学佛、习禅，落发为僧。

有一天，他参谒仁宗，遇到仁宗正在升堂举《太阳乌鸡颂》，于是他有所领悟，决定跟仁宗学佛、参禅。在跟仁宗参禅期间，他写了一首《三要偈》呈送给仁宗，仁宗看了一眼他的偈语，马上拿起笔，打了一个大大的叉，法螺拿回偈语，再作修改，再次呈送，仁宗再次打叉，如此一连四次，仁宗就是不做指点。法螺只得拿着偈语，回到房间努力禅观。当法螺禅观到深夜时，只见油灯的灯花悄然落下，就在灯花落下的一刹那，他忽然有所领悟，于是，发誓要跟仁宗修十三头陀行。

仁宗再次接受了他的请求，允许他跟自己修十三头陀行。1035

年，仁宗为他讲授声闻戒及菩萨戒，赐其法号“法螺”。1306年，仁宗立他为报恩寺讲主，同时专门对他讲解《景德传灯录》和《宗杲大慧语录》。1307年，仁宗在安子山卧云庵把衣钵和心偈传给他，正式收纳他为弟子。1308年仁宗在报恩寺的甘露堂，举行隆重的传法传祖位仪式。据《三祖实录》记载，1308年正月初一，仁宗在报恩寺的甘露堂举行传法位仪式，传法位仪式开始时，先是排列祖位，再是奏乐，再是焚香。然后，仁宗带领法螺逐一礼拜祖堂。吃粥后，再奏乐，再敲鼓，召唤寺里的僧众到甘露堂里集合。当刚刚做好这一切的时候，英宗恰巧来到了报恩寺，参加传法位仪式，按照英宗一国之主的身份，他理所当然应坐在主客的位置上。但是英宗坚持自己的施主身份，坐在法堂客位的座位上，其他的官员都站在大堂里。仁宗升座说法，说完便从座位上走下来，扶着法螺登上住持的座位。于是仁宗合掌站在法螺的对面问，法螺逐一回答，然后拜谢仁宗，仁宗解下身上的法衣，披在法螺的身上，随后走到一个偏位，坐在椅子上认真地听法螺说法。由此，法螺成为报恩寺和安子山门的住持，同时也成了竹林禅派的第二代祖师。这对于年仅25岁，出家才4年的法螺来说，不能不说是佛教史上的奇迹。

法螺成为祖师后，首先在僧团开展了整肃活动，要求僧人与世俗家庭脱离关系，重建出家僧规。其次，他多次度僧，自1313年第一次度了1 000僧人后，规定以后每隔三年度僧一次，每次需度僧人不得少于1 000人，截至1329年，他已度了15 000多名僧人。再次，建立寺庙。1314年，在报恩寺，法螺建造了包括佛殿、藏经阁和僧堂在内的33处殿堂。最后，主持佛教藏经刻印活动。1311年，法螺“奉诏续刊《大藏经》版”，法螺接受命令后，立即派宝刹主持续刊之事，1329年，印出《大藏经》5 000多卷。

1330年，法螺圆寂，世寿47岁。法螺圆寂前，曾写了一首《示寂偈》，表达了他的禅学境界：

万缘截断一身闲，
四十余年梦幻间；
珍重诸人休借问，
那边风月更还宽。

法螺圆寂后，明宗为表彰他对竹林禅派所作的贡献，赐封他为“净光尊者”，并赋诗相敬，诗曰：

垂手尘寰以了缘，
觉皇金缕得人传。
青山蔓草棺藏履，
碧树深霜壳脱蝉。
夜掩讲堂今古月，
晓迷丈室有无烟。
相投针芥差非昔，
逐就哀章泪泫然。

明宗对法螺传承竹林禅宗思想，光大竹林禅宗的入世精神，表达了深深的敬意。

法螺的弟子很多，其中著名的有：慧然、慧祝、海印、弘济、玄觉、桂堂、景髓、景徽、慧观等禅师。

据记载，法螺在出家的26年间，撰写有《石室寐语拈颂》、《参禅要旨》、《金刚场陀罗尼经科注》、《法花经科疏》、《楞严经科疏》、《般若心经科疏》、《法事科仪》、《度门助成集》、《仁王护国仪轨》等。可惜，这些作品现在绝大部分都没有留存，现在所能见到的作品只有《禅道要学》。据考证，《禅道要学》是《参禅要旨》的一部分。

通过对《禅道要学》的解读，我们认为法螺具有“见性”和“持净戒”的禅学主张：

1. 见性

法螺认为，无论是参禅还是研习佛典，都必须达到“见性”的目的。就是通过参禅，达到看待一切事物都能消除对立性的认识，无分别的境界。对此，他曾说：“夫学道之流，必先见性，见性者，非谓有可见之谓见，乃见无可见处而见之，故见见非见则真性现，性见无生则生见非有，非有性实而实见不迁，故名真实见性者。”他的这段话，全面地阐释了他的这一认识。

2. 持净戒

法螺坚持持净戒，所谓净戒，就是最大上乘戒，即“以十二时中，外息诸缘，内心无喘，心无喘动，境到如闲。眼不为识所缘出，识不为境所缘入，出入不交，故名制止。虽名制止非止止故。故知耳、鼻、舌、身、意，亦复如是”。从他的话可以看出，人只要持净戒，就能达到心神安定，不受外界因素的干扰，不受外界环境的制约，也

就能达到见性的目的。

玄光禅师（1254—1334 年），北江路万载乡（今河北省嘉良县）人，有记载说他的体貌非同寻常，与一般人大不相同，并且有着远大的志向与理想。他的父母不仅非常疼爱他，而且对他寄托了厚望。父母教他诵读文学作品，他一读就会，并能触类旁通，被人称为才子。于是他的父母就把他叫作“载到”。20 岁那年，参加乡举考试，一考就考中了，21 岁，参加国家大考，他又考了个状元。从此他被选到了朝廷做官。51 岁时，他跟随抱璞国师出家。52 岁时，因与抱璞国师参谒仁宗，被仁宗留在身边，帮助仁宗弘法。55 岁时，仁宗圆寂，他转而回到安子山，跟法螺习禅。由于他聪颖好学，知识渊博，具有非凡的领悟能力，因而很快就掌握了禅学的宗旨，一时间，跟随他学禅的僧尼几乎达到了千人之多。在安子山居住几年以后，他又回到了清枚寺和昆山寺居住，继续他的禅修事业。77 岁时，法螺禅师圆寂，他被任命为竹林禅派的第三祖。

继任竹林禅派第三祖，他不禁感慨万千，真情流露地写下了这样的一首诗：

德薄常惭继祖灯，
空教寒拾起冤憎。
争如逐伴归山去，
叠嶂重山万万层。

这首诗以“德薄”、“常惭”表明了他的谦逊，以“争如”、“归山”表明了他的志向。因此，他虽是三祖，却不执意于三祖的地位，他住持安子山却不在安子山居住，而是经常回到昆山寺居住；他住持安子山却不管理安子山的事务，而是把安子山的事务委托给安心国师处理。

玄光如何嗣法，成为三祖，有一则传说对此进行了解释。传说玄光在安子山出家时，明宗怀疑他虽已出家但尘缘未了，于是，就派了一个名叫氏碧的美貌宫女来到安子山，借故来试试玄光还有没有红尘的心思。氏碧使出浑身解数，但是玄光就是不为所动。氏碧见打动不了玄光，恨意顿生，立即编造了一个玄光为女色所动的故事，绘声绘色地讲给明宗听。明宗听了氏碧的故事后，将信将疑，自言自语地说：“假若氏碧所说的是真的，那是我为玄光人为设置的陷阱；假若氏碧所说的是假的，那玄光也难以推脱干净。”

为了证实故事的真假，明宗决定召开一次“无遮大会”，请玄光做住持。大会开始时，桌子上摆满了袈裟、衣钵、法器等很多物品。玄光明白明宗召开“无遮大会”的用意是为了证实自己前几天被氏碧宫女所试之事，便仰天叹息，先上三次会坛，再下三次会坛，然后站在会坛的中央，一边口念十方贤圣一边向他们遥拜。拜完后，他左手拿着白玉瓶，右手拿着青柳枝，口中默念密语，在会坛上下内外不断用青柳枝挥洒。这时，只见从东南方向飘来一朵黑云，顿时，灰尘滚滚，遮天蔽日。过了一会儿，黑云消失了，灰尘也没了，桌子上除了六盏香灯外，其他的所有物品也消失得无影无踪。看到这种情形，明宗已完全明白了故事的真假，于是忙向玄光礼拜谢罪，从此倍加尊敬玄光，并请他嗣续法统。

1334 年，玄光圆寂，明宗封赐他为“竹林第三代嗣法玄光尊者”。

玄光禅师的七言绝句《菊花》，恰切地表达出了他得到的“有处还无”的禅学思想，不断为后人所称道。诗云：

忘身忘事已都忘，
坐久萧然一榻凉。
岁晚山中无历日，
菊花开处即重阳。

第四节　拙公禅派

拙公禅派由中国僧人拙公创立。

据《继灯录》记载，拙公和尚是中国临济宗的第 34 代传人，他的传承线索是：临济义玄—兴化存奖—南院慧颙—风穴延昭—首山省念—汾阳善昭—石霜楚圆—杨岐方会— 白云守端—五祖法演—圆悟克勤—虎丘绍隆—应庵昙华—密庵咸杰—破庵祖先—无准师范—雪岩祖钦—高峰原妙—中峰明本—千岩元长—万峰时蔚—宝藏普持—（车）明（慧）岩—海舟永慈—定封明暄—天奇本瑞—无闻明聪—笑岩德宝—幻有正传—密云圆悟—林野奇—二隐谧—陀陀—圆炆拙公。而临济宗义玄承继于黄檗希运，黄檗希运承继于百丈怀海，百丈怀海承继于马祖道一，马祖道一承继于南岳怀让，南岳怀让承继于六祖惠能，因此，拙公禅派是中国南禅宗的一个支派。

拙公禅派的禅学思想主要是对中国南禅宗思想的继承，并根据越南社会的需要进行阐释，具体体现在他的《拙公语录》及真源的《安子山竹林禅宗本行》、《悟道因缘》、《尊师发策登坛受戒》、《迎师阅定科》、《龙舒净土文序》、《龙舒净土论跋后序》、《净土要义》、《达摩太子行》、《禅寂赋》、《南海观音本行》、《红蒙行》和《见性成佛》中。在这些著作中，他们极力宣扬了“三教融合”、“禅净双运”、“心即是佛”的思想。

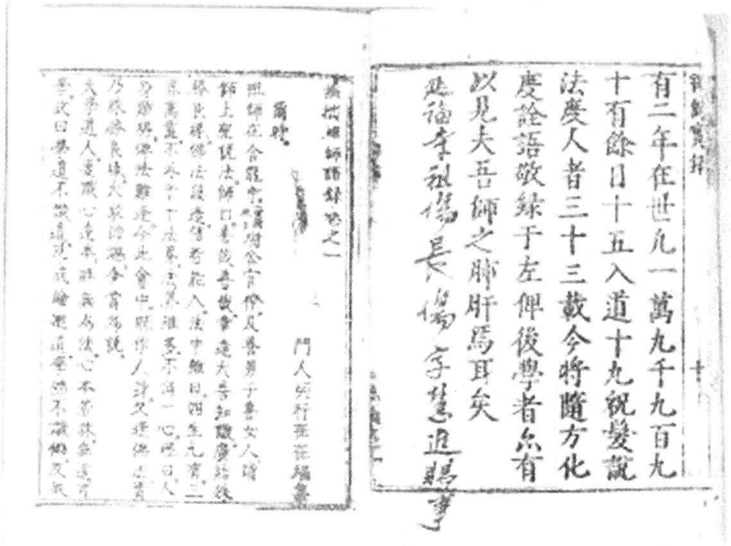
有二年在世九一萬九千九百九
十有餘日十五入道十九祝髮說
法度人者三十三載今將隨方化
度詮語敬錄于左俾後學者亦有
以見夫吾師之肺肝焉耳矣

《拙公语录》图片

拙公禅派在越南共传承了10代，绵延近200年。关于他们的传承关系，拙公和尚有一首《传法偈》，《传法偈》云：

明真如性海，
金祥普照通；
智道成正果，
觉悟证真空。

就是说，凡是在这一段时期内，以此偈语中20个字的任意一字为法号的，都是他们这一禅派的弟子；凡是以相同一字为法号的，则肯定是他们这一禅派的同辈；凡是以不同字为法号的，则表明了他们这一禅派的不同辈分与传承关系。

根据考察，拙公禅派的传承关系并不是如《传法偈》所言的那样明了与一成不变，自第六代后，不知什么原因，就发生了一些变化与变异，具体传承谱系为：第二代是明行和明良；第三代是真住、妙慧、真源；第四代是如随、如澄、如现、如山、如智；第五代是性药、性泉、性岸、性静；第六代是海迥、武花；第七代是寂传、寂预；第八代是照宽；第九代是普静、普算；第十代是通荣。

拙公和尚（1590—1644 年），俗姓李，俗名天祚，法名圆炆，法号拙拙，惯称拙公，福建漳州海澄（今龙海县）人。15 岁时出家，跟家门口的渐山寺长老参禅。在渐山寺参禅期间，他读到《金刚经》中“一切有为法，如梦幻泡影，如露亦如电，应作如是观”时，便辞别渐山寺长老，去谒拜南山寺陀陀和尚为师。经过三年的参学，大约 18 岁时，他获得了陀陀和尚的禅旨，开始云游各地说法，并在 1607 年离开祖国，来到古眠国（今柬埔寨）。在柬埔寨，他不仅坚持弘法达 16 年之久，而且还受到了柬埔寨国王及王公贵臣的热情接待，为中国南禅宗在柬埔寨的传播作出了积极的贡献。1623 年，他从柬埔寨回到了福建老家，但在老家只作了短暂的休整，便又来到了越南，先在越南中部的广南、顺化等地说法，达 7、8 年之久，受到广南阮氏政权的厚待。据记载，“豪门从之者如归市”，当时追随他的豪门贵族就像人们因生活所需而纷纷涌向市场一样，纷纷请拙公和尚说法，“瑞公、官僚及善男子、善女人请师上座说法”。在此期间，与明行禅师结缘，并收明行禅师为徒。约在 1630 年他又从顺化北上，途中曾在义安天象寺、清化泽林寺有过短暂停留，三年后，终于来到了河内。来到河内不久，他就受到了皇室贵族的厚待，当时的黎神宗、郑壮王及达官贵人们都皈依他的门下，请求他帮他们受戒。于是，拙公便在河内的看山寺，向各位信众弘扬禅法。欧阳汇登撰写的《现瑞庵报严塔碑铭》，清楚地记载了拙公和尚的情况，表明了拙公和尚的品行：当时，欧阳汇登在河内的看山寺听拙公和尚说法，并有幸得以与拙公和尚交谈。刚交谈时，欧阳汇登认为拙公和尚只不过是一个无所顾忌的狂人而已。可是随着交往日渐增多，欧阳汇登的看法渐渐发生了改变，认为拙公和尚情操高尚、志向远大且聪明豁达，是善于宣讲佛法的天才。“他对达官贵人不卑不亢，对老人儿童充满爱心，跟天子是好朋友，视钱财如粪土，本没有什么贵重的东西，仅靠乞讨所得，不论多少，都会送给需要救济的人，即使是自己刚刚讨得的一件衣服，也会随时

送给比自己更寒冷的人。这真是超越古今的有德之人，超越万代的慈悲之人，是出类拔萃的高僧。欧阳汇登曾经以‘鲁男之洁’来表明自己避开世俗的诱惑，显示自己的高洁，他却以‘下惠之戒’来表明自己忍耐世俗的诱惑，显示自己的心迹。开始，欧阳汇登对他半信半疑，待跟他生活几个月后，知道世俗没有任何东西能够沾染他的心灵。像他那样地戒行，那样地忍辱，那样地能屈能伸，欧阳汇登是真心地佩服他，尊敬他。”

过了一段时间，为扩大他的影响，使更多的人接受禅法的滋润，拙公离开看山寺，来到北宁省的佛迹寺，开辟新的弘法基地，教化新的僧众。在佛迹寺弘法期间，拙公不断受到河内信众的邀请，曾多次到看山寺、隆恩寺等地讲法，度化了无数的信众，其中郑氏玉竹皇后和黎氏玉缘公主为追随他，从河内来到北宁省随他出家。有记载说："王公贵人，向化不可胜纪。"大约在 1642 年，他又来到北宁省笔塔寺，并出任该寺的住持。两年后，也就是 1644 年 7 月 15 日，拙公和尚在笔塔寺圆寂。圆寂前他把自己的衣钵传给了弟子明行禅师，并留下一首《示寂偈》：

瘦竹长松滴翠香，
流风疏月度微凉；
不知谁往原西寺，
每日钟声送夕阳。

圆寂后，黎神宗追封他为"明越普觉广济大德禅师肉身菩萨"。他的肉身至今仍保存在越南佛迹寺的祖堂之内。

明行禅师（1595—1659 年），俗姓何，法名明行，法号在在，江西建昌府（今江西抚州）人。明行禅师如何出家、如何参禅、如何到越南弘法，由于资料缺乏，目前还没有详细的线索。不过从拙公和尚在越南广南、顺化弘法时收他为徒的记录推测，明行禅师最迟在 1630 年时已在越南广南、顺化弘法。据明行禅师自己记载，拙公和尚一见到他，便非常欣赏他，将他视为珍宝，把"不二心法"毫无保留地传授给了他，他成了拙公和尚的得法弟子，并一直跟随在拙公和尚左右。1630 年，他随拙公和尚从顺化北上，与拙公和尚在义安天象寺、清化泽林寺有过停留，现在的泽林寺还专门有一座供奉明行禅师的塔，塔内供奉有一尊他的铜像。据说，这尊铜像雕工精美，曾被法国考古学家惊叹为“越南现存最精巧的雕像之一”。1633 年随拙公和尚到达河内，从师行教。1634 或 1635 年，随师来到北宁省佛迹寺弘法。在佛迹寺弘法期间，应郑壮王之求，拙公和尚派他回国“请经”。明行禅师不负师父所托，请回了大批经书，存放在佛迹寺。这批经书有的已经刊刻，保存在佛迹寺；有的在 20 世纪 50 年代遭到破坏。1642 年，明行禅师出任佛迹寺住持，并受郑壮王的邀请，亲自为公主黎氏玉缘剃度。1644 年嗣承拙公和尚衣钵，住持笔塔寺。1644 到 1646 年，明行禅师忙于隐藏师父的肉身和筹资为师父建“报严塔”。1647 年，“报严塔”建成，明行禅师亲自撰写了《重兴宁福禅寺碑记》，碑铭曰：

> 宁福古刹，少林别名，乃圣贤之旧基，实形势之超类，连三岛而跨长江，挟安子以带卧云，仙游静虑，左右横拥，佛法难逢，人心不易。善哉，地胜灵钟，水掬曹溪之味；莲花茂盛，香盈天竺之墟，尘树颓而菩提自长，古刹倾以琉璃重新，佛日高辉，善信向慕于净土，般若花开，昭阳有光于雪山。新斯刹也，则有孝慈爱众之思，发斯言焉，岂无道德仁义之致……嗟夫！予本吁江贫人，何期莲胎托质，正墙立雪，祖印从此光辉。腰石舂米，盂衲在兹。续焰非谢家之宝树，实释氏之渊源。一道有自，二谛双融，五蕴以不空之空，四众怀不归之归。痴哉，昧哉，其为天下母仪也；浩焉，荡焉，乃虚空之佛法矣。何其心之广而信之深哉。

此碑铭写出了宁福禅寺优美的地理形势，“地胜”是“连三岛而跨长江，挟安子以带卧云”；写出了宁福禅寺悠久的禅学渊源，“灵钟”是“水掬曹溪之味”，“香盈天竺之墟”；写出了宁福禅寺明确的佛学宗旨，是“一道有自，二谛双融，五蕴以不空之空，四众怀不归之归”。1659 年农历三月二十五日，明行禅师在笔塔寺圆寂。他的得法弟子有真住和妙慧两人。

明行禅师在越南弘扬佛法长达 30 多年，编集有《拙公语录》，记载了拙公和尚的生平履历及拙公和尚在越南中部广南、顺化一带和在河内、北宁省说法的情况，记载了拙公和尚与皇室官员信徒之间的有关答问，具有重要的史料价值。

越南北宁省宁福寺

明行禅师圆寂后，越南黎朝皇帝黎神宗追封他为“成等正觉大德禅师化身菩萨”。1660 年，他的得法弟子妙慧为了纪念他，在笔塔寺为他建了一座“尊德塔”，塔内供有他的木像和石像，塔外刻有碑铭，碑铭曰：

> 行善戒严，道高德垂；说法度人，石默点头；作福随缘，莲开咒口；梵宫广建，变南国以西天；瑞相庄严，铸金容而满月；贵贱同宗，教主豚鱼，悉格中孚。

碑铭高度概括了明行禅师的事迹，对明行禅师给予了高度的评价与肯定。

妙慧（约 1615—?），俗名黎氏玉缘，郑壮王的外甥女。约 1642 年出家，拜明行禅师为师，入住佛迹寺修行。1659 年明行禅师圆寂，她继承明行禅师的衣钵，住持佛迹寺。1664 年，在佛迹寺为自己修建“佛光塔”，“佛光塔”建好后，她延请蒋光廷为塔撰写碑铭，蒋光廷的碑铭对她的言行和功绩多用赞美之词，但通过碑铭我们可以约略知道她的大致情况。碑铭云：

越南清化省泽林寺供奉的明行禅师铜像

越南的皇太后郑氏实在是菩萨再生，她的长公主法号叫作妙慧……妙慧在佛迹寺修行十多年，终于修成了正果……明行禅师将要圆寂的时候，将自己的衣钵传授给她，从而她成了佛迹寺的住持。

因此，明行禅师是知人善用。因为他认为，越南的所有福施都是得益于皇太后郑氏，妙慧的福泽也是来源于皇太后郑氏，而且中国人倡导禅宗，并且传播到越南，才有越南禅宗的兴盛，妙慧为弘扬拙公禅派而竭尽心力。妙慧在50岁时，为自己修建宝塔，这不仅过得了名利关，而且还超越了生死海。

妙慧为人，坚守戒律，甘于节俭，心态平和，勤于功课。从来不沾荤腥，从来不穿绸缎，从来不迁怒于他人，从来不喜形于色，从来不走旁门邪道。勤奋地参习功课，擅长于经卷。于是，她的名字在朝野上下流传，人们对她充满了崇敬之情。

现在的佛迹寺仍保存有她的木像。

明良禅师，生卒年不详，河内山明县（今河西省应和县）良多乡人，另有法名“满觉”。他出家、修行和弘法的具体情况目前还不清楚，现在只能根据他两次拜见拙公和尚的有关记载，推测他的大致情况。

一次是他初见拙公和尚，表明的是一种传承关系。据传，明良法师拜见拙公时，曾有一段问答：

拙拙问：“汝是何人？”

明良答：“无人。”

拙拙问：“汝是佛否？”

明良答：“无佛。”

拙拙问：“汝既无人无佛，汝是何物？”

明良答：“某有一物在祖师心头上。”

拙拙：“好底人物。”

由于明良的回答非常契合拙公和尚的心意，于是，明良得以跟随拙公学法，获得拙公的禅旨。

一次是他最后再见拙公和尚，表明的是拙公禅派的禅宗旨要。据《拙公语录》记载：1644年7月8日，拙公和尚从河内回到北宁省笔塔寺时，明良禅师怀着虔诚的心情，向拙公和尚请安，拙公和尚没有跟他过多地交谈，只是给他写了一首偈语，偈语云：

身如梦幻有同无，
万物春荣秋复枯；
任运盛衰无怖畏，
盛衰如露草头铺。

明良禅师从拙公和尚处得法后，便住持永福省昆岗山的扶郎寺，弘扬拙公禅派，他一度拥有僧众300多人。他的得法弟子是真源。圆寂时，他作了一首《示寂偈》给真源，《示寂偈》说：

美玉藏顽石，
莲花出淤泥；
须知生死处，
悟得即菩提。

真源禅师（1647—1726年），俗名阮严，字亭麟，海阳省清河县前烈社人。19岁时，他到广宁省安子山花烟寺出家，想拜真住禅师为师。

传说真住禅师见他时，问道：“汝从何方来？”

他答：“本无去来。”

真住听了一怔，觉得他是一个难得的“僧中法器”，于是便赐给他“慧灯”作为法名。可惜他跟随真住法师没多久，真住法师便圆寂了。

真住法师圆寂后，真源离开了花烟寺，来到永福省扶郎寺，拜明良法师为师。传说他见到明良法师时，曾问明良法师：“几年久积囊中宝，今日当何觌面看？”

明良法师没有回答他的发问，只是与他四目相对，默不作声。

就在四目相对间，他当即有所醒悟。明良法师见他如此通透，于是赐他法号“真源”。

真源得法后，便去广宁省安子山的龙洞山寺和琼林寺做住持。1692年，黎熙宗下诏请他如朝，以便向他参问佛法，并赐封他为“无上公”。1722年，黎裕宗封他为“僧统”，赐号为“正觉和尚”。1726年真源圆寂。黎裕宗下令在龙洞山寺和琼林寺为其建立“寂光塔”。

真源继承了“佛即是心”的思想，在他看来，佛性就在众生心中，人人都具有佛性，了悟自性便能成佛。因此，他主张用棒喝、微笑、扬眉、瞬目等禅机来启示弟子，其中“四目相顾”是他最为推崇的方法。在《禅宗本行》中他曾七次提到这一禅机：

四目相顾眼同，
师徒心交灯烛辉映。
三世诸佛祖师，
四目相顾视之禅机。
示出眼耳声音，
四目相顾传心无疑。
八字打开心扉，
四目相顾交汇圆融。
……
三世诸佛如来，
四目相顾万代证身。
……
化佛授记无边，
四目相顾密传心宗。

为便于越南佛教徒接受他的思想，他曾将禅宗典故“拈花微笑”翻译成越南民族语言的六八体诗：

当初祇园集会，
佛举荷花微微示众；
迦叶智慧不同，
了悟自性心通微笑；
如来尘尘刹刹，
众生芸芸各怀心花；
本性湛圆靠它，
千秋不变上下同理。
……
后学可曾了知，
心花启教胜似万言。

真源有弟子300多人，得法者有如澄、如现、如山和如智四人，其中如澄和如现的成就最大。

如澄禅师（1696—1733年），俗名郑拾，字麟角，号救生上士，又号麟角上士，传说他出生时，额头上长有一个日形的犄角，所以称为麟角。清化省永槊山人，晋光王郑平之子，曾与黎熙宗四公主成婚。

他在河内市寿昌县白梅坊有一座很大的别墅，别墅里有湖、有山丘、有花园、有果园、有田地。有一天，他叫佣人在后院里挖土造湖，供他日后放养金鱼，不想佣人竟挖出了一条大莲藕。听到这一消息，他认为这是暗示他出家的征兆。于是，他便在1720年将白梅坊改为寺院，名叫莲宗寺，专门设立离尘院以参究禅学。同时，他向皇帝上疏，陈述自己舍家为寺、舍俗出家的种种理由，皇帝见他出家意决，便准许了他的请求。获得了皇帝的恩准后，他便在1721年到广宁省安子山龙洞寺拜真源和尚为师，随真源法师出家、受戒。

传说他初见真源时，真源曾问他："宿缘高会，何见之晚耶？"

他答："师资会合，时至而出。"

真源说："重兴佛祖，是汝一人。"

由此，他成了真源的得法弟子。

如澄获得真源的法旨后，便重新返回莲宗寺静修。静修期间，他一方面努力扩大对外交流。据莲宗寺碑铭记载，他曾"使弟子杜多和尚往北国进受三坛，多请三藏将回，我国有具足三坛从此始"。杜多和尚就是性泉和尚，北国就是中国，确切的就是指现在肇庆鼎湖山的庆云寺。另一方面他积极建设寺院，他曾在河内寿昌县安舍坊建护国寺，在北宁省桂阳县建含龙寺。

如澄禅师吸收了中国晚唐禅宗的思想，圆寂前，他给弟子性泉写了一首《示寂偈》，偈言：

本从无为来，
还从无为去；
我本无来去，
死生何曾累。

这首《示寂偈》从文字句式和内容来看，与中国晚唐顺宗与佛光如满禅师的一段答问非常相似。

顺宗问：

佛从何方来，
灭向何方去。
既言常住世，
佛今在何处？

答曰：

佛从无为来，
灭向无为去。
法身等虚空，
常在无心去。
有念归无念，
有住归无住。
来为众生来，
去为众生去。
清净真如海，
湛然体常住。
智者善思维，
更勿生疑虑。

经过苦心孤诣的经营与宣扬，如澄禅师终于形成了自己的派别——莲宗禅派。

如澄禅师的作品有《五戒国音》、《十戒国音》，他主张禅净一致，以经教为佛眼，以禅为佛心，以阿弥陀佛为“公案”。

1733 年，如澄圆寂，他圆寂后，被赠封为“上士高禅和尚”。

香海禅师（1628—1715 年），升花府平安上乡（今仪禄县）人。他 18 岁时考中举人，开始了在阮王府做官的生涯，25 岁时到广治省肇封县当知府。就在他当知府期间，他得以与碌湖圆景禅师相识，并随圆景禅师习禅，圆景为他起了一个“明珠”的法名。后来，他又随大深圆宽禅师学禅，尽得两人的禅旨。28 岁时，他见朝廷政局动荡，奸佞当道，于是决意辞官出家，在南海尖笔萝岛建了三间小庵。在那里，他一面勤修戒律，一面接众授徒。8 个月后，他离开了尖笔萝岛，回到了自己的家乡，但尖笔萝岛人却盛情相邀，请他到尖笔萝岛居住，他接受了尖笔萝岛人的邀请，再次来到尖笔萝岛。从此，他的影响日益扩大，声名日益远播，使众多官民敬仰不已。据说当时的官员百姓、士兵草卒，个个都虔诚信奉他，皈依他的人有 1 300 多人。

据传说，广南镇守纯郡公的夫人，病了很久，请了很多医生，就是治不好。后来，镇守请他去念经念咒，过了七天七夜，镇守夫人的病居然好了，于是镇守一家都向他皈依。阮福濒王听说这件事后，便把他请到了王府，谁知一到王府，国太夫人和三位公子见到他后，都一同要求向他皈依。阮福濒王见他具有如此神奇的魅力，于是派人专门在龟镜山（顺化）建了一座禅净院，请他任禅净院的住持。一时间禅净院成了当时南朝的佛教中心。

由于王府侍内监嘉郡是被俘虏来的北朝人，经常来听香海说法，于是，就有人说他与香海密谋出逃，阮福濒王是信也没有根据，不信也没有根据，只好请香海离开南朝。不得已，香海在1682年与50名弟子一齐坐船回到了又安省。郑根王听说香海回来了，便指派唐郡公将他迎接到河内，并赐给他及其弟子工资礼物等，且派人在山南（今属海阳、太平、南河一带）建庵请他居住。1700年，香海又去月堂寺任住持，并重修扩大了月堂寺。黎裕宗帝对他尊重有加，常请他入内殿立坛祈嗣和问修行方法；1714年，郑刚王亲自到月堂寺供养，并题诗称赞。1724年，郑刚王发布命令，赐地五十亩，扩大重建月堂寺。此时香海的弟子很多，法子有70多人，法孙一群。有由弟子在1748年编撰的《香海禅师语录》存世。

香海禅师撰写有《解法华经》、《解金刚经理义》、《解沙弥戒律》、《解佛祖三经》、《解地藏经》、《解心经大颠》、《解心经五旨》、《解心珠一贯》、《解真心直说》、《解法宝坛经》、《解普劝修行》、《解榜条一篇》、《撰机缘问答并解》、《撰理事融通》、《撰观无量寿经国语》、《撰供佛三科》、《撰供药师一科》等及一些诗、偈和禅语，他的主要禅学思想都蕴含在其中。

香海的禅学思想，主要是“无心”认识论。他的“无心”主要包含着这样几种内容：

第一，“无心”就是真心远离妄念，而不是“无心识”。他认为，在认识真理即“心”上，不应该忽视认识对象即“境”，认识问题时不能顾此失彼，只关注一个而忽视另一个，不得“存一舍一”，因为“心”与“境”都有一个共同的本质，那就是“真心”。佛与众生在认识能力和认识对象上本质是同一的，都是“见物便见心，无物心不现”。差别只是迷与悟而已。他说：“凡人多于事碍理，境碍心。常欲逃境安心，遣事以存理，不知乃是心碍境，理碍事。只令心空境自空，理寂事自寂，勿倒自心也。”

第二，“无心”就是“无碍”。他认为，对于真理的认识要自在融

通而为一体。他时常引据：

妄身临镜照影，影与妄身不殊。
但欲去影留妄，不知身亦本虚。
身本与影无异，不得一有一无。
若欲存一舍一，永与真理相疏。
更若爱圣憎凡，生死海里沉浮。
烦恼因心故有，无心烦恼何居？
不劳分别取相，自然得道须臾。

第三，“无心”的认识即“忘二见”的认识。他认为“无心”了，就不受任何“二见”的阻碍，就能“见性成佛”了。他说：“……真知无知，以知寂不二之一心，契空有双融之妙理。无住、无著、莫摄、莫收。是非两忘，能所双绝，斯绝亦寂，则般若现前。心心作佛，无一心而非佛心。处处成道，无一尘而非佛国，故真、妄、物、我举一全收，心、佛、众生浑然齐致。”

1715 年，香海禅师圆寂。

性泉和尚（1674—1744 年），俗姓黄，又称杜多和尚、“两国和尚”，越南南定省武仙县多谷社人。12 岁出家，出家后，在莲宗寺师事如澄和尚习禅。据越南佛教典籍《继灯录》记载，大约是在 17 世纪末年，受如澄法师指派，他来到中国广东肇庆鼎湖山庆云寺学法，在这里，他受三坛具足戒，曾随戒和尚、羯摩师、教授师、名实人德、七间人德、性具大德、克己人德、慎天人德、定庵大德、维持大德等潜心习禅六年。

性泉回国后，在越南宣传四分律，传播三坛具足戒，住持莲宗寺。越南莲宗寺立于 1872 年的碑铭曾有记载：“第二代开山祖师，赠封上士高禅和尚，依其私土大开伽蓝，使弟子杜多和尚往北国进受三坛，多请三藏将回。我国有具足三坛从此始。”

第五节　元韶禅派

元韶禅派是越南的第六个禅派，它由中国元韶禅师创立。

元韶禅师是中国临济宗的第 33 代传人。他的传承线索为：临济义玄—兴化存奖—南院慧颙—风穴延昭—首山省念—汾阳善昭—石霜楚圆—杨岐方会—白云守端—五祖法演—圆悟克勤—虎丘绍隆—应庵昙华—密庵咸杰—破庵祖先—无准师范—雪岩祖钦—高峰原妙—中峰明本—千岩元长—万峰时蔚—宝藏普持—（车）明（慧）岩—海舟永慈—定封明暄—天奇本瑞—无闻明聪—笑岩德宝—幻有正传—密云圆悟—破山海明—圣可德玉—元韶。而义玄传承于黄檗希运，黄檗希运传承于百丈怀海，百丈怀海传承于马祖道一，马祖道一传承于南岳怀让，南岳怀让传承于六祖惠能，因此，义玄是惠能的六世法孙。这样，元韶禅派与六祖惠能就有着很深的渊源。

元韶禅派在越南法脉绵长，从17世纪起，一直传承到现在，已传承了12代，现今仍在传承。

元韶禅师（1648—1728年），一说是1614—1695年，广东潮州程乡县人，俗姓谢，字焕碧，法名元韶，也称超白。19岁时随报资寺旷圆和尚出家，1677年搭乘商船到达越南中部的归宁府（今平定省归仁），1683年在归宁府创建了十塔弥陀寺，随后，又到顺化富春山创建河中寺、国恩寺和普同塔。1687—1691年曾奉阮主阮福澍的命令，回到广东延请石濂大汕和尚及有关佛像、法器，最终请得了明海法宝禅师、兴莲国师和一些法器。回到越南后，阮主对他所请的法师优待有加，礼请他们参加顺化天姥寺的戒坛受戒仪式。1696年前后，元韶应阮主的邀请，住持河中寺。1728年在河中寺圆寂。元韶对中国临济禅宗在越南中部的传播作出了重大的贡献。

据《大越国王敕赐河中寺焕碧禅师塔记铭》记载，圆寂前，他“召集四众人等，谈及玄机，嘱留秘语，临期授笔说偈”，偈曰：

寂寂境无影，
明明珠不容；
堂堂物非物，
廖廖空勿空。

圆寂后，他的门徒为了能永久地纪念他，同年在国恩寺为他造塔。1729年，阮主阮福澍御撰《大越国王敕赐河中寺焕碧禅师塔记铭》以资纪念，赐谥他为“行端禅师”，并写有碑文称赞他的品行：

优优般若，堂堂梵室。
水月优游，戒持战栗。
湛湛孤坚，卓立可必。

观身本空，弘法利物。
偏覆慈云，善照慧日。
瞻之严之，太山屹屹。

他有三个著名的弟子：成等禅师、成乐禅师和明物一智禅师。

第六节　水月禅派

水月禅派由越南人水月通觉创立。

水月通觉曾来中国浙江向一句智教和尚学法，一句智教和尚是曹洞宗第35代传人，一句智教和尚生活的年代大致与古樵智先禅师的年代相当。考察曹洞宗的传承谱系，古樵智先当在31代左右，为何相差4代，那是另外的一个问题，有待考证。

曹洞宗法脉为：云居道膺—同安道丕—同安观志—梁山缘观—大阳玄警—投子义青—芙蓉道楷—净因自觉—青州一辩—大明宝—王山体—雪岩满—万松行秀—千松明得—雪庭福裕—（八代不明）—宗镜宗书—少室常润—大觉方念—湛然圆澄—百丈明雪—破闇净灯—古樵智先……而曹山本寂传承于洞山良介，洞山良介传承于云岩昙晟，云岩昙晟传承于药山惟俨，药山惟俨传承于石头希迁，石头希迁传承于青原行思，青原行思传承于曹溪惠能。因此，水月禅派是中国南禅宗在越南的继承与发展。

水月禅派在越南的传承情况，《大南禅苑继灯传录》留有一些蛛丝马迹，第一代是水月通觉禅师，第二代是宗演禅师，第六代是宽翼禅师，第七代是觉林禅师，第八代是明正清谈禅师，第九代是明达禅师。该派传到第九代时分化为三个支派，每个支派又各自传承了四代。另有说法称福田禅师是第八代，但不知以何为据。不过，水月禅派的影响应是延及到了现在，现在的一些越南禅宗高僧，明显有水月派的烙印。现在宁平省的碧洞寺和河内市洪福寺、镇国寺及含龙寺都是属于曹洞宗的寺院，与水月禅派也有一定的关联。

水月通觉禅师（1637—1704年），俗姓登甲，号通觉，太平省先兴县清潮乡人。早年在雄岭山寺出家。1664年，他来到中国浙江湖州的凤凰山拜一句智教和尚为师。在凤凰山，一句智教与他初见时，有一段对话。

一句问："汝什么处安身立命？"

水月云："水中风发处，波上水安然。"

一句问："日夜保任时如何？"

水月云："午时星斗现，半夜日头红。"

一句问："安身立命汝如是，那个面目子如何？"

水月云："影草挥竿，箭锋当发。"

一句云："莫放过一曲两头蛇，穿得蛇鼻。谨慎，谨慎。此洞家好儿孙，付汝法名通觉，绍吾正脉。"

一句智教和尚对他的回答非常满意，认为他的回答很有机锋，是一个非常难得的可造之才，于是收他为徒。

水月禅师跟随一句智教和尚学了三年，终于悟得了曹洞佛法。得法后，他于1667年回到了越南，住在任安山望老寺，不仅在望老寺开堂示众，宣扬曹洞宗，还经常到昆山资福寺和任阳山寺弘法。传说，一时间远近僧众都聚集在他的周围，使得曹洞宗在17世纪末到18世纪初的越南北方产生了极大的影响。

水月禅师曾留有一首偈语：

山织锦水画图，
玉泉涌出白酥稣；
岸上黄花莺弄语，
波中碧水群呼；
月白堂堂鱼父醉，
日红耿耿茧婆哺。

1704年，水月禅师圆寂。他的得法弟子是宗演。

宗演禅师（？—1709年），法号真融，越南东山人（今海兴、兴安、河南一带），早年开始出家，水月禅师在望老寺弘扬曹洞宗时，他与众多僧众一样，也慕名前来听讲。传说有一天，他想单独向水月禅师参学，见到水月禅师时，水月禅师正在休息。

于是水月禅师问："如我当息，行何时出个消息？"

宗演立即答道："正午日当圆，寅时日半露。"

水月听了他的回答，猛地一惊，便再问："保任时如何？"

宗演立即作了一首偈语，作为答复：

应有万缘有，
随无一切无；

有无俱不立，
日灵本当哺。

水月禅师听了他的偈语，认为他极具法器，便称赞说："曹洞合君臣，绍隆吾派。"

随即也作了一首偈语作为回应：

一切法不生，
一切法不灭；
佛佛祖祖传，
蕴空莲头舌。

水月禅师高兴地收了宗演为徒，并将自己的禅旨毫无保留地传给了他。

宗演获得了水月禅师的禅旨，志得意满地回到东山，宣传水月的禅宗思想。他的弘法活动，对越南北朝曹洞宗的发展产生了非常积极的影响。

传说，正当他的弘法活动进行得如火如荼的时候，可能是僧尼过多或过于集中的缘故，黎熙宗突然在永治年间，接受儒臣的建议，改变了对佛教的态度，要求僧尼离开寺院，分散到山林或农村中去修行。黎朝的这一宗教态度，引起了宗演的极大不满，为了佛法，他冒着生命危险，向朝廷上书，力陈不可实行的种种理由。

经过层层转送，三个月后，他的上书终于送到了黎熙宗的手上，黎熙宗看了他的理由，觉得言之成理。于是，黎熙宗想亲自见见这位禅师，当面进行交谈，便下诏召见宗演。

宗演来到朝廷，黎熙宗并没有立即问他禅宗的问题，而是问了一些有关治理国家的问题。宗演虽是方外之人，但对如何治理国家却有一套又一套的方案。有的方案与黎熙宗的设想不谋而合，有的方案比黎熙宗设想得还仔细且完善。于是，直听得黎熙宗频频点头，龙颜大悦。他站起来，大声地说："佛教是一块珍贵的宝玉，难道不去使用？僧尼是劝人做善去恶的人，为什么要遣散他们？僧尼开化民智，是帮助朝廷治理国家的辅助手段，为什么不尊重他们？"

黎熙宗虽没有用肯定句对禅宗进行直接的肯定，但他的三句反问句，同样鲜明地表明了他对佛教禅宗的态度。因此，黎熙宗收回了遣散僧尼的诏书，僧尼从此又可自由地弘法传道了。

黎熙宗见宗演法旨高超，为方便与宗演谈论佛理，更为方便探讨治国的方略，便延请宗演到京都的报恩寺任住持。太上皇听说宗演法力高超，也想听宗演说法，于是，就要求黎熙宗将宗演请进宫中，为他及其他皇室人员说法。宗演在宫中说法，吸引了众多皇室人员前来听讲，黎熙宗也是每场必到，渐渐地，禅宗理论深入黎熙宗的内心，黎熙宗对佛教深信不疑。于是，一天，黎熙宗赐给宗演“御前之君”的封号和一件锦袍。宗演觉得“御前之君”的封号太过于抬举自己，以愧不敢当为由，坚决不肯接受。他只接受了黎熙宗赐予的锦袍，并请求任洪福寺的住持。黎熙宗答应了他的请求。

宗演任洪福寺住持后，一方面进行硬件建设，重修并扩大了洪福寺，一方面进行文化建设，刻印《华严经》和《法华经》。

1709 年，宗演在洪福寺圆寂，圆寂前，他对弟子净觉禅师说了一首《示寂偈》，偈语云：

花开春方到，
叶落便知秋；
枝头霜莹玉，
萼上雪连珠；
清晨云散产龙甲，
白日霞光裸像驱；
豹文虽见一，
凤众体全俱；
达摩西来传何法，
芦花涉海水浮浮。

从他传《示寂偈》给净觉禅师来看，他的得法弟子应是净觉禅师。

明正清谈禅师，生卒年不详，法名明正，越南人，1807 年出家，1810 年受比丘戒，是水月派第八代传人。他曾受到阮朝皇帝的尊重，据记载，阮朝皇帝曾赐给他戒刀和度牒。编写有《提案参禅》、《般若直解》、《法华提纲》等作品。

明正清谈禅师圆寂后，据《大南禅苑继灯传录》记载，他的得法弟子是明达禅师。

福田禅师，生卒年不详，俗姓武，越南河内山明乡人，一说是水

月禅派的第八代传人。12 岁时，他在河内的大悲寺出家，20 岁时，已成为北宁省法云寺的住持。据说，明命皇帝在越南的顺化举行了一场“佛教经义考试”，福田禅师胸有成竹地参加了考试，并在考试中显露出了自己的禅学才华，引得明命皇帝龙颜大悦，以皇帝的名义赐给他戒刀和度牒。随后，福田禅师住持河内的莲宗寺，住持期间，他在积极宣传佛法的同时，还对莲宗寺进行了倾力的修缮，使得莲宗寺成为当时越南的佛教中心。

福田禅师在住持法云寺和莲宗寺期间，除了弘法布道外，主要做了三项工作。一是在越南的不同地区大量建造寺庙。据记载，他曾在北宁省建造了蒲山寺、开化应福寺，在河内建造了莲花寺、报天寺，在山西建造了富儿寺。这些寺庙的建造，为弘扬禅宗提供了传播的场所。二是大量翻刻佛教经典。据记载，他曾翻刻有《华严经》、《大戒牒》、《禅苑集英》、《佛祖继灯旧版》、《护国论国音版》、《竹林国音版》、《禅林宝训国音版》、《诸佛事迹》等。这些经典的翻刻，为培训僧才提供了极大的帮助，也丰富了寺庙的文化内容。三是编著佛教作品。据记载，他曾编著有《放生戒杀文》、《禅苑继灯略录》和《沙弥律仪解义》。《放生戒杀文》，劝人，尤其是僧人要严格遵守佛教的三归、五戒、十戒等戒律；《禅苑继灯略录》记载了越南佛教历史、文化、传承体系及名山古寺；《沙弥律仪解义》是用字喃对云栖珠宏《沙弥律仪》的解说，这些编著有的宣传了佛教知识与理论，有的记载了越南佛教的历史，是研究越南佛教史的珍稀材料。

福田认为儒、释、道三教同源，主张禅、净、密三教同修，目的是为了达到觉悟。他觉得，人只要觉悟了，就没有宗派、没有学说的分别，各种宗派、各种学说、各种主张都可通过觉悟而获得无差别，获得融合与同一。他的《示寂偈》体现了他的这种思想。偈语说：

各说陈悟入，
以悟获圆通；
道外元无倒，
空中元不空；
于今传正法，
自昔衍真宗；
以无所得故，
不在个言中。

福田禅师弟子众多，他的著名得法弟子有通融禅师、普净禅师和安禅禅师。他们的史迹没有得到发掘与研究，多不清晰。只是通过安禅禅师留下的编著，可约略知道安禅禅师发扬光大了他的思想。

越南北宁省顺城县的法云寺，又名延应寺

安禅禅师，生卒年不详，越南人，北宁蒲山寺住持，认为三教同源，具有同一性，曾编著有《道教源流》三卷。

《道教源流》并非是一本有关道教发展史的书，而是一本涉及儒教发展史、佛教在越南发展史的书。该书按内容分类，第一卷侧重于佛教在越南的发展情况，第二卷侧重于儒家在中国的发展，第三卷侧重于道教在中国的发展，选取的内容恰切地表现了他的“三教同源”思想。他曾在书中说：“道本一贯，何有三教而可言哉？无有对者为一，有对者为三。”之所以有三教的说法，是因为圣人在不同的时间、不同的场合，针对不同的对象而选择不同的语言和思维进行教化的结果。

关于《道教源流》的价值，越南阮朝著名学者阮登楷在《三教通考·序》中对此进行了评价，他说：“该书虽其语类不甚联络，文理不甚赡丽，而博采群书，搜集众见，合成一编……亦足为禅净二门日用要诀矣。”

第七节　了观禅派

了观禅派，由越南人了观禅师创立。

了观禅师，曾随中国济圆禅师、觉风禅师、石镰和尚、慈林禅师及明弘子融禅师习禅，济圆禅师、觉风禅师、石镰和尚、慈林禅师和

明弘子融禅师，他们有的是曹洞宗的传承弟子，有的是临济宗弟子。由于了观传承的是明弘子融的衣钵，明弘子融是临济宗的第 34 代传人，因此，了观禅派是中国临济宗在越南的传承，也是中国南禅宗在越南的又一种发展形式。

了观禅派在越南一直影响到现在，现在越南中部和南部凡是临济宗的寺院，都是属于了观禅派的。而据考察，它明显的传承有七代，第二代有祖训、湛观、济仁、慈照，第三代有照然、智浩、灵照、万福，第四代有普净、忠厚、广德、知鉴，第五代有一面、觉悟、龙光，第六代有良缘、刚纪、灵机、密念、天恩，第七代有慧法、福旨、普光、文质。

了观禅师（1677—1742 年），俗姓黎，讳实妙。富安省同春县白马乡人。1682 年他 6 岁时，母亲不幸去世，他父亲便把他送到会尊寺，拜济圆禅师为师，随济圆禅师习禅。在他 13 岁时，济圆禅师圆寂，他便到顺化报国寺，拜觉风禅师为师。他 14 岁那年，父亲身染重病，他便辞别觉风禅师，回家侍奉父亲。他 19 岁时，父亲不幸离开了人世，他便离开家乡，再到顺化报国寺拜石镰和尚为师，并请石镰和尚为他授沙弥戒。他 21 岁时，又拜慈林禅师为师，并请慈林禅师为他授比丘戒。他 26 岁时，又来到龙山印尊寺（今顺化慈昙寺）拜明弘子融为师，并跟明弘子融习禅。

传说，他跟明弘子融习禅期间，明弘教他参“万法归一，一归何处”的话头。可他参了七八年的时间，却始终也参不透。有一天，他看《传灯录》，当看到书中“指物传心，人不会处”等文字时，忽然有所醒悟。

1708 年，当他到龙山印尊寺向明弘子融呈“指物传心”话头的结果时，明弘子融又说：“悬崖撒手，自肯承当，绝后再苏，欺君不得。”

他一听，便一边鼓掌，一边哈哈大笑！

明弘子融说：“不对。”

了观立即说：“秤锤元是铁。”

明弘子融依然说：“不对。”

过了一天，当他来到明弘子融面前时，明弘子融说：“昨天的事还不行，请继续说吧！”

了观便说：“早知灯是火，饭熟已多时。”

明弘子融听了这个回答，非常高兴，对他大为赞赏。

1712 年，明弘子融来到广南省，了观向他呈献《浴佛偈》，明弘子融问：“祖祖相传，佛佛授受，未审传受个什么？”

了观便答：“石笋抽条长一丈，龟毛拂子重二斤。”

明弘子融说：“高高山上行船，深深海底走马。”

了观接着说：“折角泥牛彻夜拱，没玄琴子尽日弹。”

了观的回答，非常契合明弘子融的心机，明弘子融觉得了观的修行更加深厚了，于是，就在这一年，他把自己的衣钵传授给了了观。

1742 年，了观病重，他把弟子们叫到身边，对他们说《示寂偈》，偈语云：

七十余年世界中，
空空色色亦融通；
今朝愿满还家里，
何必奔鳗问祖宗。

不久，了观圆寂，阮王赐封他为“正觉圆悟”。他的著名弟子有祖训禅师、湛观禅师、济仁禅师和慈照禅师四位，这四位禅师又发展成为四个支派。

第二章　北传朝鲜半岛的中国南禅宗

六祖惠能振兴禅宗以后，不少朝鲜半岛留学僧人来到中国，在六祖再传弟子门下学习禅法。他们学成回国后，有的静静修行、默默无闻；有的传播圣教，演示大法。韩国禅宗渐渐门庭繁茂，开山立派，新罗（503—935 年）灭亡之前，已形成八山派，后在高丽朝（918—1392 年）初期又形成了须弥山派，谓之为九山禅门。先后形成了实相山派、迦智山派、曦阳山派、桐里山派、凤林山派、圣住山派、阇崛山派、师子山派、须弥山派、法眼宗派、曹洞宗派、曹溪宗派的兴盛局面。

新罗末年，朝鲜半岛群雄并起，地方割据。新罗一分为三，形成了朝鲜半岛三国鼎立的局面。新罗王族弓裔建立了泰封国，尚州土豪甄萱建立了后百济。918 年泰封部将王建杀弓裔自立，建立高丽。935 年灭新罗，936 年灭后百济。基本统一朝鲜半岛。高丽王朝统治朝鲜半岛近四百年，直至 1392 年被李氏朝鲜取代。

高丽国太祖王建

高丽王朝崇尚佛教，把它定为“国教”，加以提倡。王建十分信奉佛教，仅在开成就新建了十所寺院，延请高僧居住。光宗时更建立了一系列的崇佛制度，从名僧中选拔国师、王师，聘为王宫顾问；在太学中增设僧科，对僧侣进行考试，授以法阶称号。

高丽太祖王建为使后代诸王都能以佛法治国安民，在二十六年（943 年）订定十条训要，作为后世治国的规鉴，此即闻名的“太祖训要”。其中第一条：“我国家大业，必资诸佛护卫之力，是故创立禅教寺院，差遣住持焚修，使各治其业。后世奸臣执政，徇僧请谒，各业寺社争相换夺，切宜禁之。”此乃嘱咐信佛、事佛，依佛法治国安邦。

高丽王朝为了使佛教兴旺，曾向北宋请佛经，派僧侣入宋求法，欢迎宋僧来高丽传法，并雕刻了大量佛经。从公元 1236 年起，高丽王朝用 16 年时间雕刻成的高丽八万大藏经流传至今，成为当之无愧的世界瑰宝之一。

后来，韩国佛教经过发展融合，逐渐形成了曹溪宗和太古宗，它们作为韩国佛教的代表，延传至今。

第一节　九山禅派

1. 迦智山派

道义禅师

迦智山派由道义创立，其传承谱系为：六祖惠能—南岳怀让—马祖道一—西堂智藏—初祖道义—廉居—体澄

道义禅师出生于江林，据说出生前有很多奇异的景象。先是他父亲见到一道白色的彩虹进入他们家。而他的母亲梦中见到僧人与她同床而卧，且有一股奇特的香气遍及屋内。父母把各自所见互相诉说以后，猜测可能是要生一个不同凡俗的儿子。这事没过多久，也就是半个月有余，他母亲就怀孕了。正常人是十月怀胎，便有分娩，道义却在母亲肚子里待了39个月才出生。

出生那天早晨，他母亲恍惚间看到一个外国僧人，手持一个长长的锡杖到了他的家门口，说："产儿的胎盘可以放到河边。"说完这个僧人就不见了。于是家人按照僧人的话，将胎盘在河边埋起来。之后，那个地方，常常看到有一头鹿守在那里，周围的人见到都感到很奇怪。

道义出生以后，因为以前的种种瑞象，还未成年就投奔陈田寺出家了，当时他的法号叫明寂。后来，高丽使臣韩粲号金让恭准备出使唐朝，明寂得知后便搭船跟随前往，此时是建中五年岁次甲子。道义先到山西五台山去朝拜文殊菩萨。当礼拜文殊菩萨的时候，忽然天乐鸣空，声音嘹亮不绝，神鸟在天空翱翔，他顿时信心大增。听说附近的广府宝坛寺正在开坛受戒，于是道义就奔赴那个地方，受了具足大戒。

当时，六祖的曹溪禅法正处大兴之时，因仰慕六祖的缘故，道义便奔赴广东韶关南华禅寺，准备礼拜六祖肉身。他到了寺院，正要去礼祖时，已经关闭的祖师正门，突然自己敞开，无人启动。道义激动地连续礼拜三次，并虔诚发愿。等到出门的时候，大门又自动关闭。

因向往曹溪禅法，明寂便决定拜访六祖的后人，听说西堂智藏大师在江西洪州开元寺弘传南宗禅法，于是，他不辞辛苦前去投奔。智藏大师见到明寂和尚后，犹如在山间的杂石中拾到了一块美玉，又如在海蚌中突然发现珍珠一般，高兴地收他为徒。经历了数年，明寂得到禅宗密旨，心印相传，传法之后，智藏大师赞叹说："能传法接法之人，不是他又是谁呢？"并赐他法名道义。同时，智藏大师让他去百丈怀海处继续参学，百丈禅师见到他，也是惊讶不已，说："你们江西洪州禅法这一脉已经属于东国（韩国）之人了。"

据《寂照塔铭》记载，道义回国的时间是公元821年，也是新罗

宪德王十三年，唐穆宗长庆元年。

道义回去之后，传法并不是一帆风顺，而是阻碍重重，因为当时的人还执着文字，执理废禅，又喜欢小乘禅观，对待无上禅门的直指心要的大法不能接受，大多以为道义怪异和虚妄，对他的禅法不尊重。所以，很少有人跟他学法。于是道义祖师就隐居山林，很少有人知道他。后来有个叫廉居的人得到他的全部法要，被视为新罗禅宗二祖。

关于道义禅学的特点，高丽真静国师天颐所撰的《禅门宝藏录》中有一段记载。当时韩国僧统叫智远，有一回问道义国师："华严四种法界之外还有什么法界？华严里五十五位善知识所建立的法门之外还有别的法门没有？佛教教理之外还有祖师单传的禅道吗？"

道义回答说："如你所界的四种法界，在我们禅宗祖师门下，只举一个理就能把你的一切全给包容了，在我们的禅宗门下只要竖起一个拳头，你所谓的四法界之象连找都找不着了，我们无行无智的祖师禅宗，什么文殊、什么普贤的样子一点都找不着。你所说的华严五十五位善知识的各种法门，也就如同水中的泡泡一样，瞬间即逝；我们平常所得的三生四智菩提道等，也就犹如金之岛矿耳。所以，我们不能和教内的理论杂混。唐朝有祖师归宗和尚说，人家问他对《大藏经》明白什么，他只举举拳头。"

智远又问："那么佛教的教理行果、信解修正，如何定位？我们的佛果还能成吗？"

道义回答说："无念无修信解修正就是一个说理。祖师们为了表现这个心要法门，说佛与众生都不可得。道的本性直接显现，不用他觅。所以在五教之外，教外别传的祖师心印法门。我们平常佛的形象、佛的塑像是对那些难以理解祖师心印的众生假借的方便方法。所以那些纵使多少年读诵佛经并以佛经来寻找自性的人，尽管经过多生累劫也难以得到真谛。"

智远敬佩不已，起身礼拜说："我一直以来只是听闻到佛法的一些美妙庄严的理论教化，但是如此高妙的心印法门，我真是难以窥视其要。"

体澄得法于雪山信圣寺廉居座下，廉居又是道义的传人，所以他是禅门迦智山派的三祖。

按塔铭记载，体澄俗姓金，熊津人。出身于当地望族，门风慈孝。

他母亲一日睡梦中见太阳从地面升起，悬空而光芒四射，一道光芒直入其腹，于是蒙昧得醒，便觉得有孕了，十月怀胎已满，忽遇难产。他母亲正没有办法时，忽然想起受孕时的瑞祥，便虔诚祈祷三宝，发愿斋戒，并施钱供养福田，此后便顺利分娩。相传体澄在襁褓之时就有了出尘的志向，待到成年，决意出家，其父母知其志向坚定不可动摇，富贵财色不能打动他，只好送他出家，去寻访名师。

他的剃度师是投花山劝法师，其师以讲经为业。每每讲经，他能过耳不忘，又常常向其师请教，尽得其师法要，日常行持以去除烦恼为业，渐渐卓尔不群，超然出众。

公元 827 年，太和丁未岁，24 岁的体澄在加良山普愿寺受具足戒。

体澄为进一步修学出尘，得遇雪山信圣寺廉居禅师，当时众生机缘未熟，禅学隐于山林之中，廉居虽得法于道义，也没有高徒。他见体澄是法器，便多加培养，体澄本人侍师如佛，一心静修，为法忘躯，最终以禅宗法脉托付。

公元 837 年，体澄与同修虚会、贞育等约好共同参学，便来到中国，游历参学，在中国各地访善知识。一番游历后，他觉得，法界众生爱好共同，其本相本性无所差别，便对同游的同伴说：我祖（道义、廉居）所说之法，以圆满无所增加，为何还要远求参学呢？于是在公元 840 年春二月，体澄返回新罗。

体澄的弘法基地是武州黄壑兰若，13 年里，体澄得到了周围百姓的信仰与拥戴。武州离当时的政治中心较远，体现了中国禅宗的旧有风格，即丛林特色。

因盛名远播，体澄得到王侯公卿的仰慕。当时的宪安王，是个求禅若渴的人，859 年，即唐宣宗大中十三年，宪安王指派长沙县副守金彦卿，以茶等名贵物品供养隆重应请体澄。体澄没有奉诏，托病不去，真实原因是喜山林之清静，办道用功之易行。同年十月，宪安王再次遣使包括僧正（僧官）连训法师、奉宸冯瑄等人，请体澄移居迦智山寺，在多番祈请下，体澄便应机而往。

体澄在迦智山寺驻锡期间得到十方护持，长沙县副守金彦卿捐资买铁二千五百斤，铸就一尊卢舍那佛供养于迦智山寺。同时，宪安王令地方出黄金一百六十分，租子二千斛供养寺院。

公元861年，迦智寺修建完成。在以后的弘法时期，陆续得法的弟子多达八百余人，包括著名的英惠、清奂等。公元880年唐僖宗广明元年，体澄于三月九日圆寂，寿77岁。

宪康王追谥体澄为“普照”，赐寺名“宝林寺”，所以体澄开山的根本道场叫作迦智山宝林寺，也就是以后所说的禅门迦智山派。

2. 实相山派

南岳智异山

智异山从古代新罗时期就与金刚山、汉拿山并称“三神山”。当时叫作“方丈山”，被认为是长白山的灵气向南而再度升起，所以也叫“头流山”。

洪陟禅师在智异山创建实相寺，所以智异山后来也称为实相山。

韩国模仿中国五岳的说法，建立自己的五岳，其分别指白头山、妙香山、金刚山、三角山（现在的北韩山）和智异山。

智异山是韩国“五岳”中的南岳，是孕育神话传说和历史故事的灵山。

智异山雄伟壮观，有海拔1 915米的天王峰、1 732米的般若峰和老姑坛三大主峰，1 500米以上的山峰有百余座。从老姑坛到天王峰四十余公里的云朵，仅用“云海”两字还不足以表现她的深邃和美丽，千峰万壑的山势形成了变化无穷的景色。

这里有韩国保存得最好的原始森林，是野生动物的宝库，也是远近闻名的神秘圣山。1967年被指定为韩国第一个国立公园。

古代实相寺就建在此山中

实相山派由洪陟禅师创立，其传承谱系为：六祖惠能—南岳怀让—马祖道一—西堂智藏—洪陟禅师

洪陟禅师跟随马祖的弟子西堂智藏学法之后，于兴德王即位时回国弘法，国王及太子都是其弟子。实相寺是国王恩赐修建的。上首弟子片云、秀彻，得法者千余人。弟子秀彻在莹原寺弘法，被封为国师，是二祖。

洪陟禅师，尽管生卒年代不详，但可以肯定的是，他是禅门九山中最早开宗立派的。

3. 圣住山派

圣住山派创始人无染

圣住寺遗址 1

圣住寺遗址 2

圣住寺遗址 3

圣住山派由无染禅师创立，其传承谱系为：六祖惠能—南岳怀让—马祖道一—麻谷宝彻—无染禅师

无染，俗姓金，为新罗武烈王第八代孙。韩国王族的世袭贵族分为五品：一等圣骨，二等真骨，三等难得，四等生族，五等金骨。无染的祖父是真骨贵族，是难得的贵族。

无染的母亲姓华。一天，她梦见一长臂天人拿一朵莲花送给她，于是有了身孕。其母有孕之后，又梦见一个外国僧人，自称为法藏比丘，传授她和胎儿十戒。公元 800 年，也就是新罗哀庄王元年，无染出生。无染少时聪明异常，九岁之时，便能对所看书籍过目成诵，因此其在少时就有“海东神童”之称。

他出家于雪岳山五色石寺，剃度师为法性禅师，经过数年的时间，禅师的大法都毫无遗漏地传授给他。其师赞叹他为“后发先知”。后来，他又到新罗有名的浮石寺，也就是华严宗义湘祖师开创的道场。义湘的传人是释澄，所以他又得到了华严宗的传承。在其师释澄的鼓励之下，他决定入唐求法，与志同道合的心友、道亮等僧人一同由海路赴大唐。海上狂风骤起，大浪滔天，船舶顿失航向，性命垂危，后来船只经过几天几夜的漂流，终于在一个叫剑山岛的地方靠岸了。原来大风又把他们吹回了韩国，但是，风雨恶浪不能阻止无染赴唐求法的志向。后来听说有新罗到唐朝进贡的使臣，无染便想办法搭乘了使船，在使船上，他结识了新罗王子昕。

公元 821 年，使船到达了中国连云港的伊芦山罘山。下船后，无染便远赴陕西的终南山，去听《华严经》。当时所在的寺庙叫至相寺，寺中有一老人见他听法殷勤，用功忘我，便对他说：“与其心向外求所外物，不如认得自己的心。”听了老人的一番话，无染顿有所悟，他觉得，要想真正认得自己的心，就要向禅宗寻找答案。听说南宗门

下有马祖的后人叫如满，是有名的高僧，于是他便赴东都洛阳的佛光寺，去向如满问法。如满见到他以后，称赞有加，说：“我此生见过不少人，可以说是阅人无数，像你这种新罗的僧人，太少见了。如果他日中国禅宗的思想找不到了，可能是要到你们国家去找了。”

在如满处问法后，他再到马祖门下的麻谷宝彻禅师处求法。在麻谷宝彻禅师处的若干年时间里，无染除了听经闻法之外，与禅门有关的工作，也是全力去做，不管遇到任何艰辛或困难，他都没有怨言，就算是人家都不愿意做的苦差事，他也毅然自己来承担。日久天长，旁边的同修们都称赞说：“禅门有这样雷厉风行之人，是我们彻公门下的光荣啊。”

一日，麻谷宝彻对无染说：“过去我的师父马祖道一秘密传我口诀：‘春天的百花尽管开得十分繁茂，但秋天结果却非常的少，你不要辜负了那些求道人的希望啊。’假设你要传佛心印的话，徒弟中那些有奇特见识的人，就要传给他，封他为后世之祖，不要使他被外人夺走。”麻谷宝彻又说：“我们的大法，会流到东方之国，这是出于前辈祖师的预言。祖师们说‘在日出的地方之人，他们的善根成熟了。假设，东方国土之人能够来这里听受教化，就要好好培养他，使我们的禅宗智慧甘露之水，浮现于大海的那边。这个功德是无量的’。”

麻谷宝彻接着说：“我师父的这些话，现在想起来，指的就是你啊。今天，就是印证了这个预言。待到以后禅宗像封侯封相一样大兴于东海之国，这不是让祖师们欣慰的事吗？我当年做江西马祖的长子，我后世也必然成为东海之国祖师的师父。我今日的所作所为也就无愧于先师了。”

在依止麻谷宝彻多年之后，因为师父去世了，无染便在各地继续参学。经过二十五年的游历，他于公元845年，也就是会昌五年回国弘法。

回国之后，无染得到了王臣的拥护，特别是山中宰相王子昕，把自己的一座乌合寺送给无染作为居住弘法之地。在弘法的时候，无染得到了王侯的倾慕崇敬。

文圣王赞叹他的所作所为，有助于以德之教，帮助王化百姓，并将他的寺名改为圣住寺。于是，圣住寺与圣住山就成了无染禅派的名称。宪安王就位之前，经常去亲近无染禅师，并觉得因此使自己的岁月没有虚度。宪安王即位之后，凡有大事，必去请教禅师后才做抉择，他对禅师的恭敬程度，与前朝皇帝比起来，有过之而无不及。

新罗的景文王于公元871年传诏书请无染进京弘法，无染临行前对弟子们说：“我们亲近与听命于国主，在外人看来好像于道渐远，然而，对于大法的弘扬来说，将有无量的利益。这个时机到来了，我们不能失去。”无染便前往京都了。等到了京城，景文王聘无染为国师，并率群臣礼拜，令王公贵族敬师如佛。

一日，景文王以刘勰《文心雕龙》的“滞有守无”相问，想听听禅宗关于“绝境”的解释。无染禅师说：“境，既然是绝了，也就无从解释它的道理了，它的核心在于默默去行。”景文王得到开解之后，对佛法的认识和信心大有提高，于是皈依佛教，正式成为南宗禅法的学徒弟子。

因国王的缘故，百官倾向，世俗贵族来听法问道之人塞满庙堂。于此因缘，无量众生皆从禅法得益，认得自家宝藏，不向外求。

因为日常的事务实在太繁多了，无染禅师又到另一个离京城不远的深妙寺驻锡。

无染的禅法思想宗旨，可以从《禅门宝藏录》里窥其一斑：

有人问：“禅宗有话‘有舌无舌’怎么理解？”

无染回答：“仰山祖师，有舌土的意思是，以佛的言教作为教化，名字叫应机门；无舌土的意思就是禅宗，是佛正传门。”

问：“什么是应机门？”

答：“善知识是扬眉动物，说法教化示为应机门，所以称为有舌。”

问：“如何是无舌土？”

答：“是有学禅根性的人，在禅门中无师也无师弟。”

问：“如果是这样，那么古人为什么说师徒相传呢？”

答：“章敬国师说，比如虚空一样，以无相作为我们所表达的形象；以无为作为我们的功用。禅宗的传播也是一样，以无故作为传，所以是传而不传也。”

问：“在无舌土的说法中，不能见所化度的众生和能化度的人，在我们佛言教的应机门里面，也不见能化和所化，这两派有什么差别。”

圣住山遗址

答："言教门里面，最高是如来所证，也叫海印定，在定中三种世间法印——'诸行无常、诸法无我、涅槃寂静'都现前，而永不失掉。所以显现有三种世间的'行'、'法'、'涅槃'的迹象。此迹象犹如在土中所生的净秽杂草一般有踪迹。今天我们禅宗的法，在我们修道人的心里，永远不生净秽两种概念，所以既不使三种世间的杂草荒芜，也找不到杂草出入的痕迹，所以不同。净就是指真如解脱等法，秽指生死等法。所以古人说，修行人的心的本源像深水潭一样，净秽两种杂草都不会产生。那么，佛土是什么呢，先穿上定慧法衣，入燃灯解脱火内，再放却定慧之衣，立十地等位次，故有踪迹。祖土者，本来无解脱与不解脱，本着一条线，故与佛土大别也。"

禅教的高下关系，文圣王也有疑问，无染禅师对此作了巧妙的回答："教"犹如大王的百官僚属很多很多，他们各司其职，而"禅"如同帝王一样，只要垂首坐在殿堂之中无为而为，则百姓自安天下太平。文圣王听后十分欢喜。

公元888年，新罗文德元年，历五王、于两帝做国师的无染以89岁高龄去世，追谥为"大朗慧禅师"，门下得法弟子不计其数，上首弟子有僧亮、普慎、询义新光等。

4. 凤林山派

凤林山派由玄昱禅师创立，其传承谱系为：六祖惠能—南岳怀让—马祖道一—章敬怀晖—凤林玄昱—凤林审希

凤林玄昱得禅于马祖道一弟子章敬怀晖，从章敬怀晖处求得法印。

玄昱俗姓金，出身于东溟有名的大户人家，父亲名叫金廉均，官至兵部侍郎，母亲姓朴。出生于公元787年，也就是新罗元圣王三年。玄昱从小便立志出家，出家后于公元808年，也就是22岁时受具足戒。长庆四年，也就是公元824年，入唐求法，投奔当年太源府怀晖门下。

怀晖，泉州人，贞元初年，也就是公元785年跟马祖道一学法，得马祖禅法心印。

透过下面一则公案，我们可以一窥章敬怀晖的禅学思想。

有一僧人问章敬："你所传心地法门，为是真如心、妄想心还是非真非妄心？还是三乘佛教教外别传之心？"章敬答道："你见目前太虚空吗？"僧答："我知道它常在目前，别人看不见。"章敬说："你不要错把影像当真实！"僧曰："和尚您又怎样答？"章敬不答，仅以手拨在空中划三下。其僧又问："怎样才是真答案？"师曰："你向后去找。"

章敬怀晖与师子山祖师爷南泉普愿、圣住山派祖师爷麻谷宝彻有一段精彩故事：

一日，麻谷宝彻持锡杖到章敬住处，绕床三次，把锡杖往地下一敲，然后直直地立在一旁。章敬说："是！是！"又到南泉住处，照原样又做了一次，南泉说："不是！不是！"麻谷问："章敬说是，你为什么说不是呢？"南泉答："章敬是，你却不是；原因是业风力所转，万物终成坏灭了。"

怀晖离开马祖后，曾住济南灵岩寺，后又在太行山百岩寺卓锡，被门人称为百岩禅师，后来又长住在京城的章敬寺毗卢遮那院。这个寺院是著名的国家级寺院，为什么叫章敬呢？因为唐朝代宗之母是章敬太后，是当时的大臣鱼朝恩为太后祈福而建的寺院，是当时最豪华、最庞大的寺院，不单寺院庞大，寺院所住的也是全国的高僧、名僧。怀晖在高僧、名僧林立中，常被推为上座，可见他在众人心目中的地位。

怀晖于公元815年圆寂。唐穆宗追谥为"宣教大师"。

当年玄昱向怀晖求法的具体情况已不得而知了，据记载玄昱回国后，到武州会津南岳实相寺居住。弘法期间，玄昱先后得到了敏哀大王、神武大王、文圣大王、宪安大王的拥护和支持，他们都以师相待，常常请师进入王宫，进宫之后必设高座，殷勤祈请开讲大法。

开成末年，又移居慧目山下弘法，景文王见他居住的地方不太好，就迎请他到高达寺居住。在高达寺住持时，景文王经常以奇香妙药、衣食卧具供养。867年七月十五夏居结束后，他告诉门下弟子说："我今天和你们的法缘已经尽了，你们应该准备好无遮大会，以报祖师公百岩禅师传法之恩。"868年三月十五日，玄昱命侍者去撞钟，在钟声敲响的时候，安然示寂，终年 82 岁。

玄昱的上首传法弟子叫审希禅师。

审希禅师，俗姓金，是王族之后。其父名杯相，喜中国老庄哲学，不喜升官发达，志在山林闲野。公元 855 年，也就是唐宣宗大中九年，审希出生。九岁那年，审希得到父母的支持，出家跟玄昱学法。公元 868 年，玄昱将入寂之时，把审希招来密授法印，付法之时郑重地对审希说："我的这个法本来最开始的时候从西天印度而来，后传到中土大唐。一花开五叶，历代相传，未曾断绝。我游学大唐的时候，师父是章敬怀晖，人称百岩禅师。百岩的师承又来自江西的马祖道一。马祖继承了南岳怀丈的禅法，南岳怀丈的禅法又来自于曹溪六祖。曹溪六祖的时候衣钵已经不传了，但是佛法的心印一直秘密托付后人。我们这个宗是如来的心宗，迦叶初祖当时拈花微笑，获得如来心法。如今，我传这个心灯给你，你要殷勤护持。"玄昱去世时，审希与当年六祖门下弟子神会的岁数相当，约十三四岁。

待到审希年长受具足戒后，他便到处寻访名山参玄问道，先后在松溪、雪岳和溟州三处弘法，渐渐远近闻名，但是一直没有好的道场。等审希走到庆尚南道的时候，发现一处自然环境优美、山色秀丽的地方，便在那里建了一个茅棚安居下来。这个茅棚建立以后，四方的人簇拥而来，学法的人渐渐增多，无法容纳，只好建造寺宇，此寺名为凤林寺。凤林山禅门就是以此寺而命名。

审希的弘法得到了当时地方官员的支持，他的主要皈依弟子是金海府，也就是庆尚南道的名义将军金仁匡。审希不但得到地方官员的支持，当时的孝恭王也派特使前来供养请法。后来，景明王听说他的道风之后，也派大臣以师之礼对其广行供养，并且迎请他进京城传法。公元 918 年，也就是贞明四年，审希进京，在京城的大殿上，为文武百官八十余人开讲佛法，佛法之礼说治国安邦之术，宣讲三宝为四方皈依之处。说法之后朝廷赐为"法膺大师"尊号。稍住京城之后，他又回归凤林禅寺。公元 923 年，审希在凤林禅寺示寂，世寿 69 岁。门下学法弟子五百余人。

凤林寺

5. 曦阳山派

曦阳山派由兢让禅师创立，其传承谱系为：六祖惠能—青原行思—石头希迁—药山惟俨—道吾宗智—石霜庆诸—道缘和尚—兢让禅师

兢让出身于忠清南道的豪门世家，其母一向敬僧侍佛。兢让于公元878年出生，成年后，在当地的如解禅师处剃度出家，后又在新罗各处行脚参禅。参禅期间，对他帮助最大的禅师是西穴院杨孚禅师。杨孚禅师是马祖道一南宗禅法的传承者。

公元900年，兢让感到人生无常，佛道还未修成，于是随西行求法人流，乘船来到唐朝。上岸后，他在路上遇到了一群往寺院运米的僧众，就随大众一起前行。走到道旁一棵枯椿树处，大家有点累了，于是都坐在树下休息。有一个搬米的僧人见到枯椿树，说道："枯木独占定，春来不复荣。"众人中没有一个能接着对答。兢让坦然答道："迥然尘境外，长年乐道情。"此句不仅对仗工整，而且超然物外，禅意极深，众人听罢十分惊讶，知新罗僧众确实境界不凡，于是争相传诵。

兢让在中国参访了不少高僧大德，然而真正使他得法的师父是道缘和尚。

道缘和尚的师父是石霜庆诸，石霜庆诸是江西青原行思的第四代法孙。

当时，道缘和尚住在谷山，兢让到谷山后依道缘和尚修学。一日，兢让问道缘和尚，说："石霜法脉的宗旨到底是什么？"道缘答："代代无人继承。"兢让听后大悟。道缘和尚赠偈曰："十介禅子同及弟，榜头若过总得闲，虽然一介不回头，自有九人出世间。"兢让终于获得了禅法的传承，通达了达摩的玄机。

得法之后，兢让到山西五台山去朝拜文殊菩萨，路上突然患病，脸上长出了一个红红的大疮。虽经医药调理，病情却越加严重，受此影响，基本不能前行了，只得躺在观音寺的床上，他心里想：佛陀当年为法忘躯，我等只不过有点小疾病，不能因此而放弃求法之心。于是坚定了自己上求下化的志愿，为利有情，决不退缩。正在恍惚之间，突然见门外进来一个老僧，问他："你从哪里来？现在痛苦在哪里？"兢让回答说："我是来自于大海那边的国家新罗，在你们江南长年学法，现在苦恼的是我脸上的毒疮总是治不好，影响朝拜文殊了。"老

僧说："这个不关紧，你也不要太苦恼，这是宿生的冤孽造成的。"于是老僧拿出一个水瓶，在他的疮上洗了几下，兢让感到一股清凉，果然几天后疮就好了。

虽然求法的经历是很辛苦的，但是新罗的战乱给民众带来的苦难更大。兢让大师为了救祖国于水火，学成之后，约于公元924年回国。先是住在当时的康州伯严寺，这个寺庙是他以前的师父杨孚所住过的。兢让在此弘法，法缘甚顺，当时的新罗王遣使致书称赞他"能够燃慧炬之光，导迷津之路"，并赐其"奉宗大师"称号。

因为康州伯严寺道场比较小，不是理想的弘法场所，兢让决定再找一个和众生法缘比较好的传法基地。经过长期考察，他发现庆尚北道闻庆郡的曦阳山，是一个理想的道场。这山以前有一个寺院叫麓凤岩寺，因为战火的焚烧，寺院已经变得荒芜。于是兢让决心重建道场，经过多年的努力和教化，当地很多流离失所的灾民得到了三宝的护持，不少盗贼也都皈依三宝，从而净化一方。

兴建该寺庙，得到了高丽国王王建的支持，王建邀请兢让在京城相见，二人有这样一段对话：

太祖王建说："听说玄奘法师往印度求法，在回到京城长安之后，译出了不少经论三藏。我们国家战乱以来，很多唐朝传来的经论都遗失了。我前些日子遣使到唐朝去，用重金把遗失的经论给求购回来了。现在，有幸的是国家已经统一，战乱已经消灭，佛法趁此机会也可以大大地复兴。我的想法是，把所有的经论汇到一处，再刻成一部大藏经，作为法宝永久流传。可以分别把它供奉于我们高丽的旧京和新京两处，您看行不行？"

兢让大师说："这个功德虽然是有为的功德，但是也不妨碍成就无上菩提。能够以此方式弘扬佛法、传播经论，正是佛所希望的，我们利用佛陀的言教再加上国王的力量，所产生的功德可以说如天高似地厚，广利后世福德无边。其名其功将成不朽。"

继太祖王建之后，后面陆续接任的国王对兢让依旧是护持有加，尤其是高丽王定宗，他把兢让当作化身菩萨，经常迎请他到宫中为其讲经说法，满宫文武百官都对兢让顶礼膜拜。定宗又建舍那院，令兢让安住，并赐尊号"证实大师"。

兢让于公元956年圆寂，因他久住曦阳山，所以他的法脉被称为曦阳山派，作为禅门九山之一。他的法统应该是石霜庆诸。

有争议的是，不少人把道宪禅师作为曦阳山派的创始人。

6. 须弥山派

须弥山派由利严禅师创立，其传承谱系为：六祖惠能—青原行思—石头希迁—药山惟俨—云岩昙晟—洞山良价—云居道膺—利严

利严出身于新罗王族，俗姓金，先祖是汉人，到其父亲的时候，家道没落。

公元870年利严出生于苏泰。12岁的时候，在迦耶岬寺出家，其师父名为德良法师。因为先天聪明、智慧超凡，故其半年之内对佛法的经律论三藏都有一定的涉猎，被其师称“儒室之颜生，释门之欢喜”。受具足戒以后，他知道了中国佛法兴盛，于是有去唐留学的念头。

公元896年，他搭上了新罗崔艺熙大夫往浙江的船舶，随使臣到达了宁波。上岸后，利严到处寻觅高人。听说江西云居山道膺大师是禅门高僧，他于是跋山涉水，直到云居大师的门下。

见面后，道膺大师说：“我们昔日一别，好像并不遥远，现在又早早见面了。”利严回答：“我从来没有亲近过你，又怎么说我再来呢?”两人的对话使道膺觉得利严是一个法器，于是对他多加培养。经过六年的修正，寒来暑往，利严终于参悟出禅门的要旨。离开云居道膺大师之前，道膺大师赞叹道：“道不能弘人，是人能弘道。我们禅宗五祖东山法脉的要旨不在别人那里，其中我们这个宗的大法要兴盛，要靠我和你的努力。现在看来，禅门的法要往东传播了，你要好好护念它啊。”

在云居道膺处得到禅法之后，利严又在中国各地进行游学，遍参善知识。公元909年，利严回到了他的祖国新罗。

新罗这个时候正是军阀混战时期，旧的新罗国摇摇欲坠，新的王氏高丽正在兴起。回国后利严行踪不定，直到王建称王，高丽三年之后，方始有安顿之处。据史料记载，高丽建国之初，国王王建听说利严大师的威名，久久瞻仰，所以聘请使节供养慰问，并邀请大师进京弘法。利严大师看到因缘成熟，就对众弟子说：“作为天朝的掌权者也需要顾问，所以大王邀请我，我一定要去都城弘法。”

利严到了京城后，得到了王建的隆重礼请，敷设高座，并以国师之礼对待他，恭敬的程度相当于昔日白马驮经的摩腾罗汉见到了汉朝的明帝，也相当于康僧会尊者见到东吴的大王。二人相见恨晚，其中

有一段对话再现了二人相见的场面：

王建说："弟子今日面对您的慈容，我就直接把我的想法跟您说吧。现在我们高丽刚刚建国，外敌的骚扰和入侵还没有平息，就像中国的楚汉相争一样。我们现在和敌人还没有完全决一高下，几十年了，我们的国度一直凶险四伏。我本人虽然有慈心好生之德，然而，在战乱中没办法，也有杀戮之业。寡人是深信三宝，依佛言教，心中暗发慈心，想救度灾难之国民。然而，顽寇和强盗们依然潜伏致乱，对我朝有危急之祸。我不知道该怎么办。今日恰逢大师不远万里从中国回来，来度化我们三韩的国民，救民众于水深火热之中，我希望能听到您在这方面的教诲。"

利严回答说："真正的大道不在外间的事上，而在于我们心中的想法，法的修学也是在于自身，而不是靠别人。作为帝王，与普通百姓的想法、修行的方式是不同的。帝王虽然外表上是行军事打仗之事，但内心里是真正地为黎民百姓着想。为什么这么说，因为帝王以四海为家，以万民为子，连有罪的人也绝对不会轻易伤害，何况对那些无辜的人呢。所以大王之道也应该是以众善奉行为原则，作为利益苍生的方法。"

利严的话语解开了王建心头的疙瘩，因而得到了王建的信任与支持，所以王建在开京西北海州给利严兴建了一个能够弘法的道场。那个地方当时叫灵峰，后来称为须弥山。那个道场的名字叫广照寺。进入广照寺后，利严以此基地广传佛法，时人形容他的弘法影响之广大，说"其众如麻，其门如市"，培养出极多弟子，其中能传心印的有处光、道忍、庆崇等。

广照寺图 1

广照寺图 2

公元936年8月17日夜晚，利严在须弥山广照寺入寂，世寿67岁，国王追封其为“真澈大师”。

7. 阇崛山派

阇崛山派由梵日禅师创立，其传承谱系为：六祖惠能—南岳怀让—马祖道一—盐官齐安—梵日—行寂、朗圆

梵日的父母都出身于豪门世家，俗姓金，家住鸡林。公元810年正月梵日诞生，时为新罗元和五年。15岁时，离亲出家，20岁时受具足戒。因中国佛教兴隆，于太和年间加入王子金义琮的唐朝贡使团。来到中国后，听说马祖门下有个叫盐官齐安的禅师声名远播，便去投奔。

盐官齐安国师（？—842年），俗姓李，年长出家，依本郡云琮禅师落发受具足戒，后参马祖道一禅师得法，并成为其法嗣。开悟后，住持杭州盐官海昌院。

盐官禅宗思想透过公案故事可以小窥一斑：

有位法师前来拜见盐官齐安禅师。

盐官齐安问这位法师：“你讲哪部佛经？”

对方回答：“讲《华严经》。”

盐官齐安禅师问：“华严经有几种法界？”

法师回答：“广说则重重无尽，略说有四种。”

盐官齐安禅师竖起拂子，问：“法师，请你看看，这个是第几种法界？”

法师不知，正在琢磨时，盐官齐安禅师云：“运用‘思虑琢磨’的办法，是鬼家活计。”

在盐官寺庙处（越州萧山法乐寺），梵日学法六年，后再在杭州盐官县之海昌院随师求学，盐官齐安传承了马祖道一“即心是佛”的思想，师徒相见的时候，盐官齐安问道：“你从什么地方来？”

梵日答：“东海新罗国来。”

大师又问：“是水路来还是陆路来？”

答：“两路都不走。”

大师问：“既然两路都不走，你怎么到了这里？”

答：“犹如日月，东行西行无有障碍。”

大师赞叹道：“真是东方来菩萨了。”

在盐官海昌院学法的时候，有一天，梵日向盐官齐安请教，问："如何马上能够成佛？"盐官齐安大师回答："佛道是不用修的，只要没有做佛的见解，菩萨的见解，被这种执着所染就可以了。平常心就是道。"梵日听后立即大悟。在盐官处得法之后，梵日便到另一个禅门高僧药山惟俨处学法，惟俨见到梵日时有一段对话：

药山惟俨问："你最近离开哪个地方到我这的？"

梵日答："离开江西。"

药山问："来干什么？"

答："来找您。"

药山又问："我这个地方没有路可来，你怎么能找到我？"

答："老和尚您往前迈一步，就能找到我。而我呢，却未见到您。"

药山赞叹说："奇人啊，奇人！外来的一股清风，把人冻死了。"

梵日参访药山之后，唐朝的灭佛法难已经开始。当时是公元 844 年，也就是会昌四年，因为僧尼都受到迫害，梵日只好躲进丛山密林的商山，在山中以野果充饥，以泉水解渴，进行禅修。半年之后，梵日梦见有人告诉他，法难结束，可以出山了。梵日便离山出游。一路之上，参拜了许多善知识。

两年之后，也就是公元 846 年，梵日乘船回新罗。回国后，溟州都督金公殷勤招呼他住在白达山崛山寺，于是他就在此地弘传佛法。此地远离闹市，梵日住此山四十多年。在此期间受到景文王、宪康王和定康王的先后邀请，并欲封他为国师，但是梵日坚定自己的修行方式，而不赴诏。梵日的禅学从他的话中可得知，他时常说"莫踏佛阶级，切忌随他语"，意思是，成佛有很多阶段，五十一位、五十三位之说，这种说法不是禅门的说法，禅门是顿悟成佛，不经过阶级的，也不要随他语言走，要回归自性的智慧。公元 899 年，也就是光化二年，梵日于崛山寺圆寂，世寿 90 岁，后谥号"通晓大师"。

梵日有影响的弟子有两个，一个叫行寂，一个叫朗圆。

行寂，俗姓崔，祖先是中国周朝齐国的丁公，后来移居新罗。父亲是一名军官，公元 832 年 12 月 30 日，也就是太和六年，行寂出生，十几岁在伽耶海印寺出家，学习经论，学经论的时候特别喜欢华严。公元 855 年受戒后，行寂亲近梵日大师，见大师后五体投地，事师如

佛，大师就允许他为入室弟子。服侍多年以后，公元870年，行寂随入唐使到中国游学。来到唐朝京城的宝堂寺孔雀王院，他刚住不久，逢皇帝寿诞，僧人们念经开法会为皇帝祝寿，懿宗皇帝在法会中见到异国僧人十分欢喜，于是问行寂：“你远道来此，为何求事？”行寂回答说：“贫僧有幸来到上方大国观光，问道求学，今日能够得到圣上的弘恩，见此佛门圣事，并不是我的所求，我的真正的意图是想得到牟尼之珠，回国光耀世间。”懿宗皇帝对其甚为赞许，他在京城朝礼后，又先后在中国的五台山华严寺、成都的谒静众寺以及南岳衡山、曹溪六祖禅居之地继续游历，于公元885年回到新罗，在其师梵日门下继续参学。光化二年，梵日圆寂，把寺庙与大法托付于他。后来，新罗面临各地的战乱，为了躲避战乱，行寂又迁移住在王城的野郡，战乱平定之后，时有国王叫孝恭王对行寂十分仰慕，于是遣当时的僧官法贤，请他到京城弘法，行寂临行前对徒弟说：“我们自己应该安住在禅法当中，但同时也要帮助众生，让他们得到度化。我们佛教在末世传播，全靠国王和外护的恩德。”于是，徒弟立即前往京城，受到国师的礼遇。

第二年，行寂移居金海府名寺，后来，又在南山寺弘法，最后圆寂在南山寺，世寿85岁。门下弟子有行谦、邃安、信宗、让规等。

梵日门下的另一位大弟子叫朗圆开清大师，俗姓金，祖先为朝廷中的大官，开清依华严山寺正行法师出家。后来，他在通晓门下修学，成为传法弟子，学成后移居普贤山寺，得到景哀王的尊重。奉诏入京，咨询法义。朗圆开清的传法弟子很多，有名的有神镜、聪静、越晶等。

崛山寺遗址1

崛山寺遗址2

8. 师子山派

师子山派由道允禅师创立，其传承谱系为：六祖惠能—南岳怀让—马祖道一—南泉普愿—道允—折中

道允禅师

道允，俗姓朴，汉州鸺岩人，出身于当地的豪门大家。一日，母亲高夫人梦见奇异的光芒照耀其家，待醒来之后，便觉有孕在身。其父母感觉这个小孩非同凡响，将来有可能会成为一名高僧。

其母怀孕16个月后，生下道允。道允从小就受到佛教的熏陶，喜欢摘花供佛，喜欢建佛塔，而对世间的娱乐很淡漠，这与别的小孩很不同。18岁时，道允离开双亲在鬼神寺出家为僧。在鬼神寺学华严教法，经过一段时间学习，他对别人说，华严宗圆顿的表述方法怎能赶得上禅宗心印的深妙呢？于是于长庆五年，也就是公元825年，他拿着一些必要的工具，与几个同修一起，随入唐使臣去觐见南泉普愿大师，南泉普愿大师见到他后赞叹道："我此一禅宗法脉，将归到东方的新罗国。"

南泉普愿是马祖门下三大士之一，俗姓王，河南新郑人。757年出家，其30岁时，也就是777年，在崇山会善寺受具足戒。未学禅法之前，到处听经闻法，先后听《楞伽经》、《华严经》、《中论》、《百论》等，后在马祖道一门下接法。唐贞元十一年（795年），到池阳南泉山主持佛法先后三十余年，在此期间得到了当地宰官和百姓的拥护，宣慰使陆亘、监军刘公以及当地太守都是他的弟子。

据《五灯会元》记载，一日，南泉、百丈、智藏三弟子与师父马祖道一一同赏月。马祖说："月亮如是美好，适合做什么用？"智藏说："适合读经。"百丈说："适合坐禅。"只有南泉什么也不说，一甩袖子走了。马祖总结三人答案说："经入智藏，禅归百丈怀海，唯有南泉超然物外。"

南泉著名的话语是：平常心是道。这是其禅学思想的核心。

禅宗史上有一个著名的公案叫南泉斩猫。

在南泉禅院，东西两堂僧人在争逗猫玩，南泉知道后，走过来提

起猫儿，让大家看，说："该如何答，答对了就不斩杀此猫。"众人中无一人答对。南泉当即将猫斩杀成两段。因猫盗食粮食，两堂人争执是非，小事变大，恐生祸端，逼得南泉活用杀人剑。晚上赵州从外回来，南泉提起此事，赵州也不说话，只把草鞋戴在头上，从屋中出去。南泉叹息地说："可惜，如果当时你在的话，就不会斩猫了。"可见南泉的教法是十分活泼的。

道允在南泉普愿那里住下以后，在会昌七年夏初，回到他的祖国新罗，住在枫岳山口潭寺。住下不久，远近之人慕名而来，学法之人渐渐增多，后来盛名闻于景文王。景文王对道允殷勤供养，听法问道。回国弘法二十余年，在咸通九载，亦即公元868年道允圆寂，世寿71岁。

道允圆寂前对门人说："人生是有边际的，今日我要远行了，你们这些弟子应该安住在远山云海之中，把我们的禅宗法灯传持下去。"他说完便安然迁化。

道允得法者是折中禅师。

折中是德岩人，父亲叫光幢，母亲姓白。公元826年，也就是宝历二年四月七日出生，7岁的时候，他看到有僧侣在他家乞食，便萌发出家之意。后在五冠山寺从珍传法师出家，15岁的时候，到著名的新罗华严宗祖庭浮石寺倾听华严妙旨，追求方广的真意，体会十玄门的奥妙。19岁时受具足戒，年纪渐长后，听闻枫岳山口潭寺道允和尚乃当世高僧，并知道道允和尚曾经远游中国，入唐得法，回故乡未久。于是，折中如同失儿寻找母亲一般，急切投奔名师。道允和尚一见面就说道："当年灵山一别，我曾记得我们几生都会过面，现在怎么来得这么迟呢?"于是，折中就在师父左右服侍，最后得到禅门法脉的心印。

折中的禅法特点可以从一段故事中看出个大概，相传有一个叫慈忍的禅师见到折中，二人有一段对话：

折中指了指眼前的一个水瓶，问："这个瓶子，又不是瓶子，该怎么办?"

慈忍回答："你叫什么名?"

折中答："折中，我叫折中。"

慈忍问道："不是折中的时候，我怎么叫你?"

折中答：“不是折中的时候，也没人这么问。”

慈忍禅师说：“盛名之下，并非虚有。折中，别人也不能把他怎么样。我阅人很多，见到你这样的却很少。”

折中在慈忍处先后求学十六年，得法后，居无定所，四处弘法。公元882年，前国统威公倾服其道德，建谷山寺请其住持。因为这个寺庙离京师太近，影响弘法与静修，折中于是又移住师子山兴宁寺，道风大振，向其学法之人络绎不绝，甚至宪康王、定康王都遣使供养。真圣王准备迎请他作为国师，但遭到折中的拒绝。折中先后在师子山兴宁寺弘法近十年，后世因折中居住在师子山，故把此派叫作师子山禅门。

后来，战乱频繁，师子山被毁，折中因避战火又多处移居，公元900年在银山禅院去世，世寿75岁，谥号“澄晓大师”。常随弟子一千多人，上首得法弟子有宗弘、靖智。

9. 桐里山派

桐里山派由惠哲禅师创立，其传承谱系为：六祖惠能—南岳怀让—马祖道一—西堂智藏—惠哲

惠哲，俗姓朴，庆州人，他的祖先都是儒门雅仕书香门第。他出生的时候也有神异的迹象，据说，他还没出生之时，他母亲梦见一僧人穿着僧服，手持一香炉，香烟缭绕，缓缓走来，坐在其母床边。其母亲正在惊讶之时，忽然醒来，心想，可能未来会生不凡的儿子，或者未来能做国师。

长大后，惠哲于浮石山出家，当时学的是华严。新罗国华严宗的祖师是入唐学法归来的义湘。受华严宗的影响，惠哲写了不少自己对华严宗的感悟，经册成书。他22岁受具足戒，在得戒之前有一梦，见一五色的宝珠从天空降入自己的衣袖当中。惠哲醒来把此梦告诉别人，别人说你也得戒了。

公元814年，惠哲感到在新罗学法不能尽得佛法的奥妙，便立志到中国求法，因为他心地向往禅宗，禅宗又是佛祖的心印之宗。从达摩到六祖，从六祖到怀让，从怀让到马祖道一，从马祖道一到西堂智藏，于是惠哲便只身前往智藏大师的门下，因为他觉得智藏是六祖的真传。

惠哲见到智藏后，智藏问他为何而来。他说，我出生在外国，与

中国相距遥远，希望通过学习，使“无说之说，无法之法”流传到海外，我也就满足了。经过智藏的调教，惠哲终成法器，得到智藏大师的心印传承，随后，他在中国行脚参学。期间，惠哲在江苏的江宁浮沙寺阅读大藏经，经过三年的阅读，开启了不少的智慧，完成了读万卷书，行万里路的过程。

惠哲未见到智藏之时，乘船奔往沧州，因船上有不少的罪犯，惠哲并不知晓，待到上岸之时，罪犯经人举报告官，全船之人同遭官府捕获。官府不辨黑白，把惠哲也一同下狱，过后，他们便在法场处于死刑。前面有30个人皆身首异处，待到惠哲之时，惠哲颜貌不改，神情从容。监斩之官看他不像罪人，便详细询问，得知冤枉，又是僧侣，便报请释放。

惠哲曾经游历于天台山国清寺。某天，打坐之时预感此地要有祸殃，便匆忙离去。人们也不知他离去的原因，不久听说，整个寺院都感染了瘟疫，先后死了数十人。

惠哲在大唐先后游历了25年，于公元839年春二月返回新罗，在新罗国他得到了王臣百官的隆重欢迎，最初来到武州谷城郡，那里有一个桐里山，山上有一个大安寺，于是在那个地方驻锡弘法。从此以后，众人云集，四方归顺，一些外道邪徒，魔子魔孙也渐渐归于正见，进入佛门。

惠哲归国之后，曾经在双峰兰若结夏安居，这段时间天气燥热，久旱不雨，山上的草木都干枯了，水源也枯竭了。当地的地方官也没有办法，听说了禅师的威名，便祈求禅师能够向天求雨，惠哲答应后便进入静室，点燃香烛，如法祈求，于是乎，小雨渐渐从天而降，接着大雨倾盆，旱情顿解。

文圣王对惠哲的事业也大加支持，称惠哲为“复罗浮之古，作曹溪之今”，并颁布法令：寺院四周不得进行捕猎和杀戮。对于国家的要事文胜王也前来询问，征求禅师的意见，可见禅师的功德和影响之广大。公元861年春二月六日，惠哲禅师无疾坐化，终年77岁。

第二节　九山外余派

1. 慧昭禅师的禅法

慧昭的传承谱系为：六祖惠能—南岳怀让—马祖道一—神鉴大师—慧昭禅师

与九山禅派创立者同时来中国求法的慧昭和璨幽，虽未创立宗派，但也为弘扬韩国佛法作出了积极的贡献。

慧昭原籍是山东人，汉族，他的先祖随军队征伐辽东，后来进入新罗国定居，当时住在全州金马。其父名叫昌元，是个在家修行的居士，其母顾氏。其家庭生活比较贫困，务农为业。据说，就连盗贼也不愿光顾他家，其母一天白日有梦，见一梵僧对她说，我愿意做你的儿子，并赠送一盏琉璃。后来其母怀孕，生了慧昭。

慧昭小时候就有出世的情怀，与同伴们游戏的时候，常常采花供佛，没有香便焚树叶为香，有时候向西礼拜，或向西而坐，人貌举止犹如僧人。待到成年后父母已去世，因仰慕唐朝佛法兴盛，便决意跨海赴唐求法。

在公元 785 年，即贞元元年，见有皇榜现于城门之下，因每年都有新罗国到唐朝进贡的使臣团队，所以招募会划船的船夫。于是，慧昭进入使臣船队，做一些闲杂力夫之事。一路虽然险象环生，但也最终到达中国陆岸。慧昭上岸以后便对国使说，人各有志，从此辞别。慧昭访问高人，打听到神鉴大师是马祖门下的大弟子，便一路至沧州去拜见，见面后便去施礼，跪拜还没到一半的时候，神鉴大师便说：“前世我们一别也不是非常遥远，今生有幸又再相遇了。”慧昭便在神鉴大师门下剃发出家，不久神鉴大师又对其密授心印，禅宗大法。慧昭出身贫贱，又貌不惊人，而且神色略黑，同修之人都称他为“黑头陀”，暗中称赞说：“东方圣人于此又现。”

公元 810 年，即元和五年，慧昭在嵩山少年寺受具足戒，受戒之后，与新罗国另一位入唐求法的人也就是新罗国未来的迦智山派禅宗初祖道义相遇。二人相见恨晚，相约结伴云游，走遍了中国的大江南北，与佛知佛见，互相切磋。道义回国弘法后，慧昭继续在中国的终南山驻山三年，修习止观。在远离人际的峰顶，常以松耳为食，驻山之后，他觉得自己福德欠缺，便又在四通八达的国道之上建茅棚安住，以织草鞋为业，把所织草鞋广施赠送给来往的路人，分文不取。如是修福又是三年，三年之后感到时机成熟，于公元 830 年，也就是唐文宗太和四年，慧昭回到自己的祖国，决定弘法利生。当时的兴德王，知道大师归来，隆重迎请，让他住在庆尚北道的雪岳山长柏寺，并在众人面前赞扬他说：“先前道义禅师从唐归来，慧昭上人跟着又回来

弘法，这两个人是大菩萨，我早就听说有一个黑衣的圣杰，今天终于见到他的真颜，真是举国之庆，众生之福。所以，我当即就帮他建立弘法之地。”

得到兴德王的支持后，慧昭在长柏寺弘法得到寺众的仰慕。因为求法的人太多，寺庙太小，他便又在康州智异山选了一个好的地面建寺，该寺名叫玉泉寺，也叫双溪寺，此寺自然风光非常美丽，所以佛法大兴。

兴德王入灭后，公元838年愍哀王即位，愍哀王与禅师也有一段故事。愍哀王刚登宝位的时候，给玉泉寺和慧昭不少供养，并请慧昭进京见面，禅师在书信中说，君王只要勤修善政，又何必见我慧昭呢？于是不去，愍哀王知道后大生惭愧。慧昭对名闻利养不屑一顾，例如有人赠他有名的上等茶叶，他说，我不知道是什么味道，只是填充我们的肚子罢了；有人赠他上等的檀香，他说我不识是香不香。其作风一贯如此。

公元850年，也就是唐宣宗大中四年正月九日，慧昭圆寂，终年77岁。他圆寂的时候对底下的徒弟们说：“不要给我造塔，也不要给我写什么碑祭，万法皆空，我将行了，所有诸法，都在一心之中，你们常常应该思考它。”说完，慧昭示寂。逝后三年，宪康王追谥“真鉴大师”，后人怕其法脉不兴，便违其言建塔供奉。

2. 璨幽禅师的禅法

璨幽的传法谱系为：六祖惠能—青原行思—石头希迁—丹霞天然—翠微无学—大同和尚—璨幽禅师

璨幽俗姓金，与庆甫一样于公元869年生，家族世代做官，其父做过仓部部中和长沙县令，13岁时出家为僧。听说真镇大师审希当时被喻为“真佛出世”，住在慧目山，于是到那里跟随审希和尚学习佛礼，参悟玄机。跟审希参访后，怀着对中华佛法的向往，璨幽来到了大唐。他跟的是六祖门下石头希迁的法孙翠微无学的法子大同和尚参禅。

据记载，大同和师父翠微在一起时，大同问：“达摩祖先西来密付心印，师父是如何把这个心印讲给别人听的？”其师没有回答，只是把正在行走的脚步停下。大同又问师父：“请师父慈悲开示。”师父说：“你要第二勺的混水干什么？”大同禅师一听，便起身礼谢，此时已大悟达摩西来意。翠微禅师道："不要找根本。"大同禅师道："时至根苗自生。"大同禅师悟道后，曾一度放任周游，广参禅德，后归家乡，投子山隐居，时间长达三十余年。当地人都称他为投子和尚。

投子和尚坐化于乾化四年（914 年），春秋九十有六。诏谥慈济大师。

大同见到璨幽之后，对璨幽的禅悟表示深深的赞许，说："那些西行求法的人很多，我可以跟他真正对话的只有你。"

在得到大同禅师印可之后，璨幽又在中华到处参学拜访高人。

公元 921 年，璨幽回到了自己的祖国，回国后先拜见了他的师父审希。其师见他道业十分成熟，便让他做三郎寺的住持弘化四方。

做三郎寺住持不久，因喜欢慧目山的幽静，璨幽便在那里建道场弘佛法。他得到了高丽历代王者的礼敬，先后被国王赐予衲衣、坐具、银瓶、银香炉、水晶念珠、法衣等，而且时常被请入宫廷内院讲法。

据记载，讲法时有人问："如何是向上一路？"大师答："不从圣人得。"其他人又问："既然不从圣人得，佛法从祖师代代相传，那么又怎么能够传到现在？"大师回答："因为不从圣人得，所以从祖师代代传。"他人又问："为什么说达摩不到东土，二祖不往西天？"大师说："虽然不从圣人得法，达摩也不虚此行啊。"开坛讲法之后，国王对大师的道德禅行十分仰慕，写了一首赞诗。诗中说道：

慧目高悬耀海乡，真身寂寂现和光。
贝中演法开迷中，钵里生莲入定场。
一喝成音收雾净，二门相离出尘凉。
玄关远隔山川外，恨不奔波谒上房。

公元 958 年，大师 90 岁示寂。谥号元宗大师，弟子五百余人。

第三节　沩仰宗派

沩仰宗派由顺支了悟禅师继承创立，传承谱系为：六祖惠能—南岳怀让—马祖道一—百丈怀海—沩山灵祐—仰山慧寂—顺支

顺支，又作顺之，俗姓朴氏，母姓昭。新罗国大同江人，家世雄豪，祖上历代为守边将领，忠勤敬业，闻名乡里。年少时精勤好学，志向不俗。20 岁时出家为僧，五冠山剃发后，又于俗离山受具足戒，大中十二年，即公元 858 年随入朝使入唐，直接前往仰山慧寂处参拜。

当虔诚礼仰山足时，仰山慧寂说道："为什么来这么迟？见面的缘分太晚了！既来了，任凭你住多久。"从此顺支不离仰山慧寂禅师左右，问道参禅从不懈怠，同门叹服，后得沩仰宗的禅法传承。

沩仰宗的创始人是灵祐禅师（771—853 年），百丈怀海禅师之法嗣，而怀海禅师又是马祖的弟子。灵祐 23 岁行脚到江西，参访百丈怀海禅师。

怀海禅师一见到他，知道他是佛教栋梁之才，便收他为入室弟子。

一天，灵祐静静来到百丈禅师的旁边。百丈禅师问："是谁？"

灵祐答："是我。"

百丈禅师说："你去看看炉中有没有火？"

灵祐便去拨火炉，回答说："无火。"

百丈禅师亲自站起来，拿火箸深拨火炉，发现了一些零星小火。他钳起来，举给灵祐看，说道："你不是说没有吗？"

灵祐禅师当下如醍醐灌顶，顿悟玄机。马上礼谢百丈禅师，并陈述自己刚才所悟的道理。

百丈禅师对灵祐说："此乃暂时歧路耳。经云：欲识佛性义，当观时节因缘。时节既至，如迷忽悟，如忘忽忆，方省己物不从他得。故祖师云：悟了同未悟，无心亦无法。只是无虚妄、凡圣等心。本来心法元自备足。汝今既尔，善自护持。"

不久，百丈禅师把灵祐禅师叫进方丈室，对他嘱咐说："吾化缘在此。沩山胜境，汝当居之，嗣续吾宗，广度后学。"

百丈怀海禅师欲令灵祐去沩山，可是首座华林觉禅师不服气，就找到百丈禅师，问："我是寺院的首座和尚，为何我不能住持那座山，典座怎么能胜任？"

百丈禅师说："我出一道题，如果你能当着大家的面回答得超脱凡俗，就让你去住持沩山。"

说完，百丈禅师就指着净瓶问："不能叫它净瓶，你叫它什么？"

华林觉说："不可以把它叫作木头。"

百丈禅师于是问灵祐禅师，灵祐禅师一脚将净瓶踢倒，径直走了出去。

百丈禅师大笑，说："第一首座输给小和尚了。"

公元 820 年左右，灵祐禅师奉怀海禅师之命，至沩山弘扬禅宗四十余年。其著有《潭州沩山灵祐禅师语录》一卷、《沩山警策》一卷等。法嗣有仰山慧寂禅师、径山洪諲禅师、香严智闲禅师等。其中，仰山慧寂禅师对后世影响最大，他在江西仰山宣扬师风。灵祐与慧寂之法脉，世称为沩仰宗。

仰山慧寂禅师，广东韶关人，俗姓叶。很小的时候就想出家，父母不许，后自断两指以明志。家人只好允许。17 岁那年，依韶关曲江南华寺通禅禅师剃度，未受具足戒即四处游方。

听说南阳慧忠有弟子叫耽源和尚，便去参访。耽源和尚告诉慧寂禅师："国师当时传得六代祖师圆相，共九十七个，授与老僧。乃曰：'吾灭后三十年，南方有一沙弥到来，大兴此教，次第传受，无令断绝。'我今付汝，汝当奉持。"说完便将记有九十七个圆相的本子交给慧寂禅师。

慧寂禅师接过后，看了一遍，便将本子烧掉了。

有一天，耽源和尚问慧寂禅师："前来诸相，甚宜秘惜。"

慧寂禅师道："当时看了便烧了。"

耽源和尚道："你为什么烧掉？这法门无人能会，唯先师及诸祖师、诸大圣人方可明了。"

慧寂禅师回答："慧寂一览，已知其意。随时起用，不会执着书本。"

耽源和尚道："然虽如此，于你是得到了，后人无图表没法相信。"

慧寂禅师说："和尚若要重录不难，我马上重集一本给你看，决无遗失。"

耽源和尚道："好。"

第二天，耽源和尚上堂，慧寂禅师作个圆相，以双手托给耽源和尚看，然后退步叉手而立。耽源和尚以两手相交，作拳示之。慧寂禅师便进前三步，作女人拜。耽源和尚见此，遂点头印可。

慧寂禅师悟道后不久即离开耽源，往参沩山灵祐和尚。

沩山和尚问："汝是有主沙弥，无主沙弥？"

慧寂禅师道："有主。"

沩山和尚又问："主在何处？"

慧寂禅师便从西边来到东边站立。沩山和尚一见，便知道他不同凡响。

慧寂禅师问："如何是真佛住处？"

沩山和尚道："以思无思之妙，返思灵焰之无穷，思尽还源，性相常住，事理不二，真佛如如。"

慧寂禅师一听，言下彻悟。从此以后，他便留在沩山和尚座下，执侍前后达15年之久，后住仰山开法化众。慧寂平时常以手势启悟学人，称为仰山门风。后迁江西观音院，后梁贞明二年复迁韶州东平山，同年示寂，世寿77岁。

公元874年，即唐父僖宗乾符元年顺支禅师学成回国，得到松岳郡元昌王后及其子威武大王的护持，二人捐献五冠山龙严寺，请师入住弘法，寺后改名瑞云寺。

据记载，有一僧问："如何是西来之意？"顺支禅师便竖起手中拂子，僧问："莫这个便是？"师放下拂子。又问："刚才所划，'以'字不像，'八'字也不是，是什么字？"师作圆相示之。顺支禅师还有《五冠了悟和尚与仰山之玄问玄答》。顺支撰《三篇》说，示三种悟道成佛法，第一，顿证实际篇，即顿悟成佛；第二，回渐证实篇，即先修三乘渐教，后入顿门以成佛；第三，渐证实际篇，即渐修渐悟法门。针对徒众不同根据以接引成佛。

顺支还以圆相表示证理迟疾，分为"四对八相"、"两对四相"和"四对五相"，大体上说，"四对八相"示学人离声色，从本心顿悟，见性成佛；会三乘为一乘，契果修因，经三大僧劫，坏四魔贼，证无漏性智。"两对四相"，则侧重摈除情解，体证自心圣智；摈弃对外企求，了知自心即佛、即净土；"四对五相"则循序渐进，明示自心佛，自心净土。

此外，顺支还撰有《三遍成佛》，论证理成佛、行满成佛、示显成佛，揭示"论证理成佛：知识言下，回光返照，自己心原，本无一物，便是成佛。不从万行渐渐而证，故云证理成佛"。是故经云：初发心时，便成正觉。行满成佛：虽已穷其真理，而顺普贤行愿。历位广修菩萨之道，所行周备，悲智圆满。故云行满成佛也。普贤是诸佛父也。所谓诸佛从普贤生。示显成佛：如前证理行满，自行成佛已毕，今为众生，示显成佛，八相成道矣。

顺支后在五冠山龙严寺圆寂，世寿65岁，故又称瑞云和尚。

顺支对沩仰宗有进一步发扬光大的贡献，同时不失沩仰宗划圆相接引学人的特色，使其成为在沩仰宗的海外传播中很具影响力的一位，可惜其传承不详。

第四节　曹洞宗派

曹洞宗派由匡仁、庆甫传承，其传承谱系为：六祖惠能—青原行思—石头希迁—药山惟俨—云岩昙晟—洞山良价—疏山匡仁—庆甫

疏山匡仁禅师，又作光仁禅师，洞山良价禅师法嗣，吉州人。匡仁禅师虽然生得矮小丑陋，但是精于言辩，众莫能及。后辞师往东都听习经论，不到一年的时间，他就觉得沉入义理、数他人宝，与他出家的本怀相去甚远，他说：“寻行数墨，语不如默。舍己求人，假不如真。”于是便放弃所学，投洞山良价禅师座下，随众参请。其悟道过程，颇多周折。

初到洞山，匡仁禅师恰好碰上洞山禅师在法堂早参说法。

匡仁禅师第一个走出来，问道：“从来没有说过的语言，请师开示。”

洞山禅师道：“这不用回答，因为无人承当。”

匡仁禅师道：“还需要用功吗？”

洞山禅师道：“你正在用功吗？”

匡仁禅师道：“功夫没看到，不用也不行。”

匡仁禅师又听说婺州明招谦和尚正出世接众，于是，匡仁禅师便径往礼拜。

谦和尚问：“从哪来？”

匡仁禅师道：“闽中来。”

谦和尚道：“曾到大沩灵祐禅师那里吧？”

匡仁禅师道：“到。”

谦和尚问：“他说些什么？”

匡仁禅师便把自己参沩山的经过告诉了谦和尚。

谦和尚一听，便道：“沩山和尚可谓头正尾正，只是不遇知音。”

匡仁禅师仍然没有省悟，反过来问谦和尚：“忽遇树倒藤枯，语言文句往何处使用？”

谦和尚道：“给沩山听到新增点笑料。”

匡仁禅师终于言下大悟，于是感叹道：“沩山原来笑里有刀！”说完他便向大沩安和尚所在方向，遥望礼拜，悔过忏谢。

匡仁禅师一度回故里，出住蓝田道场。后又迁疏山。匡仁禅师临迁化时，有偈示众云：

我路碧空外，白云无处闲。
世有无根树，黄叶风送还。

庆甫禅师，俗姓金，全罗南道人，公元869年，即唐懿宗咸通十年生。年幼出家，出家后，先后拜访了道乘和尚、无染大师和梵日大师。公元892年入华求法，拜曹洞宗洞山良价的法嗣抚州疏山匡仁和尚为师，被匡仁和尚喻为“鲸海龙子”。

庆甫在匡仁禅师处得法后，又参学于江西的老善和尚。据记载，一日老善和尚说：“白云锁断行人路。”庆甫回答说：“青山自有路，白云哪得留。”老善对庆甫的回答十分满意。参访之后，庆甫于921年回国。回国后，他得到后百济国王甄萱的优待，先后住持于南福禅院、白鸡山玉龙寺。高丽建国后，为高丽定宗召入京城讲法。世寿80岁，谥号“洞真大师”。

利严禅师，俗姓金，9岁时出家。开始学的是华严宗。后来，先后拜广宗大师和深光和尚为师。

公元892年入唐求法，在云居道膺门下参禅悟道。

云居道膺（853—902年），唐代曹洞宗僧。幽州（河北省）蓟门玉田县人，俗姓王。幼年出家，诵习经法，25岁在范阳延寿寺受具足戒，学小乘律仪。既而叹曰：“大丈夫岂可桎梏于律仪！”乃去。后入翠微山问禅要，居三年，又往参洞山良价，契悟宗旨，遂嗣其法。

古书中记载道膺与利严的对话。

利严问：“佛法究竟是什么？怎么如此难说？”

云居道膺说：“有什么难说的。”

利严说：“那就请师父开示。”

云居道膺答：“新罗！新罗！”

利严反观自心，豁然领悟。

经过寒冬酷暑，利严终于得到了达摩禅法的真传，临别的时候，其师对他说：“当你回国弘法之时，不要因循守旧，应该以我们禅门为正宗，光大我们的教法，坚持我们法的心要。如果能这样，就像龙回天池，像飞鹤往太阳升起的地方遨游一样，自由自在，不失时机。”

公元909年，利严回国，得到了当地官僚世人的热情拥戴，刚刚建国的高丽太祖王建即刻邀请他进京说法。王建对利严一见如故，特地邀请利严住持京城旁边的一个寺庙——菩提寺。公元929年，利严在菩提寺圆寂，世寿60岁，谥号为“大镜大师”。

迥微禅师，公元846年4月10日出生，先祖为中国人，依宝林寺体澄禅师处出家。公元891年随朝贡使入唐，在云居道膺门下求学。905年回国，回国后在平津岬寺弘扬禅法。917年逝世，世寿72岁，谥号“先觉大师”。

庆猷禅师，俗姓张，公元871年出生，先祖是中国人，15岁在近度寺出家。入华后随云居道膺求学，回国后弘扬大法。高丽国太祖王建拜其为国师，公元921年圆寂，世寿51岁，号“法镜大师”。

忠湛禅师，俗姓金，公元869年出生，依长纯禅师出家，后入唐求学，在云盖山志元圆净处得法。

潭州云盖山志元圆净禅师，游方时问云居道膺禅师曰：“我不奈何时咋办？”居曰：“只因为你用力不到。”师不礼拜。听说石霜庆诸和尚有道，便去拜访，把前面的话又问石霜。石霜回答说：“非但是你，老僧也不奈何！”志元圆净禅师又问：“和尚为什么不奈何？”石霜回答说：“老僧若奈何，就因为你不奈何。”志元圆净禅师略有所悟，便礼拜。石霜说：“以后无人认得你。”志元圆净禅师于言下开悟。

潭州有道士，上书给楚王马殷，要和禅师辩论高下。楚王马殷请志元圆净禅师上殿相见。先是喝茶，茶后，志元圆净禅师把楚王宝剑要来。禅师握剑问道士：“你们的那个道说‘恍恍惚惚，其中有物’，指的是什么物？‘杳杳冥冥，其中有精’，指的是什么精？说出来不杀你，说不出即杀。”道士无话可说，一时吓蒙了，只好礼拜忏悔。禅师对楚王说：“大王还认得对面之人？”王曰：“认识。”禅师问：“是谁？”王曰：“道士。”禅师说：“不是。其道若正，应该能回答我的问话。他只是个无主孤魂。”

从此，道士们再不敢寻找是非了。

忠湛在志元圆净禅师处得法后，于公元913年归国。高丽太祖王建以国师之礼请他说法，并多次请他入京问道，忠湛弘法三十年，使禅宗和佛法的妙义得以广传。公元940年7月18日，忠湛圆寂，世寿72岁，临行前他对门下弟子说：“万法皆空，我将远行了。所有的法

都是一心为本，你们应该以此话勉励自己修行。”

第五节　法眼宗派

法眼宗派由玄晖禅师传承，其传承谱系为：六祖惠能—青原行思—石头希迁—天皇道悟—龙潭崇信—德山宣鉴—雪峰义存—玄沙师备—罗汉桂琛—法眼文益—道潜—玄晖

玄晖，俗姓李，祖先为中国人，随唐朝远征军而定居辽宁一带，后来又移居鸡林。其父亲好老庄，喜欢琴棋书画，不屑为官仕途。公元879年玄晖出生，拜九山之无染的弟子深光为师。后来，为求佛法，在海边行走，想到中国求法，因为有小船往唐朝海边游荡，玄晖便依次搭载，最后来到中国，在今浙江金华九峰寺见到了禅门大师道潜。

道潜得法于法眼宗初祖文益禅师。文益圆寂后，南唐中主李璟谥为“法眼大禅师”。后世因称此宗为“法眼宗”。宋初极盛，宋中叶后衰微。

法眼对华严的造诣颇深，尤其精于六相的原理和解释，但他并不认为现象界和实体界是同一的，因为实体是离一切相的。在他眼中，实体是空的，他和永明道潜的一段对话特别强调了这一点。

某次他问道潜曾看什么经，道潜告诉他曾看《华严经》，于是他便说：“总、别、同、异、成、坏等六相，在华严经中是属于哪个部分?”

道潜回答说：“是在该经的十地品中，照理说，出世和世间的一切法都具有六相。”

法眼又问：“空是否还有六相呢?”

这话问得道潜懵然不知所对。接着法眼又说：“如果你问我这个问题，我会告诉你。”

道潜便依照他的话问：“空是否也具有六相呢?”

法眼立刻回答说：“是空。”

听了这话，道潜恍然大悟，高兴得不禁雀跃，向法眼行礼道谢。于是法眼又问：“你是怎样了解?”

道潜立刻回答说：“空”。

法眼便大为赞许。

第二天，有一群寺众士女入院礼佛。法眼禅师问道潜禅师：“律中道，隔壁闻钗钏声，即名破戒。见睹金银合杂、朱紫骈阗，是破戒?

不是破戒?”

道潜禅师道：“好个入路。”

法眼禅师见他脚跟已稳，遂予印可，并说道：“你将来有五百僧徒，为王侯所重在。”

道潜禅师悟道后不久，即礼辞法眼，驻锡于衢州古寺，阅读大藏经。

后来忠懿王（钱弘俶）请道潜禅师入王府为宫中士夫传授菩萨戒，并为他在九峰山特建大伽蓝，号慧日永明，署号慈化定慧禅师，同时还发给他月俸，以表供养。

北宋建隆二年（961 年），道潜禅师示寂。

道潜与玄晖一见面就问：“你怎么头白了?”玄晖答道：“我的眼睛不知道。”道潜又问：“你自己怎么不知道?”玄晖回答：“我自己头不白。”道潜一看玄晖就是传法的大器，所以不足半月，玄晖就得到了道潜所传的禅法。得法之后，玄晖在中国南北名山宝刹游历参学。924 年归国。当时的高丽太祖王建听说有入唐学法的大师归国，便在京城的郊外隆重迎请，第二天在皇宫九重宝殿之上拜他为国师，并赐一个净土寺，请玄晖来住持。此寺离京城不远，方便太祖朝夕问法求道。玄晖在王室的支持下，把禅门的大法广泛弘扬，如日中天。

关于玄晖的禅宗思想有这样一段话，他说：“万法本来没有本质，如果我们观察自己的心，无生无灭，这才是最上乘的大法，而且是佛说的中道的法。”

有人问：“万行皆空，为什么还要行呢?”

大师回答：“本来没有苦乐，众生的虚妄习气是他的原因，众生的妄习如果能除掉，我们的苦也能够除掉。所以不要在外面，更要找菩提和涅槃。”

有人问：“修行用功，远近有什么不同。”

大师回答：“犹如屋檐滴水，就能知道海潮的情况。”

又有人问：“对佛祖的语言会相信不移，但是又容易师心自解，出现错误。刚刚学法的人又怎样去观察修行呢?”

大师回答说：“小儿的嘴既然闭上了，母亲的乳汁再喂也灌不进去。黄金隐藏的山，我们称为宝山，珍珠隐茂的水，我们称为珍川，于佛道的观想也应该如此。这句话到底怎么理解，我前面已经说了。”

玄晖63岁时圆寂，谥号为法镜大师，教化弟子三百多人。

智宗禅师传承于永明延寿，永明延寿传承于天台德韶，天台德韶传承于法眼文益。

智宗，俗姓李，全州人，公元930年出生，8岁时出家。先在舍那寺亲近来高丽传法的印度高僧弘梵，后又跟广化寺景哲和尚、曦阳山迥超禅师学法。有一次，寺庙里一个和尚在扫地，扫地之前先用净水把地湿润，因为洒得不均匀，在一旁的迥超禅师就批评那个僧人，说了一句禅语："你洒的水没有够着的地方，你该怎么办？"那个僧人无法回答。智宗正好站在一旁，见那个僧人有些尴尬，便替他回答："不要再洒什么水，只扫地就行了。"因而迥超禅师留意到智宗，觉得他是一个不同凡响的法器。

959年智宗入宋求法，拜永明延寿禅师为师。

永明延寿（904—975年），杭州余杭人，出家后在天台拜德韶国师，得其密印，是法眼宗第三代。后到今浙江奉化雪窦山传法。

自从唐朝会昌五年"会昌法难"之后，各地寺院毁坏殆尽，灵隐寺同样在劫难逃，呈现出前所未有的荒败景象。宋建隆元年（960年），吴越忠懿王钱弘俶请延寿禅师重兴灵隐寺。第二年，请延寿禅师住持永明寺（今杭州净慈寺），一时学法僧众超过两千。延寿禅师主张禅宗与禅宗外诸宗相融合，求同共存，又竭力倡导禅、净双修。

延寿禅师居永明寺十五年，编著了一百卷《宗镜录》，一时间被视为"宗门宝镜"，远播国外。当时的高丽国王读了《宗镜录》后，大为钦慕，特派三十六名僧侣前来杭州净慈寺向延寿禅师学佛法，并让僧侣代国王向他行弟子礼，给了他非常高的待遇，还向他赠送金线织成的袈裟、紫水晶数珠、金澡灌等礼物。延寿禅师成了法眼宗传入高丽的重要弘法者。

北宋开宝八年（公元975年），延寿禅师在永明寺圆寂，世寿72岁。

永明延寿与智宗相见后，永明延寿禅师问道："你是为学法而来还是为事业而来？"智宗回答："为学法而来。"延寿大师问："佛法没有两边，遍恒河沙界都是，你何苦这么大老远地过来寻找。"智宗回答："法既然遍恒河沙界，那不妨我能过来。"一番对答，智宗得到延寿大师的赏识。两年后，延寿大师便将佛祖心印秘密托付。智宗得到真传之后，又参访天台宗的祖先净光大师学习天台教义。

公元970年，智宗学成回国，得到了高丽光宗的热烈欢迎，把他视为中土鸠摩罗什一样的人，并邀请他住持金光禅院。光宗之后，他又到积石寺去弘法。穆宗赐予他“光天遍照至觉智满圆默禅师”尊号，又赐他住持佛恩寺和外帝释院。穆余后又拜为国师。公元1018年，智宗大师在原州贤溪山居顿寺圆寂。世寿89岁，谥号“圆空”。

第六节　曹溪宗派

曹溪宗传承谱系为：六祖惠能—南岳怀让—马祖道一—百丈怀海—黄檗希运—临济义玄—兴化存奖—南院慧颙—风穴延昭—首山省念—汾阳善昭—石霜楚圆—杨岐方会—白云守端—五祖法演—圆悟克勤—大慧宗杲—知讷

知讷禅师是韩国最著名的曹溪宗派的开山祖师，尽管高丽时代曹溪宗并没有完全取代九山的影响，但渐渐地，经过几代的发展之后，曹溪宗派的思想和修行已成为韩国禅宗的代表。知讷，黄海道瑞兴郡人，俗姓郑，1157年出生，他出生前后的事迹，与禅门九山的禅师明显不同。九山禅师出生之前都有父母做梦的奇异景象，出生之后，又有幼年爱好拜佛、礼塔等宿生习气。据记载，知讷出生后多病难养，久治不愈。后来，他母亲到寺庙去烧香拜佛，在佛前殷勤祷告发愿：“如果我儿能够靠佛的力量病好，我就让他出家。”果不其然，经过母亲的真心祷告之后，知讷的身体一下子康复起来，成为一个健康的孩子。但是因为在佛前发愿的缘故，父母尽管不舍，也只好让年仅8岁的知讷出家为僧。知讷的剃度师是曹溪山的六孙宗晖禅师，他除跟师父学习之外，还到处拜师，受到不少高僧的指教和点化。

知讷26岁的时候，也就是公元1182年，他参加了高丽的“谈禅法会”，这个法会，实际上是僧人的科举考试，按照当时高丽僧人的选拔制度，僧人的位次依次为“中德、大德、大师、重大师、三重大师、首座、僧统、都僧统、国师”。这次法会在高丽有名的普济禅寺举办。知讷通过他的修学，得到了晋升。可以说，作为一个年轻僧人，他得到了很多人梦寐以求的高位，令许多人羡慕不已。

与参加“谈禅法会”的一部分僧人相识之后，他们共同感觉名利之路并非究竟要走的道路。知讷与这十多位同修约定，法会结束了以

后，应该舍弃名利，在山林里隐居修行，可以建立一个社团，形成公约，互相帮助；每日以修定、修慧作为本分事，然后早晚礼佛，乃至做工做事，随每个人的力量，提高修养、心性，去掉挂碍，像古代高人一样远离世间，清静地修行，那岂不是最快乐的事？

参加法会后，知讷来到昌平清源寺。在寺里，他用功修行。有一次他到同修的一个房间里，见书柜正放着一本《六祖坛经》，这引起了他的好奇，于是请回去在自己屋里拜读。当他在油灯前读到“（真如）自性起念，（六根）虽即见闻觉知，不染万境而（真性）常自在”时，好像发现了珍宝一般，心里惊喜万分，也说不出来什么理由，就到大殿里反复绕佛，不断地念着这段话。从此以后，知讷对禅法略有所悟。这是知讷修行禅悟有收获的第一个阶段。

很快，因为另一部经典，知讷的禅修又上升进入第二阶段。公元1185年，知讷到下柯山普门寺去修行，在那里他阅读了部分《大藏经》，当他读到《华严论》的时候，受到极大的启发。知讷以前对《六坛坛经》略有所悟，这时候更加明朗，觉得诸佛的一些妙理通过此论，有更深刻的悟入。对《华严论》中的圆顿观门，知纳精心地体会修行，并发现这个法门对引导初修的根基，使众生拔去心里的钉子有重要作用。

《华严论》是唐代李通玄的著作，李通玄号称枣柏大师，是华严宗的通家。知讷在修行过程中发现，原来凡夫众生每天的分别心，每天的生活、作用都是清净无染的，他是“根本不动智”的外现。在华严里对此悟入的定位是，圆教十信初位。

在《华严经》中有这样一些话：“一尘含大千”，“如果智慧亦复如是，具足在众生身中，但诸凡愚不知不觉”。这两句话，让知讷眼圈流出了泪水，号啕大哭。激动的知讷把《华严经》高高地顶在头上。这是一个深刻的觉醒，里程碑式的觉悟。

知讷以前未能理解佛法禅教之争，在阅读了李通玄的《华严论》之后，对佛教各派和禅宗，他们如何安立，产生了圆融的见解。在他的语录中记载道：“诸佛世尊从口里说的法，就属于我们各派的言教，那么祖师传的佛心就是禅宗，佛陀和祖师的心与口肯定不是互相矛盾的，后人不懂也不知道寻求佛法的根本，各自局限于各自所学的法门，然后门派之间相互争论，从而把佛法的太阳给遮蔽了。”

知讷对《华严经》的体会使他走上了“会教归禅”的道路，他把当时盛行的各种以教理为核心的修行门派归到禅宗一门里面。这是他对高丽佛教最大的贡献。

1190年，知讷离开普门寺，到至公山居祖寺去修行。在居祖寺里他遇到了以前参加“谈禅法会”的一些道友，因为很多年前他们相约一起修行，这次终于汇到一起了，于是他们创立了韩国佛教史上具有里程碑意义的一个社团“定慧社”。这些人在一起，夜以继日地精进修行。后来，他们觉得这个地方不是特别理想，便选择了另一个地方——智异山，山上有一个寺叫无住庵，在无住庵里面，知讷得到了一生修行中大彻大悟的根本境界。

在智异山里，知讷进行第三个阶段的修行，按照他的语录记载：“我从普门寺专修以后，已经过了十一年了，虽然每天精进地修行，没有荒废时间和日子，但是心中还是觉得有些挂碍，还有不少不自在之处。等到我来到智异山，在修行当中观看《大慧普觉禅师语录》的时候，里面讲到：真正的禅不在静处，也不在闹处，不在日用万缘处，也不在我们内心的思维分别之处，然而，也绝对不能舍去静处、闹处、日用万缘处、思维分别处之外而去参悟、寻找。当我看到这句话的时候，我真正的眼目开了，知道所有的佛法原来就是家里面的事。从此以后，自然的凡事不再有质碍，心中有真正的安乐了。”

知讷领悟宗杲禅师的宗旨之后，写了一部著作，叫《看话决疑论》。知讷认为：我今真正的是以大慧和尚作为我的宗师，大慧和尚是曹溪六祖门下第十七代祖师，他所说的论录，能够令人很快地参禅悟入，与其他的门派截然不同。

公元1200年，徒众渐渐增多的知讷决定选择新的道场，这个道场最后选在松广山吉祥寺。松广山后来就叫曹溪山，吉祥寺后来也改名为修禅社，这是由当时高丽熙宗皇帝御赐命名的。在此居住的11年时间里，知讷广传正法，依律修行，他的道风与僧名渐渐远播，不但弟子成群，而且王公贵族、士民商贾亦纷纷报名加入定慧社，使定慧社成为颇具影响力的修行团体。

十一年里，知讷与同道一起先后建立房屋八十多间，各种佛殿、僧房和库房一应俱全，他们不但进行修建庙宇，而且更以佛理引导大家修行。

知讷日常经常组织大家念《金刚经》，作为众人的必修课，他所开讲的正法以《六祖坛经》为核心，以《华严论》和《大慧普觉禅师语录》为辅助。在解脱的法门上，他安立了三种途径，一叫惺寂等持门，二叫圆顿信解门，三叫径截门。知讷通过三个法门的引导，使很多人得度。

1201 年春，知讷即将圆寂。圆寂前的一天晚上，他正在沐浴，一旁的侍者不断地问一些法语，知讷都从容作答。洗完后，回到方丈室。天刚刚亮的时候，众人都来与他送行。知讷问："今天是什么日子?"有人答："三月二十七。"知讷这时候知道时辰已到，便穿好衣服，洗脸漱口，说："我这个眼不是祖师的眼，我这个鼻子也不是祖师的鼻子，我的嘴也不是爹娘生的嘴，舌也不是爹娘生的舌。"然后，他命侍者击鼓召集大众。知讷手持锡杖，健步迈入了法堂，升座讲法，说："禅法的灵验是不可思议的，今天我来到这里，准备把这个不可思议的奥秘给大家说清楚，你们大家现在随便上来问，老汉我肯定一一给你作回答。"环顾四周半天，没人来问，知讷于是把手指向大家，说："老僧的命根全在你们的手里了，任凭你们横拖竖拽，把我的真东西给弄出来。"这时候众人纷纷来问，知讷也随缘而答，辩才无碍。最后一个僧人是这样问的："过去来说，维摩诘居士示病于众人。今天，曹溪的知讷禅师也现病象，不知道二者是相同还是不同。"知讷禅师反问道："你来这里是来分别'相同'或'不同'的吗?"于是又把锡杖向地下拄了几下，说："说一千道一万，都在这了。"说完之后知讷安然不动，泊然而化。

知讷一生留下很多著述，包括著名的《修心诀》、《定慧结社文》、《诫初心学人文》、《圆顿成佛论》、《看话决疑论》、《念佛要门》、《法语歌颂》、《六祖坛经跋文》、《华严论节要》、《法集别行录节要并入私记》等，这些著述对后世影响很大。

他的弟子们又对他的语录和事迹进行了整理，整理出两部著作：《上堂录》、《临终记行状》。

曹溪宗是当代韩国最大的佛教宗派，1971 年时共有 1 315 所寺院，13 000 僧人，450 万信徒。不仅是今日韩国佛教界的代表，也是最具规模的传统宗教团体。其寺院组织分布全国，布教方式各有特色。

曹溪宗全国教区本寺地图

曹溪宗奉行释迦世尊自觉觉他、觉行圆满的根本教理，以直指人心、见性成佛、传法度生为宗旨。曹溪宗所依经典为《金刚经》和历代祖师的《传灯法语》。曹溪宗是世界上唯一完整传承了持话头参禅修行的“看话禅风”的禅宗宗团。但曹溪宗不限制对其他佛教经典的研究、念佛和持咒（持陀罗尼背诵等密教修行）等，承认和认可华严、法华、净土、密教等多派别的佛教传统。

曹溪宗本部设在首尔的曹溪寺。最高首领称宗正，其下设检查院、总务院、中央宗会。总务院下设有 25 个教区本山，即曹溪寺、龙珠寺、乾凤寺、月精寺、法住寺、麻谷寺、修德寺、直指寺、桐华寺、银海寺、佛国寺、海印寺、双溪寺、梵鱼寺、通度寺、孤云寺、金山寺、白羊寺、华严寺、仙岩寺、松广寺、达兴寺、观音寺、禅云寺和奉先寺。

曹溪宗于下设曹溪宗全国信徒会、佛教青年会和大学生佛教联合会。

曹溪宗创办有东国大学，光东山林高校、普文高等学校、金山商业高校、净光高等学校、能仁高等学校、海东高等学校、忠武商业学校和大东商业学校等十几所学校。

佛教大学毕业典礼

曹溪宗 2004 年在曹溪寺旧总务院大楼的原址上建立了韩国佛教历史文化纪念馆，形成了市内新的佛教文化中心，又于 2008 年在曹溪寺对面开始建设佛教文化事业中心，作为弘扬韩国佛教传统禅宗和佛教文化的场所。

第七节　太古宗派

太古宗派由太古普愚禅师传承临济宗而创立，其传承谱系为：六祖惠能—南岳怀让—马祖道一—百丈怀海—黄檗希运—临济义玄—兴化存奖—南院慧颙—风穴延昭—首山省念—汾阳善昭—石霜楚圆—杨岐方会—白云守端—五祖法演—圆悟克勤—虎丘绍隆—应庵昙华—密庵咸杰—破庵祖先—无准师范—雪岩祖钦—道场及庵—石屋（福源）清珙—太古普愚

太古普愚禅师

普愚生于公元1301年，他是高丽王朝末期的僧人，俗姓洪，忠清南道洪城郡人。13岁时跟随广智脱尘禅师出家，广智禅师住在桧岩寺。出家后，勤苦修行，19岁的时候开始参禅，参的是“万法归一，一归何处”公案。经过十几年，这个话头始终没有放下。有一回他在甘露寺挂单，突然有所悟，于是做了一个偈颂：“佛祖与山河，无口悉吞却。”略有所悟之后，他对参禅更加感兴趣。因为心中还有疑惑，之后不久，他又参第二个“无”字公案，经过一年多的苦苦参究，在第二年的正月，普愚突然大悟，说道：“打破牢头后，清风吹太古。”同年3月，普愚回到了自己的家乡杨根继续精进，在此期间参究了千七百多个公案，在岩头密启处，终于解开了困扰自身20年之久的疑问，大悟见性。

这时候，普愚的证悟境界已经非同凡响了。公元1341年，普愚去汉阳三角山重兴寺，在寺旁，建了一所小庵，命名为“太古”庵，在那里住了五年。

后来普愚觉得必须去中国亲近一下高僧，这时是中国元朝，他已经46岁了。他先到中国的燕京大观寺住了一段时间，后来听说江南的湖州有位名叫石屋清珙的高僧，便欣然前往拜见。

石屋清珙禅师

石屋清珙禅师是临济宗十九世，在湖州霞雾山上修筑天湖庵三处，并先后在此修炼长达四十余年。

石屋清珙禅师（1272—1352 年），元代临济宗高僧，湖州道场寺及庵禅师之法嗣，俗姓温，苏州常熟人。出家后不久，参礼高峰原妙禅师，令参究“万法归一，一归何处”之话头，不得深入。后又赴建阳西峰及庵禅师门下。及庵禅师是高峰原妙禅师的得法弟子。经过六年修行，清珙禅师一日目睹风亭而大悟。

及庵禅师后移住湖州道场寺，清珙禅师也跟随前往。后偶游附近的湖州霞雾山，见其山势俊秀，便在此选一小庵，名叫“天湖”。禅坐之余，清珙禅师经常吟诗吃茶，留下不少佳句。

湖州道场寺

清珙禅师后又在嘉禾当湖福源寺住持了七年，宗风大振，既而以老归隐，复归天湖。元至正年间，因名声远播，皇帝听说清珙禅师的道名，特赐金兰袈裟。公元 1352 年，清珙禅师入寂，世寿 81 岁，有《石屋清珙禅师语录》流传于世。

当湖福源寺

公元 1347 年，普愚来到湖州霞雾山，拜 76 岁的石屋清珙为师。普愚见到石屋清珙，把自己的作品《太古庵歌》献给石屋禅师看。石屋禅师阅读后，觉得这个高丽和尚很不简单，于是用语言试探他证悟的深浅，说："你现在的境界已经是不一般了，然而还有更高的祖关你知道吗？"普愚答："哪有什么祖关？"

石屋禅师说："根据你所得的境界，功夫用得很正，知见也不错，但是，还要把功夫和知见一一都放下，假若不这样，你就会产生理上的障碍。"普愚答："我早就放下了。"石屋禅师说："你休息去吧。"

第二天，普愚又恭敬地来到石屋禅师面前，殷勤请法。禅师说："佛佛祖祖，只传这一心法，没有别的东西。"然后又说："有些人见到了一些光影，以为就开悟了，这是一条错路啊。所以历代的祖师见到这种堕在光影里边的人，也拿他没办法。这种人是作茧自缚啊。如果这个人真的彻悟，所有的东西都是自己有用的家具。你假设走到无人的路上，能辨清哪些是正道，哪些是邪路吗？"普愚回答说："佛祖的各种开示，早就在我心里了。"

石屋禅师说："好啊，假设不是宿生的善因，也不能幸免落入邪见邪网啊。老僧在这个穷乡僻壤中住了很久，经常以祖师的法门开示给众生，就等着你这种真正的佛子佛孙啊。"普愚答："像您这种善知识，浩劫难逢啊，从此但愿不能离开您一步。"石屋禅师说："你是要跟老僧一起同甘寂寞啊，这样不好，对法的留传来说就是障难。这样吧，你不如留个半月一月，我们俩相互再多聊聊，然后你就回国。"

普愚回国前，与石屋禅师又有一段对话。禅师问："什么是一个人的日用涵养，什么是佛祖所说的向上一招。"普愚回答"瓶泄"，然后就走一步，到石屋禅师跟前继续说："不知道除此之外，还有什么值得说的。"石屋禅师郑重地说道："老僧如是啊。三世诸佛也是如是啊。你这个高丽长老想要找另外的道理，就顶没说一样。"普愚退后作礼，说："古代就有父子不传之法啊，弟子怎么敢辜负师父的大恩呢？"接着是一再磕头作礼。因为禅机回答得巧妙，得到了石屋清珙禅师的真正印可，老和尚哈哈大笑，对他说："高丽长老啊，你的三百六十骨节，八万四千个毛孔，就在今天全打开了。本老僧七十多岁所集的家产都被你拿走了。"接着又说："老僧今天卸下三百斤的担子，就让你担了。"

于是石屋禅师亲自为普愚的《太古歌》作序，一边作序一边问："牛头融禅师还没见四祖道信的时候，为什么有百鸟衔花的现象？"普愚答："人人都愿意仰慕富贵啊。"石屋禅师又问："二人相见之后为什么百鸟衔花的现象没了呢?”普愚回答:“人穷啊,谁都跟他疏远了。”禅师又问:“无量劫以前就有太古和尚吗?还是没有太古和尚?”普愚答:“空,就在太古当中。”禅师大笑,说:“佛法东传了。”他于是把自己的袈裟脱下来送给普愚作为传法的信物,最后说道:“给你传衣是今天的事,而法却千年前灵山而来。今天,把大法托付给你,你要善加护持,不要令它断绝。”

因为石屋禅师是临济宗的子孙,所以普愚是把临济宗传到韩国的继承人。

普愚离开了师父之后,元朝顺宗听说他的名声,聘请他到永宁寺开坛说法,并供养他袈裟和沉香。

公元1348年,普愚回到了高丽国,先是在重兴寺挂单,然后又在迷原小雪山隐居。

高丽恭愍王仰慕普愚的德行,下诏迎请他进宫说法供养。普愚先是拒绝,因为国王屡屡征召,他感到国王的挚诚,于是去京城说法。普愚在京城奉恩寺与广明寺开演大法,并被封为国师。后来,他觉得京城不可久留,随请离开,但未得到国王允许,于是深夜之中逃走。国王感其德行,于1362年请他驻锡迦智山宝林寺。他后住在广明寺,建造了“圆融府”,力图重整因谋求九山禅门统一而陷入混乱状态的佛教界。在此弘法之后,普愚回到小雪山,住在阳山寺,最后在小雪山圆寂,世寿82岁。

普愚的禅学以讲“看公案,参话头”为主。普愚的弟子很多,据说有一千多人,最著名的有混修和尚,曾经被任命为王师。

雲山吟　太古普愚(운산음　태고보우)

山上白雲白　((산상백운백))　산위의 흰구름 더욱 희고

山中流水流　((산중유수유))　산 속에는 흐르는 물 또 흐르네

此间我欲住　((차간아욕주))　이 속에서 나는 살고파

白雲为我开山区((백운위아개산구))

太古宗现有寺院1 381所,僧人2 361人,信徒140万。

太古宗以大乘佛教的代表经典《金刚经》和《华严经》为经典,奉行释迦世尊的自觉觉他、觉行圆满为根本教理,以见性成佛、传法度生为宗旨,以宗祖太古普愚国师诸宗包摄的禅教不二、理事无碍的圆融宗风为宗统。

太古宗总社

太古宗摒弃一人修行为主的隐居式小乘佛教态度，是以实践挽救社会和普度众生的菩萨佛教为目的的大乘式进步宗团，其通过开办学校，脱离山中佛教，孕育了符合时代发展的新佛教运动，创造出令人敬仰的成就。

太古宗传承历史悠久的传统袈裟，即红袈裟，并保存有梵音梵呗和佛画丹青等国家认定的众多佛教无形文化遗产，致力于佛教文化的传承与发展。

太古宗1980年在佛教界首次实行僧侣合同得度制度，形成先教育、后得度的制度，并通过这一制度的实施，使每年有两百多名具备资格的僧侣，在所属寺院修行精进和传法教化。

作为宗团持续开展的事业，太古宗设立了中央福利院，通过寺院福利团体的组织化，扩大实施宗团的社会福利事业，并组建了全国性的志愿服务团，以援助困难同胞。

太古宗开展旨在提升大乘教化宗团功能和地位的一寺院一先行运动，旨在改善原有丧祭文化的寺院绿色葬墓（塔墓）文化事业，以及人伦之根本孝行布教活动。

灵山斋保存会

第三章　东传日本的中国南禅宗

日本文化体系中，有一部分文化是对中国文化的直接移植与吸收，有一部分是根据日本社会的实际对中国文化的改铸与发展。中国传统文化的重要组成部分南禅宗，不仅由中日僧人传到了日本，而且还根据日本社会的需求而有所变革与发展，对日本的政治、经济、文化等各方面都产生了深远的影响，并一直影响至今，根据日本文部省1991年一个不完全的统计，日本共有21 041所禅宗寺院、近900万禅宗信众。

日本禅宗写意庭园

第一节　南禅宗初传日本

在充满盛唐气象的唐朝，先进的文化吸引了日本人的目光，他们不断地派遣所谓的“遣唐使”、留学生、学问僧来中国学习文化，他们学习的文化包括内政建设（文化、军事技术等）、政治经济制度（官阶设定、土地制度、赋役制度）、政治理论（儒学、佛教）、法制律令、教育制度、天文、历算、医学、文学、建筑、美术、乐舞、娱乐、年中行事等等。其中，学问僧学习的主要是中国的佛教。同时，中国的僧人也积极到日本去传教。因此，中国南禅宗在日本的传播情形与越南不同，即这种传播是双向的，既有日本僧人来华学习，又有中国僧人到日本宣传佛法。

中国南禅宗形成于何时，现在还没有确切的时间界定。我们仅以惠能驻锡曹溪、在大梵寺说法为大致标志，认为大约是在公元700年。根据相关资料显示，公元845年和公元858年来中国学习密宗的圆仁和圆珍，回国时从中国带去了大量的佛教经典，虽然其中绝大部分为密宗书籍，但不知何因，他们带回了一本与密宗旨意大不相同的书，那就是惠能大师的《六祖坛经》，这可以看作是中国南禅宗在日本最早的传播。

几乎与此同时，日本僧人慧锷按照橘太后的旨意，来到中国唐朝取经并聘请禅师。

公元834年，慧锷携带着橘太皇太后赠送的宝幡、刺绣袈裟以及镜奁、币帛等物，到达中国的佛教圣地——五台山，将所带礼品分赠给寺院和僧众，受到热烈欢迎。经过一段时间的考察，他并没有找到合适的人选，于是，慧锷离开五台山，来到杭州的灵池寺，礼拜了马祖道一的法嗣齐安禅师，齐安禅师向他推荐了他的嫡传弟子义空禅师，慧锷一见义空禅师，大有相见恨晚的感觉，于是，立即决定邀请义空禅师赴日传法。

公元847年，在慧锷法师的陪同下，义空禅师来到日本京都，受到日本皇室和佛教界的隆重接待，并被安置在东寺西院暂住。不久，檀林皇后下旨在京都右京区嵯峨修建了雄伟壮观的檀林寺，正式迎请义空禅师为檀林寺的开山鼻祖，开始讲经说法。讲经的第一天，以天皇为首的皇亲贵族都来聆听义空禅师说法。一时间，他的法席大盛，

听众熙熙攘攘。

一晃几年时间过去了，义空禅师已记不得给多少人说过法，但他从僧众的话语和行为中，知道禅宗的种子已在日本播下了，于是向檀林皇后提出回国的想法。檀林皇后同意了他的要求，并在义空禅师离开日本之前，为他举行了盛大的欢送仪式。为了表彰他把禅宗传入日本的贡献，慧锷法师将他的事迹刻写为碑文，作为纪念。可惜后来檀林寺多次遭受火灾，碑文无存。

义空禅师传承于齐安禅师，齐安禅师传承于马祖道一，马祖道一传承于怀让，怀让传承于惠能。因此，我们认为，义空禅师在日本正式说法，是中国南禅宗正式传入日本的标志。

中国南禅宗传入日本，与檀林皇后有着深厚的渊源关系。

檀林皇后（786—850 年）原名橘嘉智子，809 年，嵯峨天皇册封她为妃。815 年，嵯峨天皇册立她为皇后。823 年，淳和天皇晋封她为皇太后。834 年，仁明天皇尊封她为太皇太后。传说她是一位虔诚的佛教信徒，为了学习中国佛法真谛，她曾选派高僧慧锷法师专程到唐朝聘请禅师，终于请到了唐朝的义空禅师，义空禅师到了日本后，她为义空禅师修建了一座名叫檀林寺的禅院，这座禅院是日本的第一座禅宗寺院，因而她也被世人尊称为檀林皇后。

据日本文献记载，檀林皇后长得天姿国色，美貌绝伦。她身材修长，婷婷玉立。站立时她的双手能够超过膝盖，她漂亮的头发能够拖到地上，看到她的人，没有一个不惊叹她的美丽，没有一个不为她的美艳所倾倒，真是“沉鱼落雁，闭月羞花”。她不仅人美，心灵更美，她人品高尚，宽厚仁慈，乐善好施，并且手很巧，尤其擅长制作佛门使用的各种宝幡、袈裟等佛具，据说她制作的刺绣袈裟，工艺精巧，色彩鲜艳。

自义空禅师在檀林寺开坛说法以来，檀林皇后就放下所有的事务，静心地听禅师说禅，从没间断。在义空禅师的不断熏陶下，檀林皇后的禅法日有提高。为了教育橘氏子弟，她还在檀林寺里开办了学馆院，以便橘氏子弟在这里研习经书。檀林寺成了日本当时最为有名的禅宗寺院。

公元 850 年，仁明天皇不幸身患重病，无论是宫中的太医，还是民间的神医，使尽了各种手法，更换了无数药方，就是没有一点效果。

檀林皇后私谱（上）

檀林皇后对此焦虑万分，为了祈祷爱子早日康复，发愿在檀林寺削发为尼。但是，檀林皇后的善心，依然没能挽救仁明天皇的生命，在是年的3月，仁明天皇永远离开了深爱着他的母亲。仁明天皇的去世，使檀林皇后悲痛欲绝，几乎陷入了绝食的生活之中，两个月后，檀林皇后在冷泉院香消玉殒，离开了人世，这一年她世寿65岁。

檀林皇后为中国南禅宗传入日本作出了积极开创性贡献，因而深受日本人民的敬仰，她的陵墓被称为嵯峨陵。

在檀林皇后的倾心维护下，并经过义空禅师的发力宣传，中国南禅宗终于在日本产生了一定的影响。但由于当时的日本还没有生成南禅宗的机缘，因此，南禅宗没有很快在日本得到生存与发展。

从义空禅师之后，中国南禅宗各家各派的佛法都先后传到了日本。但是，它们在日本并没有获得均衡化的发展，有的日益壮大，如曹洞宗和临济宗等；有的则在流传过程中慢慢消失了，如沩仰宗等。

第二节　东传日本的临济宗

义空禅师的师父齐安禅师与百丈怀海禅师都是马祖道一的弟子，因此，他们俩应该是同一时代的人。因临济宗、沩仰宗由百丈怀海开衍，义空禅师所处的时代，临济宗、沩仰宗正处在草创阶段，义空禅师接受或没有接受临济宗、沩仰宗的理论，或者受到临济宗、沩仰宗的多大影响？目前还不好说，因此，我们只能断定，他在日本所传的禅宗是中国的南禅宗。

虽然不好肯定地说义空禅师所传的禅法是临济宗的法系，但毕竟它所传的禅法与临济宗具有近似的血缘关系，共同传承于多代祖师。可惜，随着义空禅师的回国，檀林皇后的去世，名噪一时的中国南禅宗，在日本渐渐无声无息了。

到了宋代，中国南禅宗在日本的境况得到了彻底的改变。中国南禅宗在日本迅速传播开来，并根据日本社会与历史的实际情况，形成了适应日本人民生活的24个宗派。

根据记载，在宋代，24个禅宗宗派形成之前，曾有三位日本僧人自动地来中国学习临济宗，一位是天台宗僧人觉阿。觉阿从那些经常来往于他寺庙中的中日商人口中，听说中国的南禅宗如何兴盛，如何充满着神奇的魅力，于是，他心中充满了向往之情，下决心一定要到中国来学习禅宗。1171年，他终于来到了中国杭州灵隐寺，投在了临济宗杨岐派的佛海慧远下，请求跟从佛海慧远学习禅法。佛海慧远有心试探他，没有立即答应他的请求。他见状非常着急，就从口袋里掏出先前做好的偈语，呈送给佛海慧远禅师。

佛海慧远禅师见他的偈语写道：

求真灭妄元非妙，
即妄明真都是错；
堪笑灵山老古锥，
当阳抛下破木杓。

佛海慧远禅师觉得写得不错，于是，就接受了他的请求，并写了一首偈语送给他，算是给他的一份见面礼。

觉阿经过四年的学习，回到了日本，住在比睿山宣扬南禅宗，弘扬杨岐禅风，有人认为这是日本有临济禅的开始。不过，还有一种说法，说他回到日本后，没有传授他跟佛海慧远禅师所学的禅法，佛海慧远禅师传给他的禅法，被他独自享用了。

第二、第三位是日本僧人练中、胜辩。据说，练中、胜辩的师父叫作能忍，能忍从小就游历名寺，可以说他几乎游遍了当时的著名寺庙。同时，他还博览群书，发奋学习各宗各派的佛教典籍。由于与中国南禅宗机缘殊胜，他不仅精心研读了禅宗的著作，而且还能领悟这些著作中的禅宗旨意，于是，他便有一种传授禅法的冲动，就在今天的大阪、兵库一带建了一座三宝寺，开始传授禅法。不久，他的禅法就得到了人们的认可，有些人来到他的门下，请求他收为弟子，专门修习禅宗。所谓树大招风，正当他踌躇满志，宣讲禅法的时候，一种不和谐的声音出现了，说他从没有跟哪位禅师学过禅，在这里开坛说法，无异于随心所想，随口所出，不可信，不值得信。

能忍为消除这些议论的负面影响，证明自己禅悟的确切，1189年，他便派他的弟子练中、胜辩，带着他所有悟禅的偈颂，到中国宁波的育王山拜谒临济宗杨岐派大慧宗杲的弟子拙庵德光禅师，请拙庵德光禅师对他的偈颂进行印证。

拙庵德光禅师看了能忍的这些偈颂，对他偈颂中所表现出的对禅的理解与感悟进行了充分的肯定，当即答应收能忍为弟子，并将法衣、法号及有题赞的达摩像作为信物交给练中、胜辩，请他们带给能忍。

为了证明传承关系，练中、胜辩又请画工给拙庵德光禅师画了一幅像，再请拙庵德光禅师亲自在像上写一首题赞。拙庵德光禅师接受了他们的请求，在像上写下了这样几句话：这村僧无面目，拨转天关，掀翻地轴。忍师脱体见得亲，外道天魔俱窜伏。

练中、胜辩带着法衣、法号及有题赞的达摩像和拙庵德光禅师的像，回到了日本，交给了能忍，从此，能忍有了传承法脉，声誉更加高涨。传法弟子有觉晏，觉晏有传法弟子怀奘、怀鉴。

一、古代日本临济宗二十一派

1. 千光派

千光派由日本僧人明庵荣西创立。

明庵荣西传承于灵源惟清的六传弟子虚庵怀敞，灵源惟清传承于祖心支系，祖心传承于黄龙慧南，传承的是中国临济宗黄龙派的禅法，是日本唯一的黄龙派传承。

明庵荣西（1141—1215年），俗姓贺阳，字明庵，又号叶上房，日本备中国（今冈山县）吉备津宫人。11岁时，他便到家乡的安养寺师事静心法师，学习佛法。14岁时，在比睿山受戒，正式出家。19岁时，跟随有辩法师学习天台宗。27岁时，他搭乘商船，来到中国，参拜了天台山、阿育王山，求得了《天台宗新章疏》30多部60多卷，由此可知，他到中国来，主要是为天台宗而来，不过，同时也有为南禅宗而来的目的。据记载，当他来到中国宁波的广慧寺，遇到该寺的知客时，他向知客表明了请求他传授禅宗旨意的心意。传授佛法是做功德，是佛弟子最乐意做的事，于是知客愉快地答应了他的请求，用笔在纸上写出了禅宗的大意，并对他说："人分不同的国家，但是对任何国家的人来说，佛法是相同的，只要悟得的道理是相同的，就是相同的法门。《金刚经》中所说的，放下那些本应不该执着的名相，才能产生自己真实的认识。你想要详细地知道它的发展变化的情况，那就请你多访问一些高僧大德吧，他们会把有关的情况一一告诉你，你就能知道禅宗的发展历史与禅宗的理论了。”由于明庵荣西到中国的主要目的已经实现，加之又跟重源约好了一同回国，于是，他只看了知客写下的文字，却没有听从知客的指示，去访问名僧大德，就回国了。

明庵荣西回到日本后，花了 20 年时间，致力于研究天台宗和密教，并在密教方面形成了自己独特的理论体系，自成一家之说，从而被密教中人称为“叶上流”。就在他研究天台宗和密教，查阅有关天台宗和密教的书籍时，他见到了有关禅宗和禅宗在日本传承的记载，这引发了他心中潜藏已久的对禅宗的梦想，于是，他发愿不仅要再到中国学习禅宗，更要到禅宗的发源地印度去巡礼释迦牟尼佛的八塔。

1187 年 3 月，明庵荣西带着《诸宗血脉谱》、《大唐西域记》，再次乘船来到中国，在申请西行许可证明没有成功的情况下，明庵荣西从杭州来到天台山的万年寺，礼拜临济宗黄龙派的第八代传人虚庵怀敞为师，虚庵怀敞接受了他的请求，尽心地向他传授临济宗黄龙派禅旨。1189 年，虚庵怀敞禅师任天童寺住持，明庵荣西跟随虚庵怀敞禅师来到天童寺，陪伴在虚庵怀敞周围，跟随虚庵怀敞修习禅宗，《四分戒》与《菩萨戒》，经过四年的熏陶，虚庵怀敞禅师认为明庵荣西已经领悟到了黄龙派的根本，功德圆满了。于是，在 1191 年，便向明庵荣西授菩萨戒，授予他法衣、临济宗传法世系图及拄杖、应器、宝瓶、坐具等法物，还特地给他写了一封类似毕业证性质的信。虚庵怀敞禅师在信中写道：释迦牟尼佛即将圆寂的时候，把他的“涅槃妙心，正法眼藏”传给他的大弟子摩诃迦叶，然后代代相传，如今传到了你。现在，我正式把释迦牟尼佛的“涅槃妙心，正法眼藏”大法传给你，你应该努力弘扬光大。根据祖师的法印，积极在日本施行教化，开启民众被名利蒙蔽了的心灵，完成你承受禅法的使命。……中国的禅宗传到六祖已不再传授法衣了，因你明庵荣西是日本人，为了使日本民众相信你，我特地传授法衣给你，目的是在日本证明你的身份。

明庵荣西获得怀敞禅师的毕业许可证后，肩负着在日本弘扬禅宗的使命，拜别师父和师兄弟，踏上了归国的路途，经过长途航行，终于在7月份到达了肥前国（今长崎）的平户，回到了日本。

明庵荣西回国后，立即在九州一带传播禅宗。1192年，建久寺在福冈县香椎神宫旁建成，明庵荣西按照他在中国所学的仪式，每半个月在建久寺举行一次说戒忏悔大会，从而逐渐引起了人们的关注，更引起了以良辩和尚为代表的天台宗的反对，使得朝廷发布禁止“达摩宗”传播的文书。

经过明庵荣西的解释与争取，朝廷对禁止“达摩宗”传播一事不了了之。但是，明庵荣西却从这次事件中明白了一个道理，在日本传播禅宗，必须以天台宗为旗帜。于是，他便以天台宗和尚的身份，以复兴天台宗内的禅宗为主张，以关东镰仓为传播基地，弘扬禅法。1199年，幕府主办供养不动明王法会，明庵荣西应幕府的邀请，担任修法导师。法会期间，将军源赖家及源赖朝的夫人政子随他皈依。1200年，幕府主办源赖朝去世一周年法会，明庵荣西应幕府的邀请，再次担任导师。法会期间，政子决定将源义朝的一块土地送给明庵荣西建立寺庙，明庵荣西接受这块土地后，很快建起了一座名叫寿福寺的寺庙，并以它为中心，在武士阶层中传授佛法。

由于获得了幕府的支持，明庵荣西得以有条件不断地到京都传法，由于没有固定的传法场所，1202年，将军源赖家决定把自己位于京都东南部的一块土地施舍给明庵荣西建造寺庙，经过报请朝廷批准，1203年，明庵荣西根据朝廷的批复，着手建造寺庙，并将这座寺庙叫作建仁寺。

传说，1203年的春天，京都的郊区经常刮大风，一些看不惯明庵荣西的人就散布谣言说：最近来京都传法的明庵荣西，他所传的法是禅宗，与天台宗不一样。他和他的弟子都穿着大领口大袖子的宽大袈裟，走起路来常会卷起大风，因而引发了京都郊区的风灾，最好的办法就是将明庵荣西和他的弟子赶出京都。谣言的不断传播，引起了朝廷的重视，他们决定尊重民意，派人通知明庵荣西，要他们自动离开京都。

明庵荣西问明情况后，觉得哭笑不得，于是便对来人说：“刮风是天地之间大气运行的结果，不是人所能够操控的。风由风神飞廉掌管，我明庵荣西哪有那么大的能耐呀！……假如我真是能够掌控风的人，那我就不是一般的凡人，而是神人了。因此，朝廷更不应该赶我走。”

来人听他这么一说，觉得言之有理，就把明庵荣西的话跟后鸟羽上皇说了一遍，后鸟羽上皇立即对明庵荣西产生了好感，不仅收回了驱逐他出京都的成命，而且还把建仁寺升格为官寺。

1206 年，东大寺大劝进重源圆寂，明庵荣西继任大劝进一职，任职期间，他负责修建了东大寺的佛殿和七重东塔以及法胜寺的九重塔。

同时，明庵荣西还积极从事著述工作，1198 年他写作了《兴禅护国论》，1200 年写作了《出家大纲》，1204 年写作了《日本佛法中兴愿文》。这些著述从不同方面表现了禅学主张，概括起来大致有以下几点：

第一，禅宗是对日本禅宗的继承与发展。明庵荣西认为，兴禅是把日本已经失传的禅宗重新复兴起来，一再强调自己是“欲兴废继绝”、“兴陵迟之禅”、“兴其废亡”，这是明庵荣西为禅宗在日本传播寻找的生存策略。在此之前，日本曾有禅宗传入，但是有区别，如最澄传入的牛头禅法，属于北禅宗，与他所宣传的黄龙派禅法是不同的禅法。

第二，禅宗具有广义和狭义的理解。明庵荣西认为，广义的禅宗是综合的佛法体系，与其他教派并行不悖，可与天台、密教兼修。这也可能是他为传播禅宗而寻求的生存策略，因为在他传播禅宗过程中，曾不断遭受到密宗等宗派的排挤与诽谤，如“有谤此之者，谓为暗证禅；有疑此之者，谓为恶取空；亦谓非末世法；亦谓非我国要；或贱我之斗屑，以为末征文；或轻我之根机，以为难兴废”。甚至朝廷有时也参与其中，如当他在京都建立建仁寺时，朝廷的批文就明确规定，该寺庙必须是真言、止观、禅门三位一体的寺庙。狭义的禅宗，是指“教外别传”、“即心即佛”的中国南禅宗，就是所谓的“外打涅槃扶律，内并般若智慧，盖是禅宗也”。

第三，禅宗是禅戒结合的修行方式。明庵荣西认为，修习禅宗，除了需要具有自我的约束力，更需要具有僧团的戒律，有了明确的戒律，才可以正确地协调僧团内部及僧人与俗众的关系。为此，他强调：“参禅问道，戒律为先。”

第四，禅宗是“镇护国家”的措施。明庵荣西认为，禅宗是“护国秘宝”。这种主张，虽有为了获得朝野支持的因素，但也是他自己的认识。

1215年7月5日，明庵荣西在京都建仁寺圆寂，世寿75岁。他的著名弟子有荣朝、行勇、明全等。

明庵荣西

荣朝（1165—1247年），字释圆。最初学习的是密教，后来跟明庵荣西学习中国临济宗黄龙派的禅法，获得了明庵荣西的禅旨。获得禅旨后，为了便利弘法，有个兼修禅密二宗的场所，新田义季邀请他到群马县世良田主持建造长乐寺，并任该寺的住持。

传说他住持长乐寺时，有一次，有个僧人问他："佛法如何用心？"

他回答说："忍辱精进，不立一尘。"

1247年，荣朝圆寂，他的弟子有圆尔辨圆、无本觉心、神子荣尊。

行勇（1163—1241年），俗姓藤，字退耕，日本神奈川县人，初学密宗，曾在镰仓鹤冈八幡宫任供职僧，在这里，他不仅接受了源赖朝和他夫人政子的皈依，还作为剃度师为政子剃度。明庵荣西在镰仓建立寿福寺，开坛说法后，他便投入明庵荣西的门下，成为明庵荣西的弟子。

传说他初听明庵荣西的禅法后，曾问明庵荣西："祖意与教意，是同是别?”

明庵荣西回答:“放下同别见,来与汝道。”

由此,他信奉禅宗,拜明庵荣西为师。

明庵荣西圆寂后,他任寿福寺的住持,兼任金刚三昧院的开山祖,后来又担任东大寺大劝进一职。

1241 年,行勇圆寂。他的著名得法弟子是大歇了心。

明全(1184—1225 年),俗姓苏,日本三重县人,最初学习显密二教,明庵荣西住持建仁寺时,他拜明庵荣西为师,日夜侍奉明庵荣西,随明庵荣西学习禅宗。明庵荣西圆寂后,他于 1223 年带着弟子道元、廓然等来到中国,想逐一访问那些名寺高僧,可是,中国的名寺高僧太多,哪能短时间内就访问得完,于是,他和弟子们来到了浙江宁波的天童寺,先祭拜了老师明庵荣西的祠堂,后在老师明庵荣西的忌日为老师举办斋会,以超度老师的亡魂。

1225 年,明全在天童寺的了然斋圆寂。他的著名弟子有道元。

2. 圣一派

圣一派由日本僧人圆尔辨圆创立。

圆尔辨圆本是明庵荣西弟子荣朝的弟子,传承的是临济宗黄龙派的禅法。圆尔辨圆来到中国后,跟随无准师范学禅,继承的是临济宗杨岐派的禅法。

圆尔辨圆传承于无准师范,无准师范传承于破庵祖先,破庵祖先传承于密庵咸杰,密庵咸杰传承于应庵昙华,应庵昙华传承于虎丘绍隆,虎丘绍隆传承于圆悟克勤,圆悟克勤传承于法演,法演传承于白云守端,白云守端传承于杨岐宗祖方会。

在日本禅宗史上,圣一派由圆尔辨圆的封号“圣一国师”而来。

圣一派的著名弟子有东山湛照、无关普门、白云慧晓、山叟慧云、藏山顺空等。

圆尔辨圆(1202—1280 年),俗姓平,字圆尔,日本静冈县人。18 岁时,在园诚寺出家,学习天台宗,后到长乐寺和寿福寺随明庵荣西的弟子荣朝和行勇学习禅宗,并兼修密教。1235 年,来到中国学禅,在中国,他遍参名僧,曾先参访过宁波天童山曹源道生的弟子痴绝道冲、杭州天竺寺的柏庭善月、净慈寺的笑翁妙堪、灵隐寺的石田法熏。

传说圆尔辨圆在灵隐寺跟石田法熏参禅时，有一天碰到了无准师范的弟子退耕德宁，当时，退耕德宁正任灵隐寺的知客，见他很有慧根，就对他说：“我国有名的高僧大德，你都几乎参访过了。然而不知何故，有个名叫无准师范，是被称为天下第一的宗师，你为何不去参访?”

圆尔辨圆为自己的孤陋寡闻后悔不已，于是立即按照退耕德宁的指引，直接来到径山寺，请求拜无准师范为师。无准师范与他一交谈，从他的一言一行中，感觉到他非同一般，欣喜地收他为徒。圆尔辨圆于是日夜侍奉在无准师范的身边，跟随无准师范学习禅法。《圣一国师年谱》记载：圆尔辨圆曾在径山寺主掌衣钵，那里的法师们不称呼他为侍者，而称呼他为尔老。

有一天，无准师范为了启发圆尔辨圆的心性，要求圆尔辨圆参悟“首山竹篦”这则公案。该公案是首山省念禅师某日向修行僧提出的，和尚拈竹篦示众云：“汝等诸人，若唤作竹篦则触，不唤作竹篦则背，汝诸人且道，唤作什么。”

首山以“竹篦”为题质问修行僧，其为何物?如果回答说叫作竹篦，就拘泥了竹篦这一固定观念；如果说它只是一根用竹子做的小棒，暂且称为竹篦，那依然还是竹篦。那样的话，不免又生出疑问。这里叫作竹篦的东西难道不是实实在在的吗?张口陈述不成，闭口无言也不成，那么到底应当把它叫作什么呢?

参悟这则公案，对于深受天台宗和密教影响的圆尔辨圆来说，尤其难上加难，因为他对释迦佛祖的言教非常执着，完全被束缚住了。圆尔辨圆尽管日日夜夜深究苦参，还是怎么也悟不出个道理来。

圆尔辨圆把自己的感觉如此这般地向师父陈述了一遍，无准师范很不满意，就手拿竹篦把圆尔辨圆痛打了一顿，直打得他倒在地上。这时，圆尔辨圆忽然摆脱了“有无”二字的纠结，豁然大悟，达到了圆融自如的佳境。圆尔辨圆立即焚香感谢师父大恩。无准师范对圆尔辨圆的彻悟大为高兴，随即给圆尔辨圆写了认可书，表示祝贺。

圆尔辨圆得到无准师范的印可后，继续在无准师范的门下修行了3年，佛鉴见他法根成熟，便劝他“早归本土，提倡祖道”，“更宜以此道力行，使吾祖之教，在在处处，炽然而兴”。1241年2月，圆尔辨圆辞别恩师回国，临行前，无准师范赠给他密庵咸杰祖师的法衣、

宗派图及自己题有赞语的画像和《大明录》，作为传法的信物，并寄予厚望地对他说：“他日归本国，必于无涓滴处，横起波澜，竖无胜幢，发挥吾道，须踵从上乃祖遗芳，永利未来际。”离开时，无准师范恋恋不舍，一直把他送到山下。

1241 年秋天，圆尔辨圆终于在福冈登陆，回到了阔别多年的家乡。那时，同门师兄太宰府（今福冈）僧湛慧在横岳山建有一座寺庙，听说圆尔辨圆回来了，立即请他去开山说法，并以无准师范所嘱，将寺庙叫作“崇福寺”。肥前（今长崎佐贺一带）僧荣尊创建了水上教院，听说圆尔辨圆回国了，也延请他为水上教院的开山祖，并把水上教院改名为万寿寺。宋朝移民谢国明在博多创建了承天寺，听说圆尔辨圆回国了，也请圆尔辨圆任住持。有了如此便利的弘法场所，圆尔辨圆的禅法得到了迅速的传播，声名一天比一天响亮，皈依禅宗的人络绎不绝。

当时执掌处理国政大权的九条道家、良实父子崇信佛教。一天，他们见到了湛慧，便请湛慧说法。湛慧向他们推荐说：“现在住持崇福寺和承天寺，在那里宣扬‘直指人心’学说的圆尔辨圆，从中国宋朝获得了禅宗的真传，他精通禅门和教门，胜过我十倍都不止。”见湛慧如此推崇，九条道家、良实父子便召圆尔辨圆进京，请他说法。

圆尔辨圆应召来到京都，按照九条道家、良实父子的要求，讲禅说法，九条道家、良实父子一听，觉得道法高超，果然名不虚传，于是请圆尔辨圆为他们受“禅门大戒兼秘密灌顶”，并在京都东山月轮别庄模仿径山寺，为圆尔辨圆建造了一座东福寺，请圆尔辨圆任开山祖。在这里，后嵯峨上皇、后深草上皇、龟山上皇都曾来听过圆尔辨圆讲授的禅法，并为他的讲解所吸引，请他为他们受“禅门菩萨戒”。

1253 年，圆尔辨圆到镰仓的寿福寺说法，当时执掌政权的北条时赖经常听人说法，由于法系众多，他对各种说法虽然有所思考，但是却认为各有道理，不能轻易断定谁是谁非，难以作出取舍。听了圆尔辨圆的说法后，他便向圆尔辨圆说出了心中的疑惑，圆尔辨圆引用怀让的“说似一物即不中”作为回答，告诉他按照禅宗“无念无别”的宗旨，对他们不作分别。北条时赖顿时有悟，高兴地请圆尔辨圆到他的府上为他受“禅门菩萨戒”。1257 年，已在最明寺出家的北条时赖，邀请圆尔辨圆任寿福寺住持，不久，又推荐他任建仁寺住持。

在任建仁寺住持期间，他受到了藤原氏以道家为首的贵族的崇信，以道家的儿子关白良实、妻子纶子、女婿兼经、西园寺实氏，都是他的弟子。九条道家仿效唐代宗赐予径山法钦禅师“国一”称号的做法，也亲自书写“圣一和尚”四个大字，送给圆尔辨圆，并敕令他任东大寺大劝进。

圆尔辨圆在不同的寺庙，通过不同的途径，在僧众、贵族、皇室间为禅宗赢得了生存与发展的空间，没有辜负无准师范的期望。

圆尔辨圆的禅法主张，主要集中在他的《假名法语》和他的再传弟子虎关师炼校纂的《圣一国师语录》中，具体体现为：

第一，禅宗是“诸法根本”。圆尔辨圆认为，禅宗是佛法的源泉，各宗教理的根本，是最高的禅法，“禅，佛心也；律，外相也；教，言说也；称名，方便也。此等三昧皆由佛心出，故以此宗为根本也。”

第二，以“理致、机关、向上”三宗旨启示门人。从一般意义上理解，“理致”就是理、道理、旨趣，指禅宗的基本宗旨，“机关”就是提示参禅者的方法和手段，“向上”就是指达到觉悟、超凡入圣的境界。圆尔辨圆认为，参悟禅宗的人，不应该被佛祖的道理和修行方法所束缚，应该通过它们了悟自心本性，因为它们是向上成佛的依据。

1280 年 10 月，圆尔辨圆圆寂，世寿 79 岁。圆寂前留有一首示寂的偈语，偈语为：

利生方便，
七十九年；
欲知端的，
佛祖不传。

圆寂后，花园天皇赐谥他为“圣一国师”。

圆尔辨圆著名的传法弟子有东山湛照、无关普门、白云慧晓、山叟慧云、藏山顺空、无为昭元、月船琛海、痴兀大慧、直翁智侃、南山士云、双峰宗源、潜溪处谦、天桂宗昊等。

	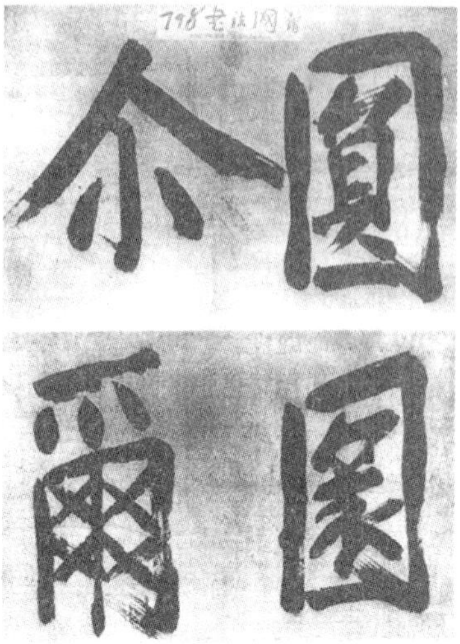
圆尔辨圆	无准题字

东山湛照（1231—1291 年），冈山备中人，先学净土宗和天台宗，后随圆尔辨圆习禅，并获得圆尔辨圆的禅旨，出任三圣寺的开山祖。一天，伏见天皇诏他进宫，向他询问禅宗的机要，伏见天皇听了他的解说，心胸豁然开朗，于是向他皈依，并敕赐寺产和万寿寺给他，不久，他便又移住万寿寺。编著有《宝觉禅师语录》。传法弟子以虎关师炼最为著名。

无关普门（1212—1291 年），先跟随荣朝学禅，后在中国 12 年，跟无准师范的弟子断桥妙伦习禅，获得了断桥妙伦的禅旨。回到日本后，继续随圆尔辨圆参禅，龟山上皇、一条家经、西园寺实兼等受他影响而皈依。1291 年，龟山上皇将自己的离宫捐献作弘法的道场，他将离宫改建为南禅寺，出任南禅寺的开山祖。

白云慧晓（1223—1297 年），四国香川人。先跟随圆尔辨圆学禅。据说，圆尔辨圆画了一个圆，作了一首偈语："无内无外，孤圆一轮；忘光忘影，诸圣出身。"叫白云慧晓参悟，白云慧晓在跟随圆尔辨圆 8 年后，终于有所契悟。1271 年，白云慧晓来到中国，拜无准师范的法嗣希叟绍昙为师，经过 13 年的修炼，终于传得了希叟绍昙的禅法，回国后曾请住东福寺。

在中国，白云慧晓编辑有《希叟绍昙和尚语录》，在日本，他用假名写有《白云和尚法语》和《梦之记》。

圆寂前，白云慧晓留下了一首偈语，偈语云：

来也如是，
去也如是；
更问如何，
如是如是。

白云慧晓的传法弟子是希白，希白曾编辑有《佛照禅师语录》。

山叟慧云（1231—1301 年），日本东京人，17 岁出家，19 岁随圆圆尔辨参禅。17 岁来到中国，拜无准师范的弟子断桥妙伦为师。传说，他见到断桥妙伦禅师，便问：“如何是祖师西来意？”

断桥妙伦禅师指了指墙壁上画的梅花，告诉他，那就是。

慧云呈上偈语：

一段工夫历雪霜，
岭南消息露堂堂；
花开月上两明白，
不待春风满院香。

断桥妙伦禅师读了读他的偈语，说：“和阇黎会得梅意。”

于是，慧云便跟随断桥妙伦参了 10 年的禅法。36 岁回国，曾住持过九州崇福寺，并请住东福寺。

圆寂前，曾留有一首偈语，偈语为：

忘去来机，
无依独归；
照天夜月，
满地光辉。

藏山顺空（1231—1307 年），日本九州佐贺人，先在京都参拜圆尔辨圆、在镰仓参拜大觉兰溪为师，跟他们学习禅法。30 岁时，他来到中国。在中国，他花了七年的时间，参拜了临济宗不同派系的名师，如偃溪广闻、荆叟如珏、淮海元肇、西岩了慧、退耕德林等。回国后，住持佐贺高城寺，曾任东福寺住持。

传说，他在高城寺说法时曾说：

“今天，高城寺打开炉门，烧旺炉火，高举起铁锤，把佛祖打造成纯铁，不！最好是打造成纯金。不过，佛祖即已打造成了纯铁，还有什么必要再打造成纯金？”

想了一想，他以干支作为顺序，说：“甲乙子丑海中金，壬癸寅卯金箔金。”

修行的目的本在于炼铁成金，纯金不是指那海中金，也不是指那金箔金，海中金、金箔金指的是五行算命中的年命。纯铁也就是纯金，纯金是佛的本性，纯铁是人的本性，人的本性是由人的命相决定的，要改变人的本性而达到佛的本性，即将纯铁锻造为纯金，修习禅宗是唯一的办法，因为人的命相难以改变。

又有一次，他上堂说：

山房夜雨晓来晴，
风叶飘零自接声；
梦破小窗室生白，
不须鸡鸣报天明。

意思是说，夜里一阵风雨飘来，寂静的晚上能听得见掉在地上的落叶。一觉从睡梦中醒来，只见天已经放亮了。

过了很久，他又说：“直饶恁么会，犹是较半程。”

于是，他拿过拐杖说：“这里面只有一件事是真实的，那就是黎明时安静的心境，其余的事则都是不可而知的。”

接着又靠着拐杖说：“拐杖总是这么黑粼皴的。”

藏山顺空住持高城寺二十年。有一天，他针对有人提出的问题，作了一首偈语作为回答：

藏山元来，
不携丝纶；
浪上浮沉，
只任锦鳞。

说自己虽然在这里传授禅法 20 多年，但是没有形成权威，自己的生活犹如在世间浮沉，就像那在水中游动的鱼儿一样。

1307 年 5 月 5 日，藏山顺空示寂，世寿 77 岁。圆寂前，他留下一首偈语：

无生一曲，
调人指端；
九山崩倒，
八海枯干。

这偈语是说我这肉体的死亡，不是平常的死亡。我是听着不生不灭的乐曲，而悠然圆寂的。

无为昭元（？—1311年），日本京都人，曾随圆尔辨圆、兰溪道隆、无学祖元等学习禅宗，先后任京都三圣、东福、圆觉等寺的住持。传说有人为他画了一幅像，他在像上题赞说：

我面目是你，
你面目是我，
真假相忘时，
无可无不可。

1311年，他在宝满寺圆寂，据说圆寂时，神态淡然，安详而寂。圆寂前留下了一首偈语，偈语说：

倒却刹竿，
纵横自在；
左右逢源，
威音王外。

月船琛海（1231—1309年），日本兵库人。曾跟随长乐一翁豪、圆尔辨圆等学禅，在长乐寺学禅、传禅20余年。曾任东福寺住持。1309年，月船琛海圆寂，圆寂前留有偈语，偈语说：

四大假合，
七十八年；
末后一句，
威音王前。

痴兀大慧（1229—1312年），日本三重人，精通密教，曾在安养、大福、东福等寺习禅修禅，并任东福寺住持。传说痴兀大慧与圆尔辨圆相见时，圆尔辨圆问他："经不云乎？缘心以听法，此法亦缘，非得法性。"他思考了一下，就对圆尔辨圆说出了他的领悟，圆尔辨圆大为高兴，便把自己的法旨传授给了他。

痴兀大慧将圆尔辨圆讲授的《大日经》记录整理为《大日经见闻》，著录了《枯木集》、《十牛决》等假名法语。

1312年，痴兀大慧无病而寂，圆寂前留有偈语，偈语说：

高超方便，
自证自然；
为物应世，
八十四年。

直翁智侃（1245—1322 年），日本上野人。先学显密，后跟随兰溪道隆学禅。曾经到中国参拜禅宗寺庙，请教禅宗诸宿大德，在宋朝出版了《兰溪道隆语录》。回国后，参拜圆尔辨圆为师，获得了圆尔辨圆的法旨。曾任承天、万福、东福寺的住持。

1322 年 4 月 16 日，他召集门徒嘱咐后事，当着门徒的面写下一首偈语：

应事随缘，
七十八年；
撒手便行，
古路坦然。

据说，他写完偈语，把笔一丢，便溘然而逝，世寿 78 岁。

南山士云（1254—1335 年），日本滋贺人。幼年时投在圆尔辨圆门下，是圆尔辨圆的弟子。后任东福寺住持。据说他走进东福寺时，指着寺门说：“和尚的关键，就是在于化复杂为简单，化深奥为浅显，就像这山寺虽如此险峻，但我看来就如同平地。”当晚小参时，就说了这样一首偈语：

四十年前登此山，
殿前花柳高三尺；
如今重到经行地，
古木满庭人戴雪。

南山士云严格守律，气性刚直，有人将他形容为“武将”。

1335 年，南山士云圆寂，世寿 82 岁，圆寂前留有一首偈语：

了达三世，
拨转一机；
祖也不会，
佛也不知。

中国的月江正印，曾赞南山士云云：

八十高年老古锥，
一千余人门弟子。

南山士云著名的弟子有干峰、友山、正堂等。

双峰宗源（1263—1335 年），日本福冈人，13 岁时随圆尔辨圆出家，跟从圆尔辨圆 6 年后，又花了 20 多年时间先后参拜了大休正念、西涧子昙、一山一宁、寂庵等禅师，杂取了他们各人的禅学精华。1321 年 8 月，应朝廷的邀请出任崇福寺和南禅寺的住持。

1335 年 11 月 21 日夜，双峰宗源沐浴更衣后，端坐椅子上，召集门徒垂诫。22 日，写下了一首偈语：

幻生幻灭，
毕竟非实；
本地风光，
无固无必。

传说他写完偈语后，很快就圆寂了，世寿 73 岁。恒明亲王有一首请顶相赞：

泥洹一句，
无人咨参；
云收碧峰，
月落寒潭。

虎关师炼（1278—1346 年），俗姓藤原，法名师炼。日本京都人。幼年时期，他不仅聪明颖悟，而且喜好读书，被人称为文殊童子。10 岁时，在比睿山出家，接受具足戒。为修习禅法，先后参拜了南禅寺的规庵祖圆、圆觉寺的桃溪德悟、建仁寺的无隐圆范及镰仓的一山一宁、建长寺的约翁德俭等禅师，终于继承了规庵祖圆的禅法，成为规庵祖圆的得法弟子。1314 年以开山祖身份住持白河济北庵、1317 年再以开山祖身份住持伊势本觉庵。

虎关师炼

1326年在三圣寺弘法，后又移住东福寺、南禅寺等地，继续传播禅法。

虎关师炼擅长诗文，人们说他的文才，几乎与唐宋八大家持平。著有《元亨释书》30卷、《济北集》20卷、《佛语心论》18卷、《虎关十禅支和尚录》3卷、《禅余或问》2卷和《禅戒规》1卷等。

1346年在海藏院圆寂，世寿69岁。世称海藏和尚，敕封"虎关国师"、"本觉国师"。得法弟子有性海灵见、龙泉令淬、日田利涉、回塘重渊等。

藏叟朗誉（1194—1277年），出家后，拜荣朝禅师为师，学得了荣朝禅师的禅旨，成为荣朝禅师的得法弟子。荣朝禅师圆寂后，他先移住神奈川相州的长乐寺，后又移住镰仓的寿福寺，再移住长乐寺，禅学根底深厚，兀庵普宁禅师曾称赞他是"日本国过分之智者、有智慧、有道心的人"。

传说他圆寂的前一天，来到寺庙所在的山上，寻找适合他的安葬之地，经过一天的寻找，终于寻得了他满意的地方。第二天，他把门徒都召集在一起，跟他们谈禅说法，说法结束后，他作了一首偈语：

八十四年动转机，
门门闭塞在今时；
元来无主谁更去，
空室颓危岂惜哉。
珍重！
清夜月闲，
松风为琴；
非有我客，
谁亦知音。

写完偈语，他把笔轻轻地放在桌上，向观音像行了一个礼，然后安详圆寂，世寿84岁。

无住一圆（1220—1311年），又名道镜，日本镰仓人。19岁时在茨城的山寺出家，学习显教与密教。后参拜圆尔辨圆为师，随师学习禅宗，参究禅旨，受到圆尔辨圆的印可，成为圆尔辨圆的嗣法弟子。

无住一圆晚年任爱知长母寺、三重莲华寺的住持。无住一圆高风亮节，常自称是丛林里的贫士，著有《沙石集》、《杂谈集》、《圣财集》。

1311年无住一圆圆寂，世寿92岁。圆寂前留有一首偈语：

一沤浮海，
八十七年；
风作波静，
依旧湛然。

3. 法灯派

法灯派由日本僧人心地觉心创立，由心地觉心禅师的封号而来，以纪伊兴国寺为习禅说禅的中心。

法灯派的二世有高山慈照和孤峰觉明，三世有拔队得胜。

心地觉心（1207—1298年），俗姓常澄，号心地、无本，日本信浓国（今长野县）人。15岁时，进入神宫寺，开始研读佛教典籍。19岁时出家，并在东大寺受具足戒。出家后不久，他对真言宗产生了浓厚的兴趣，于是，便想去高野山，学习真言宗。可当他来到高野山时，行勇正在金刚三昧院传授禅法，心地觉心一下子就被行勇的禅法吸引了，于是，他便投在行勇的门下，学习行勇的禅法，并请道元为他受菩萨戒。在跟行勇习禅的过程中，他听行勇说他的同门荣朝正在长乐寺传授禅法，于是，他又来到上野长乐寺的荣朝门下，参拜荣朝禅师为师，在跟随荣朝习禅期间，得知荣朝的弟子在寿福寺传授禅法。荣朝圆寂后，他又来到镰仓的寿福寺拜荣朝的后嗣藏叟朗誉为师，真是“转益多师是汝师”的典范。为了聆听师父的师父的教诲，1249年，他怀着虔诚的心情，来到京都拜谒圆尔辨圆，圆尔辨圆听了他的求师经历和对禅宗的悟解，觉得虽具有可造之才的素质，但有必要继续深造，于是，劝他到中国向他的老师无准禅师学禅，并给无准禅师写了一封推荐信。心地觉心听从了圆尔辨圆的建议，便启程前往中国。当他来到余杭径山寺时，无准禅师已经圆寂。他迟疑了几天，便来到杭州护国仁王禅寺拜无门慧开为师，跟随无门慧开修习禅法。

据说，心地觉心拜见无门慧开为师时，无门慧开问：“你叫什么名字？”

心地觉心告诉他：“我叫心地觉心。”

无门慧开没有再问，立即写下了一首偈语：

心即是佛，
佛即是心，
心佛如如；
亘古亘今。

请心地觉心讲解，心地觉心把自己的理解说了一遍，无门慧开边听边点头，觉得他根缘不浅，便接收他为弟子。

不知不觉间，心地觉心已跟随无门慧开学习了近5年，无门慧开觉得心地觉心已经法根圆满了，便准许他回国传授佛法。1254年，心地觉心准备启程回国，无门慧开对心地觉心寄予厚望，不仅送给他《月林语录》、《对御录》、《无门关》等书籍，还送给他一首偈语“心即是佛佛即心，心佛元同亘古今，觉悟古今心是佛，不须向外别追寻”和自己的肖像赞语“用迷子诀，飞弘炉雪，一喝当锋，崖崩石裂。化死蛇作活龙，点黄金为生铁。去缚解粘，抽钉拔楔，更将佛祖不传机，此界他方俱漏泄”。据说，这些书籍、偈语和赞语，是心地觉心日后传授禅法的思想资源。

心地觉心回到日本，出任高野山金刚三昧院住持。1258年，高野山金刚三昧院的愿性将他为源实朝祈求冥福而创建的西方寺改为兴国寺，礼请心地觉心为兴国寺的开山祖。1281年，应龟山上皇的邀请，到京都住持胜林寺传授禅法。不久，内大臣藤原师继将自己在北山的别墅改为妙光寺，送给心地觉心，请他出任住持。

心地觉心的著作有绍柱校纂的《法灯圆明国师遗芳录》、《法灯国师坐禅仪》、《由良开山法灯国师法语》，在这些著作中，他认为禅宗是佛法中最为优秀的一宗，他说：“八万四千法门虽广，皆佛之实语。八万细行、一切戒律，皆是佛威仪。今此禅门是佛心宗也，最上乘法也。”

又说：“诸法之中，禅门最胜，佛心宗故也。诸行之中，坐禅最胜，大安乐之行故也。显密二教，为教内之法；禅门之宗，教外之宗。今已遇此法，幸中之幸，悦中之悦也。”

他认为众生与佛没有分别，差别就在于能否觉悟自心。他说：“诸佛悟心，众生迷心。生佛源一，迷悟境分。不假他力，自心能知。欲至佛果，须参自心。”

为启发、引导佛弟子坐禅参究，他常以“狗子无佛性”及“父母未生前的本来面目”等公案作为教学手段，启迪他们。

1298 年，心地觉心圆寂，世寿 92 岁。圆寂后，龟山上皇赐谥他为“法灯禅师”，醍醐赐谥他为“法灯圆明国师”。

心地觉心的得法弟子有高山慈照、孤峰觉明等。

高山慈照（1266—1343 年），日本京都人。2 岁时丧父，14 岁出家，先随师学习天台宗，他的见解获得了天台宗界的认可，很快便声名鹊起。然而就在他获得天台宗界好评的时候，他却转而迷恋禅宗，谒拜心地觉心为师。初见心地觉心时，心地觉心问他：“你叫什么名字？”

他回答说：“叫师镜！”

心地觉心问：“怎么不呈示给老师看？”

他便画了一个圆，说：“请您鉴定吧。”

心地觉心说：“就是一盘杂碎。”

随即接受了高山慈照学禅的请求。从此，高山慈照跟随心地觉心 6 年，日日习禅、悟禅，终于悟得了心地觉心的禅法，成为心地觉心的得法弟子。

高山慈照曾在三重大慈寺、京都妙香寺和建仁寺有过不同时间的停留，并应楠木正成的邀请开创了楞伽寺。1343 年 12 月，他在沐浴剃发之后，开始坐禅入定。入定之前，写下了一首偈语：

呵佛骂祖，
七十八年；
末后一句，
腊雪连天。

传说他写完偈语，把笔往空中一抛，笔未落地，他却已经圆寂，世寿 78 岁。

孤峰觉明（1271—1361 年），曾到中国参拜中峰明本、古林清茂等为师，回到日本后，又参拜莹山绍瑾为师，并由莹山绍瑾为他受菩萨戒，既参临济宗也参曹洞宗。拔队得胜是他的得法弟子之一。

拔队得胜（1327—1387 年），日本相摸人。他年仅 9 岁就步入了禅门，但他出家后，却不穿僧人衣服，不诵读经文，不做僧人的法事，而是到处坐禅，结交朋友。直到 1358 年，他 32 岁时，才开始穿着僧人的衣服游方。先来到茨城，参拜复庵宗己禅师，后又去到岛根云树

寺，参拜孤峰觉明，得到孤峰觉明许可，便跟随孤峰觉明习禅。一天，他忽然豁然大悟，便做了一首偈语，偈语说：

六窗捞开一轮寒，
云树还贵眼中屑；
当下击碎手里珠，
从他黄金顽铁成。

孤峰觉明印可了他的偈语，于是，便把自己的禅旨传授给他，使他成为其得法弟子。

拔队得胜获得孤峰觉明的禅法，准备离开时，孤峰觉明问："你到哪里去？"

他回答说："我想到山村里去。"

于是，他的参禅场所几乎都是在山中，不过追随他的人不少，听他说禅的人每次都成百上千，对于集众说禅，他曾以自画像上的赞语表明了自己的心迹，就是说禅是万不得已的事情，真正的悟禅应是默不作声，即：

云树阴中一种草，
盐山峰下累千家。
咄哉！
此汉不获已，
争如默声通尘刹。

直到1380年，他被礼请为山梨向岳寺的开山祖后，才一直住持在向岳寺里。

拔队得胜曾著有《假名法语》，对禅学民众化作出了伟大的贡献。

1387年2月20日，拔队得胜正襟危坐，对徒弟们说："端的看！是什么？恁么看时，必不相错。"连说两遍后，他作悄无声息地圆寂了，世寿61岁。

4. 大觉派

大觉派由兰溪道隆创立，由兰溪道隆禅师的封号而来，以建长寺为习禅说禅的中心。

大觉派的二世有约翁德俭、桃溪德悟、无隐圆范、桑田道海、苇航道然等。三世有寂室元光、象外禅鉴等。

兰溪道隆

兰溪道隆（1213—1278 年），俗姓冉，号兰溪，四川涪陵人。13 岁时，在成都大慈寺出家，几年后，他来到浙江宁波，参拜无准师范、痴绝道冲及北磵居简等为师，可能是缘分没到，兰溪道隆虽努力参悟，却始终是一无所得。不得已，他转而拜无门慧性为师，得到了无门慧性的印可，传得了无门慧性的禅旨。

在无门慧性这里，他结识了从日本来学禅的师兄弟，并从他们口中得知日本禅宗的现状，于是，产生了要到日本传播并弘扬中国南禅宗的心愿。传说 1246 年的一天，兰溪道隆从天童寺来到甬江码头，见有一艘日本商船停泊在来远亭，于是就走向那艘商船，驻足观看。这时，忽然有个神人从他的头上飞过，对他说：“你的弘法之地在东方。”兰溪道隆心想：“东方？”并朝东方望了望，再想想：“东方，那不就是日本吗？我去日本，也是神的意思。”于是，他更加确定了去日本的决心。

经过一段时间的准备，1246 年，34 岁的兰溪道隆带着弟子义翁、龙江等，告别师父和故土，豪情满怀地坐上了一艘日本商人的轮船，来到了日本九州的太宰府，也就是今天的福冈县。

来到异国他乡，举目无亲。这时，他的日僧朋友智镜给予了无私的帮助，先将他们一行安排在圆觉寺。1247 年，再将他们一行请到自己住持的泉涌寺。无论是在福冈，还是在京都，智镜认为他们与这两个地方都没有机缘，于是，建议他们到镰仓去寻求机缘。兰溪道隆接受了智镜的建议，带着弟子来到了镰仓的寿福寺，或许是机缘天成，他们到寿福寺不久，有关他们的种种传闻便在当地传开了，北条时赖听到这些传闻后，立即把他请到了常乐寺，以便处理完军务后向兰溪道隆习禅问旨。北条时赖没有想到，而兰溪道隆更加没有想到，来常乐寺向兰溪道隆参禅问道的人一天比一天多，使得常乐寺门庭若市、拥挤不堪，为此，北条时赖在另外的地方新建了一座巨福山建长寺，

请兰溪道隆任巨福山建长寺的开山祖。于是，兰溪道隆在巨福山建长寺举行了隆重的开堂说法仪式。

兰溪道隆住持建长寺后，来听他谈禅说法的人更是络绎不绝，法道大兴，连时赖都经常去听他说法，并在1256年随他出家，授予时赖“觉了房道崇”法名，有人用“奔凑伫听”来形容当时法会的盛况。1259年，兰溪道隆应诏住持建仁寺，不得不离开已生活了13年的建长寺。

建仁寺本是荣西创立的，兰溪道隆特地在荣西的忌日上堂说法，他说：“蜀地云高，扶桑水快，前身后身，一彩两赛。昔年今日，死而不亡；今日斯晨，在而不在。诸人还知落处吗?”过了一会儿，又说“香风吹萎花，更雨新好者”。兰溪道隆表露了自己对荣西的尊重和在此光大临济禅宗的信心，赢得了寺内僧人的敬佩和爱戴，从此他的声名一天比一天响亮。不久，后嵯峨上皇听到了有关他禅法高超的传闻，就召他到宫中去说禅，兰溪道隆认为日本禅宗不兴盛，与朝廷不扶持有一定的关系，觉得这是一次向皇室朝廷表达诉求的好机会，就答应了进宫说禅的要求。在说禅过程中，他乘机向嵯峨上皇呈上了一首偈语：

夙缘深厚到扶桑，
忝主精蓝十五霜；
大国八宗今鼎盛，
建禅门废仰贤王。

1261年，幕府在镰仓为他新建了一座禅兴寺，请他出任禅兴寺的开山祖，后又请他出任建长寺的住持。真所谓“木秀于林，风必摧之；堆出于岸，流必湍之；行高于人，众必非之”，正当兰溪道隆传禅习禅活动风生水起的时候，却遭到了他人的诽谤与陷害，终于失信于幕府，幕府把他从镰仓流放到了甲斐（今山梨县）的陆奥松岛。

流放，并没有冷却兰溪道隆传播禅宗的决心，他认为，这更有利于向边远地区的民众传法，他说：“我为了弘扬佛法，冒着生命危险来到日本，十几年来，仅仅在镰仓和京都一带传法布道，却没有到过偏远的地方。现在我被别人中伤，而流放到这里，使我有机会向他们传法，难道这不是天意吗?”于是，一到流放地，他就开始了他的传法活动。很多民众听了他的说法，纷纷向他皈依。三年后，兰溪道隆获得赦免，出任寿福寺住持，但好景不长，很快又被流放。好在执政的时宗马上就明白了事情的真相，于是，派遣使者到甲斐去迎接兰溪道隆，请他住持建长寺，并在空闲的时候，便于到建长寺向兰溪道隆执弟子礼，还打算为兰溪道隆另外再建一座新寺庙。

兰溪道隆是第一个到日本传授临济宗的中国高僧，他在日本传授的“纯粹禅”对日本临济宗的传播和发展产生了深远的影响。他的语录和偈赞等，由他的弟子集录为《建长开山大觉禅师语录》3 卷、《大觉拾遗录》1 卷。他的禅学思想散布在这些语录和遗录中，概而言之，有这样几个方面：

（1）人人有佛性，人要自信自修自悟。

人本来就具有清净的佛性，跟佛一样，没有什么差别，差别就在于佛没有情欲烦恼，而人却生活在情欲烦恼之中，整天被这些情欲烦恼所纠缠，从而遮蔽了自身本来就具有的佛性。

人要去除情欲烦恼的遮蔽，显现自己的佛性，就必须自悟本性，即自身内心上进行追求，他认为，“信者，信佛祖有无传而传之妙”，就是相信禅宗所说的祖祖相传之佛心；“修者，修自家欲达未达之所”，就是说通过修行，达到觉悟的境界；“悟者，悟现今迷头认影之所”，就是说认识到自己还没有认识到的本性。通过自信自修自悟，就能“即心是佛”，进入一种“自由”的境界。

（2）参话头凝虑思想。

人要去除情欲烦恼，认识自己的佛性，必须修禅问道。由于各人的根性不同，禅宗采取了各种各样的授法方式，“或行棒，或下喝，或竖指，或举拳，或无宾主句”或“看话禅”。

“看话禅”为大慧宗杲首创，就是在修禅者思想不集中时，将古人禅语中的一句话或一个字作为参究的目标，参究的目的不是为了参究这句话或这个字的含义，而是在参究它的过程中，使思想渐渐集中，进入空境，达到“悟本心”的目的。他认为，这是一种达到禅境的有效修行方式，于是，在传禅过程中，他一再倡导这种参禅方式。

（3）规范禅寺仪规。

禅寺是僧众生活和修行的公共场所，为使禅寺有序发展，各寺建立了各寺的仪规。宗颐广搜各寺的仪规，删去重复和褊狭条文后，编成了一本《禅苑清规》。当时，《禅苑清规》作为寺规流行于中国各禅

院。兰溪道隆在担任日本寺院住持过程中，在各寺院中积极推行中国禅院制度，如《建长法语规则》、《遗戒》等，为日本禅林制度的建设奠定了良好的基础。无住一圆在《杂谈集》中给予了这样的评价：“隆老唐僧在建长寺按宋朝做法实行之后，禅院之做法便流布于天下。”

1278年7月24日，兰溪道隆沐浴更衣后，以坐禅入定的方式，写了一首偈语：

用医睛术，
三十余年；
打翻筋斗，
地转天旋。

写完，他寂然而逝，世寿66岁。后宇多天皇赐谥他为“大觉禅师”。据说，这是日本有“禅师”称号的开始。著名的门徒有约翁德俭、桃溪德悟、无隐圆范、桑田道海、苇航道然等。

约翁德俭（1244—1319年），日本镰仓人。传说他小时候，只要一见到僧人，就合起双手，向和尚行礼。一天，他碰到兰溪道隆和尚，又合掌向兰溪道隆和尚行礼，兰溪道隆以为他是对自己礼敬，便口念“阿弥陀佛”，双手合十地向他回了一个礼。后一经打听，才知他对所有的僧人都是如此，兰溪道隆认为这是世间少有的亲近僧人的小孩，就来到他家，跟他父母商量，把他带回了寺中。16岁时，正式剃度为僧，并在东大寺受戒。

在建仁寺中，约翁德俭日夜侍奉兰溪道隆，随兰溪道隆习禅说禅。一天，兰溪道隆问他：“雪覆千山，为甚孤峰不白？”

约翁德俭回答说：“毒龙行处草不生。”

几年后，约翁德俭来到中国。在中国，他花了8年的时间，先后参拜了寂窗、石帆惟衍、藏叟善珍、简翁等禅师，汲取了他们各自的禅学精华，成就了自己的学业后回到日本，继续拜兰溪道隆为师，获得兰溪道隆的师传。

约翁德俭先任土佐长胜寺开山祖，后再任东胜、禅兴、净妙、建仁、建长寺住持。传说，他住持建仁寺期间，后宇多帝非常仰慕他，曾向他咨询禅宗的旨要，对他的回答非常满意，给予了高度的评价。当约翁德俭到镰仓任建长寺住持时，后宇多帝下诏给幕府，指示幕府

任命约翁德俭为南禅寺的住持。后宇多帝来到南禅寺时，不仅向他问习禅要，而且还根据南禅寺的丛林清规，亲自在禅床上坐禅，与僧众们一起共同精进，以求达到不可思议的彻悟境界。

1319 年 5 月 17 日，约翁德俭沐浴更衣后，把他的门徒都召集起来，对他们说："末后一句，始到牢关。你等各下一转语。"

门徒们不敢怠慢，纷纷都向他申说自己的想法。

18 日，写下一首偈语：

七十六年，
不生不死；
云散长空，
月行万里。

19 日，端坐入定，世寿 76 岁。后宇多帝赐谥他为"佛灯大光国师"，《高僧传》说他："是西来（兰溪）的克家（好子孙）。观其答孤峰不白之问，青松出群木成为天下荫凉之象，蔚然出现。"有《佛灯国师语录》流传于世，门徒有寂室元光、太虚等。

桃溪德悟（1263—1329 年），先学密宗，后拜谒兰溪道隆为师，随兰溪道隆学习禅宗，不久，来到中国育王山，拜顽极行弥为师，并任顽极行弥的侍从。1279 年，他带着无学祖元回到日本。无学祖元任建长寺住持时，他任建长寺的首座，帮助无学祖元打理寺院。后任九州圣福寺、镰仓圆觉寺住持，1329 年圆寂，世寿 67 岁，著名弟子有象外禅鉴等。

寂室元光（1290—1376 年），俗姓藤原，幼名高丽房，日本冈山人。13 岁时出家，拜东福寺无为和尚为师。15 岁受戒，16 岁时到镰仓的禅兴寺，拜约翁德俭为师。17 岁时，约翁德俭奉诏任京都建仁寺住持，寂室元光随师同往，从师不断参研。一天，他向约翁德俭讨教"末期"的含意，约翁德俭什么也没有说，只是给了他一拳，就是这一拳，使他当即大悟，获得了约翁德俭的印可。30 岁时，他和可翁宗然、钝庵俊待等一起渡海来到中国，拜天目山的中峰明本为师，同时还参拜了元叟端、古林清茂、清拙正澄、绝学世诚、断崖了义等禅师。

由于经过了七年的参学，回国时，他的道业已经是大有长进了。1326 年应近江国守佐佐木氏赖的邀请，前往永源寺，任永源寺开山祖。

永源寺

在住持永源寺期间，光明帝曾邀请他到宫中去说法，向他请教禅宗的要旨。1334 年，应备后吉津平居士的邀请，任永德寺的开山祖，由于厌烦世俗的喧嚣，他辗转在美作、备前、备中、备后以及近江、美浓等处云游，隐匿民间达 25 年之久，有人说他这是在切身体验中峰明本倡导的“幻住”佳境。

寂室元光曾有一首示众偈语：

> 个事明明呈示君，
> 不须特地策功勋；
> 风和日暖黄鹂转，
> 春在花梢已十分。

1376 年 9 月 1 日，他把弟子召集起来，对他们讲说禅宗的旨要，说完后，作了一首偈语：

> 屋后青山，
> 槛前流水；
> 鹤林双趺，
> 熊耳只履，
> 又是空花结空子。

写完偈语，迅即圆寂，世寿 88 岁。

5. 兀庵派

兀庵派由中国僧人兀庵普宁创建，派名源于他的号。

兀庵普宁

兀庵普宁传承于无准师范，无准师范传承于破庵祖先，是中国临济宗的传承。

由于兀庵普宁只在日本居留了 6 年的时光，因此，门徒不多。

兀庵普宁（1197—1276 年），中国四川人，自幼出家，出家后，先到南京拜痴绝道冲禅师为师，在这里，认得了自己的本来面目。后又来到宁波的阿育山拜无准师范为师，因无准师范要住持径山寺，他便同无准师范一起离开阿育山来到径山，跟随无准师范修习禅法。经过修习，获得了无准师范的禅学真谛，受到无准师范的印可。据说，获得无准师范的印可后，无准师范曾对他说：“得道易，守道难，须默默守之，久久自然感验也。”并写下“兀庵”两个字，送给他，于是他便以“兀庵”为号。

兀庵普宁嗣得无准师范的法旨后，先后任天童寺、灵隐寺的首座及象山灵岩禅院、无锡南禅福圣禅寺的住持，在禅宗界声名远播，享有崇高的地位。

1260年，兀庵普宁应日本僧人邀请，渡海来到日本。到达日本后，先住在博多的圣福寺，不久，东福寺的住持圆尔辨圆听说兀庵普宁来了，就派人请他去升坐说法。由于有不少的日本僧众已经知晓了兀庵普宁的大名，当兀庵普宁来到东福寺说法时，京都之地，一时间无论贫富，都争先恐后地奔向东福寺，想看一看这位西方神人的面目，听一听这位西方神人的法语。北条时赖听说他来了，欣喜不已，为便于参禅问道，把他从东福寺请到了镰仓的建长寺，任命他为建长寺的住持。据《兀庵普宁禅师语录》记载，有一天，时赖前来参拜兀庵普宁，说：我在中国曾经礼拜过你，现在非常荣幸能在日本跟你相见，那就让我再礼拜你一次吧。兀庵普宁听了时赖这没有根由的话，立即握着拳头站了起来，对时赖说：“我虽然年纪已经大了，但是我的拳头还是很有劲的。”时赖一看这种情形，立即向兀庵普宁说，自己两年前曾经做过一次梦，梦中有一个老和尚教他参禅，礼拜的经过跟今天一模一样。兀庵普宁说，你不要跟我说梦。时赖说：“你老今年多大年龄了？”兀庵普宁说：“老衲已经六十四了。”时赖说，我问的不是这个。兀庵普宁于是举起拳头说，难道你问的是这个吗？时赖想说又说不出来，兀庵普宁便朝时赖的胸前捅了三拳。没想到，时赖被捅了三拳后，面带笑容地对兀庵普宁说：“谢谢您的这三拳，高兴呀，高兴！”兀庵普宁说：“你不能从拳头上去理解。”过了一会儿，时赖默默地告别了兀庵普宁。

兀庵普宁的三拳，并非是真的三拳，只是为了让时赖能够见性而提供的一种方便，见什么性，他没有说，时赖见到了什么性，时赖也没有说。不过，我们说，他们两人说的性，应该是“自性”。他们两

人有一段关于这个问题的著名对话。据说时赖有一天悟得了自性，非常高兴地对兀庵普宁说：“森罗万象，山河大地，与自己无二无别。”兀庵普宁说：“青青翠竹，尽是真如；郁郁黄花，无非般若。”时赖听了这句话，“忽然契悟，通身流汗”。

兀庵普宁见时赖已经禅悟，便在佛前献上一炷香，请佛作证，他要印可时赖为得法弟子。随后，兀庵普宁把自己的法衣送给时赖，并送给他一首“付法偈”，偈语说：

我无佛法一字说，
子亦无心无所得；
无说无得无心中，
释迦亲见燃灯佛。

1265 年，因寺院中有人反对他，兀庵普宁难以忍受，便鸣鼓召集僧众，宣布退离建长寺，退离日本国。许多人上前热情挽留，但热情终于改变不了他的去意，不得已，执权派人把他护送到九州，让他从九州回国。

回到中国，先后出任金华宝林禅寺、温州龙翔寺住持。1276 年 11 月 24 日，兀庵普宁在龙翔寺圆寂，世寿 80 岁。敕谥“宗觉禅师”。日本著名的弟子有东岩慧安。

东岩慧安（1225—1277 年），日本兵库人。起初学习天台宗，一次，偶尔得遇悟空敬念，从悟空敬念而知晓禅宗，因而拜悟空敬念为师，进而皈依禅宗。后来到东福寺参拜兀庵普宁，成为兀庵普宁的得法弟子。据说兀庵普宁离开镰仓去京都时，曾授予弟子东岩慧安法衣，作为得法证据，并送给他“正传禅寺”四字。当然还有其他文字书信，日本奈良国立博物馆现藏有兀庵普宁墨迹《与东岩慧安尺牍》，是日本重要的文化财产。

东岩慧安得法后，出任正传寺的住持。由于受到天台宗僧徒的迫害，他不得不离开正传寺，来到镰仓的寿福寺。1277 年圆寂，世寿 53 岁。他的得法弟子是本觉上座。

6. 大休派

大休派，又称佛源派，由中国僧人大休正念创立。派名源于他的号，“佛源派”来源于大休正念的谥号。

大休正念（1215—1289 年），号大休，浙江温州人，幼年时就已出家，跟随法师学习佛教各宗的主要理论。稍微有了长进后，便来到杭州的灵隐寺拜东谷明光为师，学习曹洞宗法，可能是缺乏因缘，学了一段时间，仍然没有什么感悟。于是，他辞别东谷明光禅师，来到径山寺，拜石溪心月为师，由于勤奋用功，学业日有长进，得到了石溪心月的法嗣，传承了临济宗松源系的禅法。

1265 年，大休正念受到日本执权的邀请，随商船到日本传法，经过海上的颠簸，终于来到了日本幕府所在地镰仓，在镰仓受到了建长寺住持兰溪道隆的热情接待，对他“待以高宾”。不久，时宗任命大休正念为禅兴寺住持。大休正念任住持后，仿照南宋禅院的样式，创建了方丈、法堂、山门、僧堂、橱库等，使禅兴寺具有了寺院的规模。1272 年，大休正念出任建长寺住持。1278 年，出任寿福寺住持。在寿福寺期间，他先后组织刊印了《断际禅师传心法要》和《佛源禅师语录》，日本金泽文库现藏有一本《传心法要》。他还在寿福寺内建造了一座名叫“藏六庵”的寿塔，作为自己圆寂之后的藏身之地，自己并写了“圆湛无生铭”，记录了自己一生的行迹与功业。传说，这跟他做的一个梦有关。据《元亨释书》记载：大休正念在禅兴寺期间，有一次梦见观音对他说，“逢强则止”。梦醒后，大休正念对此迷惑不解。住持寿福寺时，他抬头看见寺门上有“金刚”二字，终于明白了观音话语的意思，于是就在寿福寺的西南修建了这座寿塔。1284 年，净智寺完工，大休正念应邀举办供养，被奉为净智寺开山祖；同年，奉诏出任圆觉寺住持。1289 年 11 月，大休正念因病缠身，移住正观寺。当月 29 日，他召集僧众，临终前写下了一首示寂偈，偈语为：

拈起须弥槌，
击碎虚空鼓；
藏身没影迹，
日轮正当午。

大休正念

30 日，大休正念禅师圆寂，世寿 75 岁。谥号为“佛源禅师”。门人遵照他的遗愿，把他的遗骨收藏在寿福寺藏六庵内，后藏六庵被他的弟子移到了圆觉寺。他门下著名的弟子有铁庵道生、大川道通、秋涧道泉、东峰通川等。再传弟子有无涯仁浩、杰翁是英等。

7. 法海派

法海派由日本僧人无象静照创立，派名源于他的封号。又称“佛心寺派”，派号源于他住持的寺庙名。

无象静照（1234—1306 年），俗姓平，日本镰仓人。早在青少年时，就随东福寺的圆尔辨圆出家，获得了圆尔辨圆的肯定与赞扬。1252 年，无象静照打算来中国参究禅宗，当他辞别圆尔辨圆时，圆尔辨圆为他写了好几封给中国高僧的推荐信。无象静照到达中国后，直接来到杭州的径山，参拜石溪心月禅师为师。1255 年，石溪心月作《示无象》法语赠送给无象静照，并以“赵州一物不将来”公案开示他，鼓励他不必纠结于“得与不得”，努力实现离开二法的开悟境界。1255 年 3 月，无象静照已经开悟，获得了石溪心月的印可，于是，决定离开石溪心月，这时，石溪心月除了赠送一首送行偈语外，更把写上年月日的法衣送给他，作为传承的凭信。

辞别石溪心月后，无象静照来到灵隐寺，参拜虚堂智愚为师，虚堂智愚根性灵敏，便接受他为弟子。一月后，虚堂智愚出任育王寺住持，无象静照随着虚堂智愚一同来到育王寺，1260 年出任虚堂智愚的知客，但三年间，虚堂智愚却没有轻易答应无象静照的请求，为他传授禅旨。直到 1263 年 10 月 3 日，无象静照才迎来了他盼望已久的日子，这一天虚堂智愚在雪窦重显塔，向他传授了法语，告诫他不要执着于文字语言，应该运用身心去体悟禅意。并送给他一幅书法，这件书法作品现在珍藏在东京国立博物馆。1264 年正月十六日，虚堂智愚出任净慈寺住持，无象静照再次随着师父迁移到净慈寺。1265 年 8 月，无象静照辞别虚堂智愚回国。临行前，作了一首颂语：

十载从师几垢举，
到头一法不曾传。
有无句荡家私尽，
万里空归东海船。

回国后，无象静照在镰仓开创龙华山真际精舍，1272 年 9 月，无象静照出任相模胡桃谷法源寺住持。不久，兰溪道隆因遭到天台僧众的陷害而被幕府流放，他作《兴禅记》上奏朝廷，引经据典地阐述天台宗与禅宗是一脉相承，禅宗是“尽善尽美之法要，无比无侍之正宗”，批评那些说禅宗“不如吾宗之胜”的人，不仅违背了学佛的本意，也违背了自己学佛的根本。1277 年 10 月，出任博多圣福寺住持；1279 年出任山崎灵松山大庆寺住持；1288 年 5 月，出任净智寺住持；1290 年，育王寺同门圆海在京都创建了平安山佛心寺，无象静照应邀出任开山住持，期间，无象静照自己在京都又创建了一座宝林寺。住持各寺期间，致力于宗风的传承与宣扬。流传有《兴禅记》、《无象和尚语录》二卷等。

1306 年 5 月，无象静照病重，作了一首偈语：

诸佛来也如是，
诸佛去也如是；
诸佛来去一般，
今我说也如是。

当月 15 日，无象静照圆寂，世寿 73 岁，敕谥“法海禅师”。著名弟子有大林善育、梅峰德英、善朴、善治、善如等。

8. 无学派

无学派由中国僧人无学祖元创立，派名源于他的号。

无学祖元传承于环溪惟一，环溪惟一传承于无准师范，无准师范传承于破庵祖先。

无学派在日本禅宗史上具有重要的地位，无学祖元传于高峰显日，高峰显日传于元翁本山等。

无学祖元（1226—1286 年），俗姓许，字子元，号无学，浙江宁波人。13 岁时，他的父亲不幸离开了人世，他便由已出家当了和尚的哥哥带着来到杭州的净慈寺，拜北碉居简禅师为师，获得北碉居简禅师的许可，并为他受戒。14 岁时，来到径山寺拜无准禅师为师，成为无准禅师的门徒。17 岁时，按照师父的吩咐，参究“狗子无佛性”，可就一个“无”字，他足不出户，日夜参究，整整参究了六年，却没有任何收获。一天，经过和尚的指点，他舍弃了那个讨厌的“无”字，忽然有所证悟，于是，立刻将自己的证悟写成偈语，送给无准师范印可，可是无准师范没有如他所想，而对他的偈语不置可否，并岔开话题，对他说了一些古公案。正当他渐入佳境时，无准禅师却圆寂了。

没有了师父，无学祖元便以大慧和虎丘法系的名僧为师，先后参拜了石溪心月、偃溪广闻、虚堂智愚、物初大观、退耕德林等禅师，

并在退耕德林的门下任首座，在禅学界渐渐有了影响。1269 年，因南宋宰相贾似道推荐，出任台州真如禅寺住持。当时，元军正以所向披靡的势头攻打南宋，无学祖元为躲避战火，从台州来到雁荡山的能仁寺，很快，元军打到了雁荡山，寺众如鸟兽一般，瞬间消失得无影无踪，只有无学祖元，神情淡定，端然坐在堂内。当一个元兵把长长的刀剑放在他的颈上时，他面不改色，缓缓地说出了偈语：

乾坤无地卓孤筇，
喜得人空法亦空；
珍重大元三尺剑，
电光影里斩春风。

然后，自顾自地向他们讲说禅宗旨要。说也奇怪，不知是这些元兵都信仰佛教，还是别的原因，他们竟收起了刀剑，向无学祖元施礼致敬并离开了寺院。第二年，无学祖元回到天童山景德禅寺，出任景德禅寺的首座。

1278 年，执权时宗派遣兰溪道隆的弟子无及德诠和杰翁宗英到中国聘请著名禅师出任建长寺住持。1279 年，无及德诠和杰翁宗英来到天童山，经当时的住持环溪惟一推荐，无学祖元接受了日本时宗的邀请书。离启程的日子越来越近了，天童寺为他举行了隆重的欢送仪式，在欢送会上，环溪惟一当着中日僧众的面，郑重地把无准师范禅师的法衣传授给了无学祖元。

经过一个月的航行，无学祖元于 1279 年 6 月到达日本九州，8 月来到镰仓。在镰仓，出任建长寺住持，传说 1281 年春，时宗入寺见祖元，向他“执弟子礼”，祖元以“莫烦恼”三个大字回赠。1282 年，圆觉寺建成，无学祖元被时宗任命为该寺的开山祖，传说在圆觉寺开堂那天，忽然有鹿群不断地在圆觉寺的四周出现，人们认为这是祥瑞的象征，于是把那座山改称为瑞鹿山。1284 年 4 月 4 日，无学祖元为时宗剃发受戒。

无学祖元的弟子一真、德温、真慧等收集整理了他的语录、法语、普说及偈赞，编辑成了 10 卷本的《佛光国师语录》，在 1276 年印刷发行。无学祖元的禅学思想集中体现在这些语录中：

第一，在日常生活中觉悟本心。参禅者应从日常生活入手，在“区别是非处、治生产业处、折旋俯仰处、拈碗举箸处、知暖知寒处、

起坐困醒处、夜暗昼明处、上下高低处”进行参究，就可认识到心的本性和作用，便可达到觉悟，得到智慧。

第二，在“参取自己”时达到觉悟。参究公案，只是方便参禅的一种手段，不能执着于这一途，关键的应是参取自己。参取自己，就是参掉自己的执着、自己的误识、自己的偏见，从而使自己大彻大悟。

1286 年 8 月，无学祖元生病，他知道自己时日不多了，便在 9 月 3 日，给新任执权贞时写了一封信，感谢执权为禅宗的传播和发展所作的贡献，表达自己对执权的敬意及希望执权以后对禅宗能一如既往地进行支持。同时召集门徒，向他们宣读偈语，表达自己圆寂后后事的安排：

诸佛凡夫同是幻，
若求实相眼中埃；
老僧舍利包天地，
莫向空山拨冷灰。

临近圆寂时，无学祖元又写了一首偈语：

来亦不前，
去亦不后；
百亿毛头师子现，
百亿毛头师子吼。

传说他刚写完偈语，就圆寂了，世寿61 岁，贞时谥封他为“佛光禅师”，后又追谥“圆满常照国师”。弟子 300 余人，其中著名的有高峰显日、一翁院豪、规庵祖圆、无象近照等。

高峰显日（1241—1315 年），后嵯峨天皇的儿子，传说他从小就不吃荤腥的食物，坐姿都模仿修禅者的坐法。16 岁时随圆尔辨圆出家，圆尔辨圆安排他跟一位老禅师读语录。一天，他问老禅师语录中的意义，老禅师回答说：“宗门语非言说所及。”又问：“恁么，如何知其旨趣？”老禅师答：“须是自悟始得。”于是，他端正地坐在那里，跟老禅师读书一年多，也参究了一年多。20 岁时的一天，大家都在干活，这时有个人在铲草，误把一条蚯蚓铲成了两段，于是，他便问老禅师：“你可知道，佛性在蚯蚓的那一段？”老禅师回答说：“须弥山不是最高的山，大海不会消失。”听了这话，他忽然有所省悟。

无学祖元住持长乐寺时，高峰显日前来参拜无学祖元，无学祖元想收他为弟子，就想试一试他的心境，高峰显日听了无学祖元的话语，便说出了一首偈语，当无学祖元听到“一见明师意转闲”时，立即向他传授法旨，并起身拿出无准师范的法衣，对高峰显日说：“今将无准先师法衣一顶，授举显日长老。须当流通法道，接续一宗。”后他曾任净妙寺、万寿寺、建长寺的住持。

圆寂时他留下了一首偈语：

生坐立亡，
平地骨堆；
虚空翻筋斗，
刹海动风雷。

传说他写完偈语，大叫一声，便圆寂了，世寿75岁。谥称为“佛国应供广济国师”。著名的弟子有梦窗疏石、天岸慧广、太平妙准、元翁本元、此山妙在等。

天岸慧广（1273—1335年），日本东京人。13岁时参拜无学祖元为师，学习禅宗。后随高峰显日习禅，期间，听说中国杭州天目山的中峰禅师，禅风高超、飘逸，于是就和10多位僧人一起，决定要到中国来拜访中峰禅师，可是不巧，正当他们匆匆赶路时，听说中峰禅师已经圆寂了，天岸慧广听到这一消息，不禁黯然神伤，写下了一首偈语：

万斛坚舟何所载，
都卢一个大疑团；
中峰昨夜刹竿倒，
打破疑团无应看。

来到天目山后，天岸慧广先后参拜吉林清茂、清拙正澄为师，随他们学习禅宗。天岸慧广学成后回国，先后任净妙寺、香山寺住持，为报恩寺开山祖。

1335年圆寂，他圆寂前写有一首偈语：

末后一句，
佛祖不知；
揭翻大海，
趺倒须弥。

收笔而逝，世寿63岁，敕赐为“佛源禅师”。

此山妙在（？—1377年），日本长野县人，参拜高峰显日为师，并且获得了高峰显日的禅法，称为高峰显日的得法弟子。为了寻求禅宗真谛，他渡海来到中国，参拜禅宗的名僧大德。参得了禅悟后，他心满意足地回到日本，历任建仁、南禅、圆觉等寺的住持。有诗文集《若木集》流传于世。

1377年圆寂，世寿不详。

一翁院豪（1210—1281年），1243年来到中国宁波的径山寺，参拜无准师范为师。回到日本后，任上野长乐寺住持。兀庵普宁、无学祖元来到日本后，他分别前往参访，请无学祖元“证其是非”，无学祖元传示禅旨，并授予法衣，作为凭信。

一翁院豪在长乐寺传禅说法，吸引了众多僧众前去听讲，据说他的徒弟有500多人。

1281年，一翁院豪圆寂，世寿72岁。

9. 一山派

一山派由中国僧人一山一宁创建，派名由他的号而来。

一山一宁（1247—1317年），俗姓胡，号一山，浙江临海人。早年在临海的鸿福寺随无等慧融出家，学习大慧法系的禅法，后历参天童寺、阿育山寺名僧，先后拜天童寺简居翁敬、环溪惟一，阿育山寺藏叟善珍、东叟元恺、寂窗有照、横川如珙为师，最后获得顽极行弥的印可，成为顽极行弥的嗣法弟子。

1284年，一山一宁出任宁波祖印寺住持。1295年，经普陀寺原住持愚溪如智的推荐，出任普陀寺住持。1299年，来到日本九州博多。一山一宁来到日本的机缘与其他中国禅师不同，他出任普陀寺住持不久，元朝为达到“劝诱以为附庸”进而臣服日本的目的，以“通二国之好”的名义，再次“聘有道衲子”赴日。经愚溪如智推荐，他成了赴日使者的人选。临行前，朝廷命官交给他一摞“元朝信书”，赐予他金襕袈裟和“妙慈弘济大师”称号，并派5名官吏作为侍卫，负责处理日常事务。

当一山一宁到达日本时，执权北条贞时对以使者身份来日的僧人一山一宁，表示极不欢迎，下令把他软禁在静冈县的修禅寺。后经人劝说，贞时才改变了态度，在1299年12月，任命一山一宁为建长寺的住持。传说，一山一宁上任那一天，前来礼拜他的僧众，不计其数，有人用“万衲钻仰”来形容。1302年，贞时任命他兼任圆觉寺住持。1313年，应后宇多法皇的邀请，出任南禅寺住持。在南禅寺，以后宇多法皇为首的朝廷官员、贵族及僧俗信众，纷纷前来参禅问要，有门庭若市之感。有经后宇多法皇亲笔删定的《一山国师语录》2卷行世，语录集中反映了一山一宁在日常生活中顿悟自性的思想。

1317年10月24日，一山一宁给后宇多法皇写了一封遗书，同时还作了一首偈语：

横行一世，
佛祖饮气；
箭既离弦，
虚空落地。

传说他写完偈语后，便偃息而寂，世寿71岁。后宇多法皇赐谥他为“国师”，在龟山上皇庙旁边，为一山一宁建了一座纪念塔，在他的像上题写赞曰：“宋地万人杰，本朝一国师。”著名的弟子有雪村友梅、无著良缘、无相良真、无惑良钦等。

一山国师塔

一山一宁

雪村友梅（1290—1346），俗姓源氏，字雪村，号幻空。日本新潟县人。幼年家境贫寒，14岁左右，参拜一山一宁为师，随一山一宁学习禅法，得到一山一宁禅师的真传。1307年，他渡海来到中国，在中国居留了22年，访遍中国名僧名寺。传说当他拜湖州道场山万寿寺叔平隆为师，来到他门下时，元朝正在追查倭寇明州城焚掠事件，认定凡在此期间从明州城上岸的日本人，都是日本间谍。于是，雪村友梅被关进了雪川大狱，叔平隆为了营救这位异国弟子，来到官府，谎称雪村友梅不是日本人，而是中国人，希望给予释放。正在官府将信将疑的时候，有人告诉官府，雪村友梅是地地道道的日本人，官府一听，这还了得，便将叔平隆也关进了监牢，叔平隆因此病死牢中。1313 年 2 月 7 日，雪村友梅被押赴刑场处斩，行刑之际，雪村友梅高声朗诵无学祖元的《临剑颂》，没想到，他刚一诵完，竟发生了与元军不杀无学祖元一样的事情，刽子手不敢对他动刑。1327 年，因大赦他获得释放。1329 年 2 月，他从福州搭乘商船返回日本，历任诸寺住持。1330 年 4 月 9 日任白华山慈云寺住持，1334 年 4 月任丰后万寿寺住持，1337 年 7 月任播州法云寺住持，1343 年 8 月任京都万寿寺住持，1345 年 2 月任建仁寺住持。雪村友梅性情温和，精通佛教和汉学，融通儒道，诗艺高超，书画上乘，有人这样评价他："道德内充，发于词翰……人与才俱奇。"著有《宝觉真空禅师录》二卷、汉文诗集《岷峨集》四卷。

1346 年 12 月 2 日雪村友梅在清住庵圆寂，世寿 57 岁。著名的弟子有雪溪支山、太清宗渭、太白真玄、万里集九、季琼真蕊等。

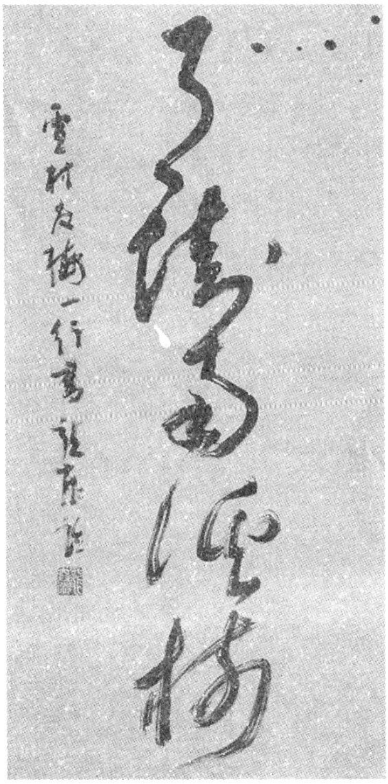

雪村友梅题字

太清宗渭（1321—1391 年），日本镰仓人。13 岁时出家，16 岁时受戒。参遍了南禅寺和建仁寺的高僧大德，梦窗疏石和古先和尚对他能干大事的气质非常欣赏。后跟雪村友梅习禅，并获得了雪村友梅的禅旨。历任南禅、龙门、净智、宝林、天龙、相国等寺住持。

他在 1391 年圆寂，圆寂前留有一首偈语：

梦幻空华，
不生不灭；
拨转大机，
虚空迸裂。

世寿 71 岁。

10. 大应派

大应派由日本僧人南浦绍明创建，派号源于南浦绍明的封号。

南浦绍明（1235—1308 年），俗姓藤，字南浦。日本静冈县人。早年在家乡的建穗寺跟随净辩法师学佛法，15 岁时在那里受戒出家，正式出家后，便到建长寺参拜兰溪道隆为师。1259—1260 年间，来到中国，先到杭州净慈寺，拜虚堂智愚大师为师，虚堂智愚想试一试他的机锋，就问他：“古帆未挂时如何？”

绍明回答说：“蟭螟眼里五须弥。”

虚堂智愚再问：“挂复如何？”

昭明再答：“黄河向北流。”

虚堂智愚说：“未在，更道。”

昭明说：“某甲恁么，和尚又作么生？”

虚堂智愚说：“黄河向北流。”

昭明说：“和尚莫谩人好。”

虚堂说：“参堂去。”

昭明终于获得了虚堂智愚的印可。

可是过了好长一段时间，南浦绍明却与普通的参禅者一样，没有显露出特别的机锋。可就在一天夜里，他忽然心有戚戚，豁然开悟，立即写下了一首偈语，呈送给虚堂智愚，获得了虚堂智愚禅师的赞许。

偈语说：

忽然心境共忘时，
大地山河透脱机；
法王法身全体现，
时人相对不相知。

后来虚堂智愚奉诏住持径山寺，南浦绍明也随他到径山修学。在径山南浦绍明不仅参禅，还学习了径山寺的茶礼。

1267 年，南浦绍明学成回国，拜别虚堂智愚禅师时，虚堂智愚禅师送给他一首偈语：

敲磕门庭细揣摩，
路头通处再经过；
明明说与虚堂叟，
东海儿孙日渐多。

回国时，南浦绍明不仅带走了虚堂智愚的禅心禅旨，而且还带走了七部中国茶典和虚堂智愚的一张台子，其中《茶道轨章》、《四谛义章》是现代日本茶道和、清、静、寂四规的理论祖本，那张台子则是日本点茶礼仪道具的始祖。据记载，南浦绍明带着虚堂智愚送的台子回到日本后，先把台子放在崇福寺内，后又把它放到京都大德寺，当时住持大德寺的梦窗国师首次使用这张台子点茶，从而使台子成为了日本点茶礼仪的开端。

南浦绍明回到日本后，参拜兰溪道隆为师，任建长寺藏主，1270年到福冈县的兴德寺任住持，1272年改任博多的崇福寺住持，在崇福寺一住就住了30年。1304年奉诏进宫，为龟山上皇演说禅法，受邀出任万寿禅寺住持。不久，后宇多上皇在东山创建嘉元寺，南浦绍明应邀出任嘉元寺开山祖。在此期间，接受了龟山上皇、后宇多上皇的皈依。1307年应执权北条贞时之请，出任建长寺住持。

南浦绍明

南浦绍明有《大应语录》2卷行世，语录集中体现了他在日用生活修行中顿悟自性在恰当时节的认识。

1308年的一天，他忽然对门徒说：“今年腊月二十九日，来无所来。明年腊月二十九日，去无所去。”门徒不知说的是什么？可到了第二年的腊月，南浦绍明生病了，二十九日那天的二更时分，他写下了一首偈语：

诃风骂雨，
佛祖不知；
一机瞥转，
闪电犹迟。

传说他写完偈语，放下毛笔，悄然瞑目而逝，世寿74岁。花园天皇敕谥他为“圆通大应国师”。弟子有绝崖宗卓、通翁镜圆、宗峰妙超等。

绝崖宗卓（？—1334年），参拜南浦昭明为师，获得师传后，在大分万寿寺开堂说法，后敕住南禅寺。据记载，大德妙超带着绝崖宗卓来到宫中拜谒花园天皇，花园天皇非常高兴，请绝崖宗卓为他讲解《碧岩录》，花园天皇问："如何是佛法大意?"

绝崖宗卓说："紫罗帐里散真珠。"

花园天皇说："只与么？别有么?"

绝崖宗卓说："不离陛下所问。"

妙超对他们的问答，给予了高度的评价。

1234年，绝崖宗卓圆寂。

通翁镜圆（1257—1324年），先参拜高峰显日、横岳禅师，后参拜南浦绍明。传说有一天，有个僧人指着草屋上长的一棵小松树，问他的同伴，说："草木应该长在大地上，为何它却长在屋上，是什么缘故?"他身旁的一个僧人回答说："这是没有缘故的缘故。"恰在这时，通翁镜圆禅师正从他们身边走过，听了他们的对话，忽然有所领悟，喜形于色，立即将自己的领悟写成偈语，呈送给南浦绍明，南浦绍明一见偈语，当即表示印可。

通翁镜圆获得印可后，受到了花园天皇的皈依，出任万寿寺住持。后应后醍醐天皇之命，改任南禅寺住持。后醍醐天皇赐谥他为"普照大光国师"。

1324年，后醍醐天皇诏请延历寺、园城寺、东寺及奈良的学僧入宫，与通翁镜圆辩论禅宗的"宗要"，经过七天的辩论，通翁镜圆获得胜利，各寺前来辩论的法师，都向通翁镜圆表示礼敬，"执弟子礼"，赢得了极大的荣誉。

也许是泰极否来，就在这一年，通翁镜圆圆寂了，世寿68岁。

11. 西硐派

西硐派由中国僧人西硐子昙创立，派名源于他的号。

西硐子昙（1249—1306年），俗姓黄，浙江台州人。传说他身高七尺，两眼闪闪发光。幼年在紫箨山广庆寺出家。17岁时开始游方，先到苏州的承天寺参拜石楼明，后参访杭州净慈寺石帆惟衍禅师，得到石帆禅师的印可，成为石帆禅师的嗣法弟子。1270年，随石帆惟衍禅师迁往天童山，1271年应日本将军时宗的邀请，来到日本，受到圆尔辨圆和兰溪道隆的热烈欢迎，先后住在东福寺、建长寺等处。1278年，回到中国。1279年，在天童山环溪惟一的门下任藏主。1285年住台州紫岩寺，1289年，任潭州天柱寺住持。不久，外出云游，与一山万、断江恩、月江印等人往来酬唱，声震四方，被誉为“江湖名刹举第一座”。在此期间，他曾向中国禅宗界介绍了日本佛教及幕府支持禅宗发展的情况。

1299 年，他与一山一宁一起再次东渡日本，到达日本后，受到了执权贞时的高规格礼遇，北条贞时执弟子之礼，请他住持圆觉寺，期间，宇多上皇多次到圆觉寺向他请教禅法要旨。1303 年，任建长寺住持。1306 年 1 月 28 日，他给执权贞时写了一封告别信，同时，向门人交代了有关后事。当年 10 月 28 日圆寂，圆寂前写了一首偈语：

来无所来，
去无所去；
皎日丽天，
消风匝地。

世寿 58 岁，安葬在建长寺传灯庵定明塔。敕谥“大通禅师”称号。著名的传法弟子有嵩山居中等。

嵩山居中（1277—1345 年），俗姓源，日本静冈县人。1309 年和 1318 年先后两次来中国求法。1323 年回到日本，先后任南禅、建仁、圆觉、建长等寺住持。跟随西硐子昙习禅，学得了西硐子昙的禅旨。传说他坚决不接受赐给他的“大本禅师”封号。是镰仓末期到南北朝时期五山文学的代表人物。著有《嵩山集》二卷。

1345 年圆寂，世寿 69 岁。

12. 镜堂派

镜堂派由中国僧人镜堂觉圆创立，派名源于他的号，传承于无准法系。

镜堂觉圆（1244—1306 年），号镜堂，四川崇庆人。早年曾拜访了诸方名宿，参拜环溪唯一为师，从而嗣得环溪唯一的玄机。1279 年，与无学祖元、梵光一镜一起从宁波三江口乘船东渡日本，历任兴禅寺、净智寺、建长寺、圆觉寺住持，期间受将军时宗的皈依。56 岁时，出任建仁寺住持。住持建仁寺期间，他极力弘扬禅法，法化场面蔚为壮观。著有《四会语录》三卷。

1306 年圆寂，临终前，写下了一首偈语：

甲子六十三，
无法与人说；
任运自去来，
天上只一月。

世寿63岁。敕谥“大圆禅师”。得法弟子有无云义天、月堂圆心、伯师祖棱等。

13. 佛慧派

佛慧派由中国禅僧灵山道隐创立，派号源于他的封号。

灵山道隐（1255—1325年），浙江杭州人。少年时出家，参拜雪岩祖钦为师，经雪岩祖钦印可，得以承继雪岩祖钦法统。1319年，东渡日本，受到执政北条高时的欢迎，邀请他任建长寺的住持。住持期间，梦窗疏石曾来参禅，道隐问：“赵州无字，如何商量?”

梦窗说：“万里一条铁。”

道隐说：“不是，不是。”

梦窗说：“赖和尚遇不是。”

道隐大笑。

1325年2月2日，灵山道隐高声唱诵偈语：

还源歌，
还源歌，
还源一吹脱娑婆，
哩哩啰。

传说他唱完偈语后，迅即圆寂，世寿71岁。谥为“佛慧禅师”。

灵山道隐

14. 清拙派

清拙派由中国僧人清拙正澄创立，派号源于他的封号。

清拙正澄（1274—1339年），俗姓刘，福建福州人。15岁出家，在福州的开元寺受戒。先向福州鼓山寺的平楚耸禅师学禅，后向杭州净慈寺愚极智慧禅师学禅，并成为愚极智慧禅师的嗣法弟子。得法后，游方各地，历参虎岩寺、东岩寺、月庭寺等名僧，后出任真净寺住持。1326年应邀赴日，执政北条高时盛情接待，邀请他出任建长寺住持，

随后又任净智寺、圆览寺住持。1333 年，奉后醍醐天皇的命令出任建仁寺、南禅寺住持。因曾为守小笠原贞宗守戒，守小笠原贞宗创建开善寺，请他出任开善寺的开山祖。在住持诸寺时，清拙正澄按照宋元禅林清规和日本禅林实际，制定了《大鉴清规》，规范日本禅林的修行和生活。

1339 年正月 10 日病重，17 日沐浴更衣，呵呵大笑说："今日乃是百丈祖忌，吾可行脚。"于是，叫人拿笔给他，他立即作了一首偈语：

昆岚卷空海水立，
三十三天星斗湿；
地神怒把铁牛鞭，
石火电光追不及。

传说他写完偈语便悄然而逝，世寿 66 岁。敕谥"大鉴禅师"。著名弟子有天境灵致、古镜明千、大翁清淳等。

天境灵致（1291—1381 年），又名云玖，日本山梨人。幼年出家，参拜清拙正澄为师，获得清拙正澄的印可，并成为清拙正澄的嗣法弟子。曾任熊本净土、福冈万寿、京都万寿、建仁、南禅、大阪法云、天龙等寺住持，晚年退居南禅善住庵。圆寂前曾写有一偈：

色身幻化，
无在不在；
以空塞空，
以海添海。

世寿 91 岁。

15. 明极派

明极派由中国禅僧明极楚俊创立，派名源于他的号。

明极楚俊（1262—1336 年），俗姓黄，浙江宁波人。12 岁时，投在灵岩寺地竹窗喜门下，随地竹窗喜剃发并受具足戒，不久，参谒横川如珙为师，在横川如珙门下，明极楚俊日夜研读经书，甚至达到了废寝忘食的地步，后来听说虎岩的净伏禅师法席旺盛，于是便参拜净伏禅师，终于参得了净伏禅师的禅旨，成为净伏禅师的得法弟子。嗣法后，先后出任金陵的奉圣寺及瑞岩、普慈寺住持。1330 年，应邀与竺仙梵仙等一同赴日。在日本，他创立了大阪广严寺，应邀出任建长寺及京都南禅寺、建仁寺住持。在住持建长寺期间，有一次，武将楠正成来问禅。楠正成问：“死生交谢时如何?”

明极楚俊回答说：“两头共截断，一剑依天寒。”

楠正成问：“毕竟如何?”

明极楚俊脸色威严，大叫一声，楠正成礼拜而去。

1336 年 9 月 27 日，明极楚俊写下一首偈语：

七十五年，
一条生铁；
大地粉碎，
虚空迸裂。

世寿 75 岁。后醍醐天皇赐谥他为“佛日焰慧禅师”。著名弟子有惟肖得岩。

明极楚俊

16. 愚中派

愚中派由日本僧人愚中周及创立，派名源于他的号，传承于梦窗疏石。

愚中周及（1323—1410 年），俗姓藤，日本岐阜人。传说他父母成家后，很久没有怀孕。为了求子，他父母在堂屋里供奉观世音菩萨，并早晚念诵《普门品》，使得他的邻居都能背诵《普门品》里的这样两句话：“若有女人，说欲求男，礼拜供养观世音菩萨，便生福德智慧之男……”功夫不负有心人，在终日念诵《普门品》后，他的母亲真的怀孕，并生下了愚中周及。

当愚中周及长到 5 岁的时候，他就要人教他念诵《普门品》，说

也奇怪，只教他读一遍，他就能够背诵。7 岁时进入致院学习内外典籍。这时，他的父亲受到官方嫌疑，将要受刑，一家人都陷入悲痛之中，愚中周及则祈求观世音菩萨保佑他父亲，在堂中念诵“或囚禁枷锁，手足被杻械；念彼观音力，释然得解脱”。他的诚心感动了观世音，他的父亲真的脱离了灾难，享受了自由。

愚中周及曾多次向父母提出出家的请求，因为他父母只有他这一个孩子，所以总是得不到父母的准许。但是，他意志坚定，一而再，再而三，迫使他父母不得不同意他的请求。13 岁时，他来到京都参拜梦窗疏石，梦窗疏石这时年龄已经很大了，就叫他先作一首偈语，他立即作了偈语：

岩树阴森日易昏，
无心来往洞中云；
凝然一榻乾坤阔，
物外逍遥趣不群。

梦窗疏石见了偈语，立即对他赞赏有加。

有人对他说：“既然你有这样的才学，如果再学习儒家经典，一定能够成为享誉天下的学者。”

他说：“出家人首先要学习的是佛经祖录，佛经祖录我还没有学会，哪有精力再学习其他的学问。”

18 岁的时候，他来到建仁寺，习禅参禅。19 岁时来到中国宁波，那时，宁波太守钟万户，怀疑他乘坐的船是贼船，既不允许船登陆，也不许船回国。船就这样在海上停了很长的时间，由于没有淡水喝，人们都渴得要死。愚中周及就日日坐禅，唱念观音，就在他虔心祈念时，忽然乌云密布，大雨滂沱，船客们都用器具来接雨水。钟万户听说这件事后，非常惊异，于是，同意商船靠岸经商。

愚中周及立即来到曹源寺，急忙参拜月江印为师，跟随月江印参究了近一年。一天，月江印对他说：“老僧我年事已高，有些跟不上时世了，你可以到别的地方去参究，不用多久，你就可以参究明白了。”月江印送给他一首偈语：

赠君曹源水，
涨起西江十八滩；

八十四人草巢里，
齿牙交下髑髅寒。

愚中周及拜别月江印禅师，来到了镇江金山寺，参拜即休契了为师。即休契了指着桌上的蜜柑问：“日本也有这个吗？”

他回答：“有！”

即休契了又指着栗子，同样地问，他也同样地回答。

即休契了说：“佛法存在于一切地方，你来这里做什么？”

他回答说：“假如不来这里，我又怎么能够见到你呢？”

即休契了说：“这里没有你，也没有我。”

愚中周及立即起身跪拜，即休契了任命他为书记。

后来，愚中周及来到即休契了的房间，向即休契了呈示自己的悟见，即休契了对他说：“不见道，言无事可展，语不投机，滞句者迷，承言者丧。”愚中周及惭愧不已，礼拜而退，进而实参实究。

后来，即休契了对他说：“昔大慧在梅阳，举竹篦曰：唤作竹篦则触，不唤作竹篦则背。唤作什么？鼓山长老，出众夺取竹篦。大慧敲桌子曰：唤作桌子则触，不唤作桌子则背。唤作什么？鼓山便踢桌子。大慧指虚空曰：唤作虚空则触，不唤作虚空则背。唤作什么。鼓山打筋斗出。”话还没有说完，愚中周及已经大悟了。于是他作了一首偈语：

禅者不知非禅者，
二十余年只一疑；
鼓山打破涂毒鼓，
普天迎地画须弥。

愚中周及获得了即休契了的肯定。愚中周及获得禅悟后，准备启程回国，在告别即休契了时，即休契了把题有偈语的肖像送给他，偈语云：

妙高峰顶行船，
扬子江心走马；
唐人不识这容仪，
付与日本及侍者。

29 岁时，愚中周及回到日本，来到京都拜望梦窗疏石禅师。不

久，梦窗疏石禅师圆寂，他门下的生徒纷纷作鸟兽散，只有愚中周及一人在塔下守护师父，以报答师父的恩情。直到三年以后，他才离开师塔，凭着一顶斗笠一根拐杖，或者在山谷中间游走，或者在岩石底下眠宿，虽然有名刹大寺请他前去住持，但是他都婉言谢绝，过着隐居般的生活，长达15年之久。一天，他忽然收到请他住持丹州金山天宁寺的邀请，便欣然答应。后将军足利义持派遣使者，向愚中周及处寻求法语。第二年，愚中周及奉足利义持和州守小早川氏的命令，来到京都，义持亲自前去拜谒，向愚中周及询问法要。一时间，都城之内不分道俗，都一窝蜂地前去拜谒，门庭若市。可是愚中周及不喜欢热闹，便隐居在纪伊的禅头寺。这时，义持又派使者赐赠紫衣袈裟给他，并让他选取五所寺院中的任何一所住持，但愚中周及谢绝了他的好意，回到了天宁寺。

一天，愚中周及对众僧徒说："我在这里不会长久了，我就要和秋风告别了。"然后拄着拐杖来到后山，指着一块地方说："这里最好，我死了，就把我葬在这个地方。"

1410年8月17日愚中周及病重，8月25日圆寂，临终前写下一首偈语：

出行得好日，
快马痛著鞭；
万回瞠其后，
云门岂争先。

传说他写完偈语，随即圆寂，世寿88岁。敕谥"佛德大通禅师"。

17. 竺仙派

竺仙派由中国僧人竺仙梵仙创立，派名源于他的号。

竺仙梵仙（1293—1349年），俗姓徐，号来来禅子，浙江宁波人。8岁到浙江吴兴的资福寺当侍童，18岁时依止灵山的瑞云松隐茂受具足戒。随后，开始游历名刹名寺，先后参谒过晦机元熙、云外云岫、元叟行端、中峰明本等禅师，最后来到古林清茂门下，终于获得了古林清茂的真传。1330年，竺仙梵仙应邀与明极楚俊一同赴日。到达日本后，明极楚俊出任建长寺住持，他出任建长寺的首座，后受执权北条高时的邀请，出任净妙寺住持，再受到足利尊氏、足利直义的邀请，

竺仙梵仙

出任净智寺、南禅寺、建长寺住持。

竺仙梵仙学识渊博，善作诗文，现留存有裔尧等编的《竺仙和尚语录》7卷及其《补遗》1卷，《来来禅子集》、《来来禅子东渡集》、《来来禅子东渡语》、《来来禅子商时集》各1卷，集中体现了他对禅学的认识。

1349年，竺仙梵仙圆寂，世寿57岁。得法弟子有椿庭梅寿、大年法延等。

18. 别传派

别传派由日本僧人别传妙胤创立，派名源于他的号。传承的是临济宗雪岩派。

别传妙胤（？—1347年），号妙胤，又作别传明胤。来到中国后，以“灭宗宗兴”为名，先后参拜鸡足山的清拙正澄、仰山的虚谷希陵、保宁寺的古林清茂为师，从虚谷希陵处获得法旨，成为虚谷希陵的法嗣。1329年，别传妙胤应日本足利尊氏的邀请，与明极楚俊、竺仙梵仙、懒牛融、物外可什、雪村友梅、天岸慧广、月山友桂、不昧兴志等一起搭乘日本商船从福州起航返回日本，到达日本的博多。回国后，他将名字改为别传妙胤，在构筑大圆庵隐居了一段时间。先后任净智寺、报国寺、建仁寺住持，传播宗风。龙山德见禅师的妙胤赞这样评价他：“一舸出东海，南询志益坚。”

1347年12月15日圆寂，世寿不详。

19. 古先派

古先派由日本僧人古先印元创立，派名源于他的号，传承于临济宗的中峰明本。

古先印元（1295—1374年），俗姓藤，又称古先印原，日本鹿儿岛县人。传说他很小的时候就跟同龄的孩子不同，常常怀有出家的志向，喜欢在木头上雕刻佛像，并把它带在身边。13岁的时候，不知何故，他的父母突然叫他出家，于是，他便来到圆觉寺受戒出家。古先印元出家后，随即到各寺庙游历参学，遍访名师，虽努力精进，却没有从哪一位禅师那里学得禅旨。他不禁感慨道：禅宗的根源在中国，看来我要学得禅宗的禅旨，就只有到中国去了。于是，他在1318年渡海来到中国。

来到中国后，古先印元先到天台山的华顶讲寺，拜谒无见先睹禅师，无见先睹禅师告诉他说：“你的因缘不在这里，现在有位大名鼎鼎的中峰明本禅师，正在杭州的天目山说法，大受欢迎，那才是你的师父，你应该立即到他那里去。”

于是古先印元辞别了无见先睹禅师，赶往杭州天目山参谒中峰明本为师，中峰明本禅师一见古先印元，知道他是禅宗中不可多得的法器，便同意接受他为弟子，叫他充当自己的侍者，日日陪伴在自己的左右。

古先印元求悟心切，除了观察体会师父的一言一行外，还经常来到师父的住处，向师父陈述自己的见解，可每当他正讲得起劲的时候，中峰明本禅师就打断他的话，说：“你的尘根还没有完全断绝，尘根不断，如何能够获得透彻的领悟？”

古先印元并不明白师父的用意，每当这时，他就很难过，不是痛哭流涕，就是不吃不喝，并更加废寝忘食地发愤参究。

中峰明本深深地被他的这种诚心所感动，一天，当古先印元又来讲说自己的见解时，中峰明本对他开示说：“此心包罗万象，迷则生死，悟则涅槃。生死之谜固是未易驱斥，涅槃之悟犹是入眼金尘。当知般若如大火聚，近之则焦首烂额。脱使（假使）未悟之际，千释迦，万慈氏，倾出四大海水，入汝耳根，总是虚妄尘劳，皆非究竟。”

古先印元一听，不禁紧张得汗流满面。从此之后，他更加用功，终于有一天，忽然有所醒悟了。他高兴得跳了起来，满心欢喜地跑到方丈室里，急不可耐地对中峰明本禅师说：“印元撞入银山铁壁去也。”

中峰明本禅师便问：“既入银山铁壁，来此何为？”

古先印元一听，顿时疑惑全消，开悟有得。

中峰明本听了他的见解，觉得他已得法，就对他进行印可，并嘱咐他，一定要好好护持自己拥有的禅法。

古先印元悟道后不久，应准备前往日本传法的清拙正澄禅师的邀请，一起准备回国。1326年，他随清拙正澄禅师一同到达日本，先任惠林寺住持，后又任净智寺、圆觉寺、建长寺住持。

在日本弘化期间，古先印元的弟子想为他画像，请他为画像题赞。古先印元禅师于是画了一个圆相，在上面写下了一首偈语：

妙相圆明，
如如不动。
触处相逢，
是何面孔？

1374 年，古先印元禅师临寂时，曾对他的侍者说：“时候已经到了，你去拿纸笔来。为我建的塔已经建好了，但是还没有题写塔名。”于是写了“心印”两个大字。写完字，他便端坐而逝。世寿 80 岁，敕谥为“正宗广智禅师”。

20. 大拙派

大拙派由日本僧人大拙祖能创立，派名源于他的号，传承于千岩元长。

大拙祖能（1313—1377 年），日本相摸人。30 岁时，与 10 多名日本僧人一起来到中国求法，先在福州参拜无言先为师，后又到泉州双林寺参拜东阳德辉为师，参拜时，他将一首偈语呈给东阳德辉，偈语写道：

寻师访道入中华，
却与扶桑事不差；
若有少林春色在，
黄梅碓嘴又生华。

东阳德辉对他的偈语表示印可，同意接受他为弟子。但遗憾的是，无论是随无言宣学禅，还是随东阳德辉习禅，他都没有契悟。后来他又来到天目山参拜千岩元长为师，经过多年的潜心参究，终于开悟，获得了千岩元长的禅旨，成为他的得法弟子。

45 岁时大拙祖能回国，在日本先后任永德寺、显孝寺、天龙寺、圆觉寺住持及楞严寺的开山祖。传说他在楞严寺讲经时，前来听法的信众竟达三万多人。

1377 年大拙祖能圆寂，世寿 65 岁。

21. 中岩派

中岩派由日本僧人中岩圆月创立，派名源于他的号。传承于临济宗大慧派东阳德辉。

中岩圆月（1300—1375 年），字圆月，别号中正子，自幼聪慧，8 岁时入镰仓藤福寺出家，修习密教。15 岁时到镰仓圆觉寺拜曹洞宗东

明慧日为师。25 岁时，为求善知识，来到中国，先在江浙一带，拜谒名儒宿硕，后游历到武昌，参拜临济宗虎丘派的古林清茂为师，拜见济川、竺田及日本僧懿山德见等；29 岁时，游历到百丈山，转拜临济宗大慧派的东阳德辉为师，得到东阳德辉印可。30 岁时，百丈禅寺重修法堂，新建“天下师表阁”，专门用来供奉怀海。东阳德辉见中岩圆月，才华横溢，便任命他为百丈禅寺的文书，写作了《上梁文》。32 岁时，中岩圆月回国。回到日本后，先参拜净智寺的竺仙梵仙为师，竺仙梵仙曾评价他说：“学通内外，乃至诸子百家、天文地理阴阳之说。”后再来到圆觉寺，继续参拜东明慧日为师，断断续续跟随东明慧日约有 20 年时间。按照日本禅林不成文的规矩，禅僧一般以授业师为自己的法系。1339 年，中岩圆月正式宣布继承临济宗大慧派东阳德辉的法嗣，由此而遭到了曹洞宗宏智派僧徒的极力反对。他们认为中岩圆月是十恶不赦的叛徒，想方设法要除掉他。后来经过调解，中岩圆月虽幸免一死，却多次遭受到不明不白的致命袭击。

中岩圆月赓续法脉后，曾受邀请宣布出任上野吉祥寺住持、镰仓万寿寺住持、京都万寿寺和建仁寺住持。

中岩圆月是一位具有理想主义个性的僧人，他在《自责赋》中这样评价自己：“海之一沤子，天赋以轻薄之性，不能敦厚柔韧，且不守分，而好善恶之情，甚过而不中节也，是故，行也畸于人，言也不谐于俗。”同时，他更是一位学识渊博的僧人，诗僧界曾誉他为“五山第一学僧”。他著有《佛种慧济禅师语录》、诗文集《东海一沤集》、《东海一沤余滴》，随笔集《文明轩杂谈》、《藤荫琐细集》、《日本纪》等，其中《东海一沤集》，是禅林文艺史上难得一见的佳作，对后世五山学艺界的影响极大。而《日本纪》因观点与日本史书有别，遭到朝廷查封，没有流传下来。

中岩圆月精通儒道佛及朱子学，日本近代学者足利衍述称他为“精通程朱学的泰斗”。因此，他主张儒禅融合，认为“孔子之道与佛相为表里，而性情之论，如合双璧然”。“子思诚明，孟子仁义，皆醇乎道者哉。”他推崇朱子学说，却对朱子学说排斥佛教表示不满。

1375 年中岩圆月圆寂，由于他性格孤高，因此，他没有嗣法弟子，法系也不传于后世。

二、近代日本临济宗十四派

1. 妙心寺派

妙心寺派由日本僧人关山慧玄于1337年创立，派号源于京都的妙心寺名。下属寺院有3 400多座。

日本妙心寺

关山慧玄（1277—1360年），俗姓源，号关山，日本长野人，先在建长寺广严庵出家，参禅30余年，后听说大德寺的宗峰妙超禅法活泼“机用”，就来到京都参拜宗峰妙超为师，宗峰妙超叫他参究云门的“关”字。一天，终于参有所得，他便把悟境写成偈语，呈送给宗峰妙超，得到了宗峰妙超的印可，并回赠给他一首偈语：

锁断路头难透处，
寒云长带翠峦峰。
韶阳一字藏机去，
正眼看来隔万重。

关山慧玄从而成为宗峰妙超的法嗣。据说，有一次，后醍醐天皇诏请宗峰妙超进宫说法，恰巧宗峰妙超生了重病，宗峰妙超便派关山慧玄代他进宫，后醍醐天皇一见到他，就问：“不与万法唯侣者是什么人？”关山慧玄只是边向后醍醐天皇鞠躬，边重复着“不与万法唯侣者是什么人”，没有其他言语。后醍醐天皇便用手中的圭画一画，说：“这个呢？”他还是没有言语，默然退出。如此举动，引得后醍醐天皇高兴万分。

关山慧玄从宗峰妙超处嗣法后，就去长野的伊深山自建草庵隐居。一天，花园天皇听说宗峰妙超得了病，就派身边的大臣去探望他，那位大臣见宗峰妙超病得很重，就试探着问他：“禅师，假如您百年之后，花园天皇可向您哪一个弟子问法呢?”宗峰妙超不假思索地回答：“假如我入灭了，花园天皇可向我的弟子关山慧玄问法，他已学得了我的全部真谛。只是他有点与众不同，不在寺庙，行踪不定。你们可去找他。”

宗峰妙超圆寂后，花园天皇便派人去寻找关山慧玄，人们为了能找到他，就给当地老百姓每人送一个瓜，但要求不能用手来接这个瓜，人们都面面相觑，不知所措，你看着我，我看着你，这时，有个人说：“你也不要用手给我瓜。”话刚一出口，人们就知道说这话的一定是关山慧玄大师。于是，他被邀请到了京都，在这里，他受到花园天皇的皈依。花园天皇钦慕他的道风，把自己在洛西花园的离宫之地捐献出来，创建了妙心寺，迎请他为开山祖，自己则在方丈室的后面另建一座玉凤院，供自己居住，以便早晚到方丈室去问禅参要。关山慧玄在妙心寺升堂说法后，很快受到了僧众的关注，一时间，前来听他说法的僧众摩肩接踵，盛况空前。

他不重视读经，“不拘威仪礼典”，接引弟子常用棒喝的方式，因此，有人称他的禅法冷峻、枯淡。《撞脑门》就是他众多说法传说中的一则。

传说关山慧玄在伊深山隐居时，一边帮农民们做工，一边进行参悟修行。几年后，宗峰妙超圆寂了，他应花园天皇的邀请，随使者一起去京都，离开村庄时，农民们一个个都大惊失色，没想到自己竟然把如此尊贵的高僧当作佣人使唤，于是，都虔诚地向他赔礼道歉，依依不舍地送了一程又一程。不得不分别了，一对平时跟他交往密切的老夫妇来到他的面前，向他说出了最后一个请求：“请你再为我们最后说一次法吧，让你的教导永远陪伴着我们。”

关山慧玄一边答应着，一边招呼着他们：“好啊，好啊!”

“老爷子，过来一下。老婆婆，您也过

关山慧玄

来一下。”

当他们二人来到眼前时，他让他们相对而坐，然后抓住两人的发髻，将两人的脑门撞到一起。

两人不约而同地捂着脑门，大声喊叫：“哎呀，好痛！”

“记住，就是它，就是它。不要忘记它。”关山慧玄说。

这就是关山慧玄的说法方式。“痛”既不是从书本上学的，也不是师傅教的，而是自己的感悟，而且这种感悟是即时的，不是事先准备的，因此就是觉悟，就是智慧。

1360 年 12 月，关山慧玄圆寂，世寿 84 岁。敕谥“光德胜妙国师”、“自性天真国师”等。近代明治天皇赐谥“无相大师”。得法弟子有授翁宗弼。授翁宗弼传法于云山、无因、华藏、有邻。

授翁宗弼（1296—1380 年），日本京都人，先参拜宗峰妙超学禅，后因不满政事正式出家，听说关山慧玄在妙心寺说法，便前往听法、参究，一天，忽然有所契悟，写成一首偈语：

此心一了不曾失，
利益人天尽未来；
佛祖深恩难报谢，
何居马腹与驴胎。

然后将偈语呈示给关山慧玄，关山慧玄问：“此心在什么处？”

授翁宗弼说：“逼塞虚空。”

关山慧玄问：“未审以何利益人天？”

授翁宗弼回答说：“行到水穷处，坐见云起时。”

关山慧玄问：“佛祖深恩如何报？”

授翁宗弼回答：“头戴天，脚踏地。”

关山慧玄问：“何不入马腹驴胎？”

这一问，问得授翁宗弼豁然开朗，立即礼拜关山慧玄。关山慧玄呵呵大笑说：“你今日大悟彻底。”于是，对他表示印可，传授宗旨。

1360 年，关山慧玄病重，将要离开尘世，授翁宗弼准备离开妙心寺，妙心寺的僧众以寺里没有正宗的得法弟子为由，要求他出任妙心寺的住持。盛情难却之下，他只好出任妙心寺的住持。

1380 年，授翁宗弼圆寂，世寿 85 岁。著名弟子有无因、云山、华藏、有邻等。

2. 南禅寺派

南禅寺派由日本僧人无关普门于1291年创立，派名源于京都的南禅寺名。

日本南禅寺

无关普门（1212—1291年），俗名玄悟，日本长野人，无关普门出家后，拜谒圆尔辨圆为师，与圆尔辨圆心灵相感，话语投机。不久，来到中国，在浙江绍兴参拜荆叟如珏，在浙江杭州参拜断桥妙伦。参访、拜谒高僧，达12年之久。返回日本后，在东福寺再次拜谒圆尔辨圆为师，得到圆尔辨圆的印可。1281年出任东福寺第三世住持。1291年，奉龟山上皇之敕令，降服了龙山离宫的邪怪，龟山上皇为此十分高兴，将皇宫赐给他作为寺院，请他出任寺院住持。

1291年12月12日，无关普门写下了一首偈语：

来无所住，
去无方所；
毕竟如何？
唱！
不离当处。

传说他写完偈语，放笔而逝，世寿80岁。无关普门的著名弟子有规庵祖圆、道山玄晟、玉山玄提、钩叟玄江、金光竺翁、岩宴明投等。无关玄悟圆寂后，由规庵祖圆继任南禅寺住持。

1299年，龟山上皇下令，选拔住持不必拘泥于师资相承，而以品学兼优为原则，从此，为该寺带来了勃勃生机，历任住持都有不俗的业绩。

规庵祖圆（1261—1313 年），日本长野人。幼年时就出家，成人后，在建长寺和圆觉寺之间来回参学。先向佛光禅师参学，佛光禅师圆寂后，又拜无关玄悟为师，后跟法灯禅师参禅，终于有所醒悟，再拜高峰禅师，得到高峰禅师的印可。是南禅寺第二任住持，出任住持 24 年，为振兴南禅寺作出了积极的贡献。

1313 年春，规庵祖圆病重，4 月 24 日深夜，写下了一首偈语：

一跃跃翻黄鹤楼，
一拳拳倒鹦鹉洲；
临行一著元无别，
黄鹤楼前鹦鹉洲。

传说他写完偈语后，便圆寂了，世寿 53 岁。

3. 大德寺派

大德寺派由日本僧人宗峰妙超于 1315 年创建，派名源于京都的大德寺名。大德寺因室町时代的应仁之乱而荒废，后由一休宗纯复兴。

日本大德寺

宗峰妙超（1282—1337 年），俗姓纪，号宗峰，日本兵库县人，先学天台宗教义，后对禅宗的“直指人心”学说发生兴趣，于是到京都和镰仓遍参禅师。一天，在京都的万寿寺听高峰显日说法，深受启发，便随高峰显日剃发出家。据说，一天晚上，他正在僧堂禅坐时，听到隔壁房间里的和尚正在背诵百丈的语录，“灵光独耀，迥绝根尘，

宗峰妙超禅师德像

狩野永岳绘于 1836 年

体露真常，不拘文字”。忽然有所领悟，于是，立即把自己的悟境写成偈语，呈送给高峰显日，高峰显日看了后，给了他“真正见解”的评价。后来，南浦绍明出任京都韬光庵、万寿寺住持时，宗峰妙超慕名前去拜谒，因机缘相合，成了南浦绍明的门下。

南浦绍明为接引他，向他讲述了一则禅宗公案：

翠岩夏末示众云：“一夏以来，为兄弟说话，看翠岩眉毛在吗?”

保福云：“做贼人心虚。”

长庆云：“生也。”

云门云：“关。”

南浦绍明叫他参这个“关”字。

宗峰妙超自此日夜参究这个“关”字，从万寿寺一直参到建长寺。一天，他偶然看到桌子上的一把锁，突然心中一亮，茅塞顿开。于是他把感悟写成两首偈语，其中一首为：

一回透过云关了，
南北东西活路通；
夕处朝游没宾主，
脚头脚尾起清风。

他把偈语送给南浦绍明印证，南浦绍明读了他的偈语，立即印可了他并将自己的禅法传授给他，从此他成为南浦绍明的得法弟子。

南浦绍明圆寂后，宗峰妙超与六七位志同道合的禅僧，来到东山云居寺参禅，在这里，他们从不升堂说法，开演禅理，只是自己参究省悟，几乎与外界相隔绝，有人曾说他们“至忘寒饥”。就这样，他们在这里度过了 20 余年的时光。直到通翁镜圆要到宫中辩论“宗要”，宗峰妙超应师兄的相邀，才走出云居寺，在同道面前充分展现了自己。辩论结束后，他来到京都城北的紫野建立法堂，升堂说法，前来听他讲法僧俗，日益增多，原有的道场难以满足信众的需要，为此，宗峰妙超在赤松圆心等信徒的大力支持下，决定在原有的基础上扩建道场，经过一段时间的改造与扩建，终于建成了后来声名显赫的大德寺。

宗峰妙超住持大德寺期间，受到了花园天皇及武将赤松则村等人的皈依，经常与花园天皇谈禅说偈。一天，花园天皇问他：“佛法不思议，与王法对坐。”

宗峰妙超回答说：“王法不思议，同佛法对坐。”

又有一天，花园天皇问：“不与万法为侣者是什么人？”

他一边扇着扇子，一边说：“皇风永扇。”

花园天皇对这一回答，非常赏识，立即赐给他“兴禅大灯国师”的封号，并规定大德寺是“朝廷第一祈祷处”。后醍醐天皇在京都时，不仅请宗峰妙超进宫为百官讲授禅法，而且还用禅语与宗峰妙超交谈，敕封他为“高照正灯国师”。1334 年，实行新政后，后醍醐天皇下诏将大德寺封为“无双禅苑宸翰”，列为“五山”之一，宗峰妙超没有接受后醍醐天皇的好意，后来后醍醐天皇再下诏，确立大德寺地位与南禅寺并列。宗峰妙超著有《夜话记》、《大灯国师语录》、《碧岩集下语》等。

1337 年 12 月 21 日，他集众遗诫，第二天，他写下一首偈语：

截断佛祖，
吹毛常磨；
机输转处，
虚空咬牙。

写完偈语，端坐而逝。世寿 56 岁。谥号“大慈云匡真国师”。嗣法弟子有 15 人，其中著名的弟子有彻翁义亨、关山慧玄、海岸了义、白翁宗云等。

彻翁义亨（1295—1369 年），日本岛根人，6 岁时随建仁寺的镜堂和尚出家，随镜堂专心参究。镜堂圆寂后，他又参拜通翁镜圆为师。通翁镜圆圆寂后，再参拜宗峰妙超为师，参得了宗峰妙超的禅旨，成为宗峰妙超的嗣法弟子。对彻翁义亨，当时的一休宗纯表示了敬畏，在曾经作的一首偈颂中这样说：“大灯之子，大应之孙，正传临济宗门。”

宗峰妙超临终之际，彻翁义亨接任大德寺的住持，传习禅宗。彻翁义亨晚年时，担心门下没有可靠的继任人。在安居日，就向佛发誓说：“如无可靠的，自愿割舌，终生不开口。”

弟子们见师父发出如此重誓，一个个日夜参禅，不久，弟子宗忠大彻大悟，贤徒宗立知见识见。

1369 年 5 月，彻翁义亨病重。他自知时日无多，就给门徒们写了一封信，交代门徒，等他圆寂后再打开。5 月 15 日写下偈语：

觌面当机，
佛祖吞气；
一机转处，
虚空落地。

传说他写完偈语后，立即就圆寂了，世寿 75 岁。

一休宗纯（1394—1481 年），名千菊丸，号狂云子，又号梦闺，日本京都人，母藤原氏。传说后小松天皇曾宠幸过他的母亲，从而使他的母亲怀上了他，因为遭到了别人的诬陷，他母亲不得不拖着沉重的身子，离开宫廷，艰难地生下了他。当一休宗纯 6 岁时，足利义满为了达到使一休宗纯没有后代的目的，便命令他到京都安国寺出家，做了像外鉴禅师的童子。12 岁时到建仁寺跟随慕哲攀禅师学习汉诗，聪明的一休宗纯，很快就学得了汉诗的创作手法与技巧。13 岁时，创作了《长门春草》：

荣辱悲欢目前事，
君恩浅处草方深。

如此沉痛、酸楚的诗句，是他童年生活的真实写照。

15 岁时，他又创作了《春衣宿花》：

吟行客袖几时情，
开落百花天地清。
枕上香风寐耶寤，
一场春梦不分明。

如此颓废的感受和愁情及肉体堕落观，是他对生命与生活的真切感受。

很快，《春衣宿花》在诗坛引起了轰动，喜欢汉诗的人们争相传诵。

16 岁时，一休宗纯来到京都建仁寺修禅，在这里，他萌发了改革禅宗弊端的意识。一天，他看到建仁寺的僧人在询问信徒的门第时，

凡是门第高的人，都立即显露出谄媚之情，这种行为令他极为厌恶，于是，他不满地说："今世，丛林山寺之论人，必议氏族之尊卑，是可忍，孰不可忍？"

他随即写下两首诗，愤然离去。其中的两句为：

姓名议论法堂上，
恰似百官朝紫宸。

离开建仁寺，一休宗纯来到林下妙心寺，拜谦翁宗为为师，可才跟谦翁宗为修习了两年，谦翁宗为就圆寂了，这时，一休宗纯听说大德寺派名僧华叟宗昙正在近江坚田的一个小庙里隐居，于是，慕名前往，想拜华叟宗昙为师。

要想进入华叟宗昙的门下，必须要通过泼水、杖责等考验来证明道心，一休宗纯为追求纯洁的信仰，经受住了种种的考验，终于成为华叟宗昙的门徒，并被授予"一休"的法号。

一天晚上，一休宗纯如往常一样，在琵琶湖上搭船坐禅，忽然听到一声乌鸦的嘶鸣，他想起了和歌中的诗句："得闻乌鸦闇黑不鸣声，未生前父母诚可恋。"乌鸦在闇黑中鸣叫，让他想到未出生前的父母，想到出生前的未分别智，想到自己的本源实相，顿时有所开悟，于是，他立即把自己的领悟写成一首偈语：

豪机瞋恚识情心，
二十年前即在今；
鸦笑出尘罗汉果，
日影玉颜奈何吟。

第二天早晨，一休宗纯拜见华叟宗昙，先向华叟宗昙叙述了顿悟的经过和顿悟的心境，并恭敬地呈上偈语，华叟宗昙看了看他的偈语，就对他说："这还只是阿罗汉的境界，还没有达到更高的境界。"

一休宗纯说："我只喜欢阿罗汉的境界，不喜欢更高的境界。"

华叟宗昙认可了他的回答，于是，向他传授禅旨，并送给他一些书籍，没想到，一休宗纯并没有感激地接过师父的书籍，而是把它丢在地上，扬长而去。一休宗纯35岁时，华叟宗昙圆寂，从此一休宗纯开始了居无定所的云游生活。他62岁时，编辑了《自戒集》。66岁时，住持德祥寺。75岁时，设彻翁百年忌。76岁时，他爱上了一个名叫森的盲歌女。关于他们的相识，一休宗纯曾有这样的两段记述：“文明二年仲冬十四日，游药师堂听盲女之艳歌。”“侍者森，余闻其风采，已生向慕之志，然焉知之，故因循至今。辛卯之春，邂逅墨住，问以素志，则应诺矣。”此番经历成就了一休宗纯与森的十年恋情，这十年间，一休宗纯为森写了很多情诗：

木凋落叶更回春，
长绿生花旧约新。
森也深恩若忘却，
无量亿劫畜生身。

梦迷上苑美人森，
枕上梅花花信心，
满口清香清浅水，
黄昏月色奈新吟。

鸾舆盲女共春游，
郁郁胸襟好慰愁，
放眼众生皆轻贱，
爱看森也美风流。
……

一休宗纯

81 岁时，应后土御门天皇诏令的邀请，出任大德寺住持。可他在大德寺只住了一天，之后仍然住在荒野的酬恩庵中。1481 年 11 月 21 日卯时，一休宗纯在森和弟子的簇拥下，写下了一首偈语：

须弥南畔，
谁会我禅；
虚堂来也，
不值半钱。

传说他写完偈语，放下手中的毛笔，双目一闭，便溘然而逝，世寿 88 岁，葬在岗山塔下。

4. 天龙寺派

天龙寺派由日本僧人梦窗疏石于 1339 年创立，派名源于京都岚山天龙寺名。

日本天龙寺

梦窗疏石（1275—1351 年），俗姓源，字梦窗。日本伊势人。9 岁时，随平盐山寺的空阿上人出家，学习内外典籍。1292 年，从戒坛院的凝然受戒，学习显密二教。在学习过程中，他逐渐认识到显密二教不是佛教教义的本真学说，于是便到镰仓的各个寺庙，参拜佛学禅师，对一山一宁、高峰显日等声名显赫的禅师尤为尊崇，并得到了高峰显日的印可，获得了高峰显日的禅旨。

传说他在一山一宁处参学时，有一天，他来到方丈室，对一山一宁说："我有一事不明白，请禅师指教！"一山一宁禅师严肃地对他说："我们禅宗远离文字，没有什么可说的，更没有什么法能够传给你。"梦窗疏石一再恳求地说："请您慈悲，给予我一些方便吧！"一山一宁更加威严地说："我没有方便给你，也没有什么慈悲。"梦窗疏石再三请求，仍然得不到一山一宁禅师的开示。梦窗疏石不免心灰意冷，他心想："看来我与一山一宁禅师无缘，如果这样下去，他不开示我，我就永远不会开悟了。"于是，他含泪辞别了一山一宁禅师，来到千仓的万寿寺，礼拜万寿寺住持高峰显日为师，同样对高峰显日说："我有一事不明白，请禅师指教！"没想到高峰显日却给了他一顿无情的棒打。两位禅师的言行，极大地刺激了梦窗疏石的神经，经过反思，他对高峰显日发誓道："我若没有达到参透生死关口的境界，我决不再见您。"于是，辞别高峰显日禅师，不再问师，而是师事自然，夜以继日地对自然进行静默的观照。一天，他无挂无牵地在庵前的大树下坐观，不知不觉，坐到了深夜，来到庵房想睡觉，上床的时候，他误把没有墙壁的那边认为是墙壁，就迷迷糊糊地靠了过去，人便立即掉了下来。就在掉下来的一刹那，他不觉失声发笑，豁然大悟，欣喜之余，随口作了一首偈语：

多年掘地觅青天，
添得重重碍膺物；
一夜暗中扬碌砖，
等闲击碎虚空骨。

梦窗疏石终于明白了两位禅师的心意，便去拜见一山一宁和高峰显日禅师，呈上偈语，高峰显日看了，大为赞赏，立即对他说："西来之蜜意，汝今已得，必善自护持。"并且对他进行印可。

梦窗疏石

1325年，梦窗疏石应后醍醐天皇的邀请，任京都南禅寺、镰仓圆觉寺住持，升堂说法，弘扬禅风。北条氏政权灭亡后，为了躲避战乱，梦窗疏石来到京都，受到了足利尊氏的尊信，帮助足利尊氏一同建造安国寺利生塔。为追悼后醍醐天皇，创建了天龙寺，并任天龙寺的开山祖。1346年，退居云居庵。

梦窗疏石有《梦中问答集》三卷、《临川寺家训、语录》三卷，集中体现了他的禅学思想。梦窗疏石在园林建筑方面还表现了卓越的才华，他指导修建的西芳寺、天龙寺、永保寺、吸江寺、瑞泉寺、惠林寺等享有盛名，成为日本园林建筑的模本，对日本的园林建筑产生了深远的影响。

1351年9月梦窗疏石圆寂，世寿77岁。生前曾被敕赐为"梦窗"、"正觉"、"心宗"等国师称号，死后被追赠为"普济"、"玄猷"、"佛统"、"大圆"等国师称号，人称"七朝帝师。"

梦窗疏石的嗣法弟子有50多人，其中以无极志玄、春屋妙葩、龙湫周泽、义堂周信、古剑妙快、观中中谛等人最为著名。

春屋妙葩

春屋妙葩（1311—1388年），日本山梨县人。7岁时出家，专志于《法华经》的学习。17岁时，来到京都，参拜梦窗疏石为师。梦窗疏石圆寂后，再拜元翁为师，同时转益多师，参拜竺仙梵仙、清拙正澄，先任净智寺住持，后任天龙寺住持。后圆融帝曾向他问询禅宗法门，并从他受大戒。

1388 年春屋妙葩圆寂，圆寂前写下了一首偈语：

幻生七十有余年，
了却先师未了缘；
一国黄金收拾去，
古帆高挂合同船。

世寿 78 岁。后圆融帝赐封他为“智觉普明国师”。著名弟子有万宋、玉畹、圆鉴等。

义堂周信（1325—1388 年），号空华道人。日本高知县人。参拜梦窗疏石禅师为师，经过日夜熏陶，禅悟日有长进，成了梦窗疏石的高足。获得梦窗疏石的法嗣后 20 年间，不遗余力地在关东圆觉寺及其他各寺，宣说禅宗，弘扬禅法，教化了不少的信众。后来应足利义满的邀请，出任京都建仁寺、南禅寺的住持。

义堂周信

义堂周信是五山文学的代表人物，博通内外经典，他认为孔孟的书具有“人天教”的性质，可以用来作为“助道”的参考，因此他说“儒书即释书也”。擅长诗文，著有诗文集《空华集》二十卷、《空华日工集》。

1388 年义堂周信圆寂，世寿 64 岁。

5. 相国寺派

相国寺派由日本僧人梦窗疏石于 1392 年创立，派名源于足利义满在京都奖励的相国寺名。下属寺院在日本各地有 100 多座。鹿苑寺（金阁寺）、慈照寺（银阁寺）都是这一派的寺院。

相国寺（日本）

6. 建仁寺派

建仁寺派由日本僧人明庵荣西于1202年创立，派名源于京都建仁寺寺名。

7. 东福寺派

日本东福寺

东福寺派由日本僧人圆尔辨圆于1236年创立，派名源于京都东副寺寺名。战国时代，毛利家的外交僧安国寺惠琼属于这一派别。

8. 佛通寺派

佛通寺派，由日本僧人愚中周及创立，派名源于广岛县三原市的佛通寺。

该寺派兴盛时，曾拥有50多间堂舍，下属寺院遍及12州。1876年，临济宗诸派分立时，该派辖属于天龙寺派。1905年，脱离天龙寺派，独立设置管长，自成佛通寺派。

1397年，广岛县（原为安艺国）国主小早川春平以高规格的礼遇接待愚中周及，并且建一座佛通寺，叫愚中周及出任开山祖。

愚中周及圆寂后，真知、惠统、清唯、玄胤等人相承，遂成一派。

9. 国泰寺派

国泰寺派由日本僧人慈云妙意于1300年创立，派名源于富山县高冈市的国泰寺。明治时代，由山冈铁舟中兴。

慈云妙意（1274—1345 年），俗姓平，日本长野县人。12 岁时在五智山出家，出家后到各寺庙游历，参拜高僧，随孤峰觉明参禅，获得孤峰觉明的禅旨。后在富山县创建东松寺，在东松寺住持教化二十多年，官员百姓纷纷向他皈依，人数多得可以说是数不胜数。后来，后醍醐天皇将东松寺赐号为“国泰寺”，而成为敕愿所。

慈云妙意于 1345 年圆寂，世寿 72 岁。曾敕号“清泉禅师”，敕谥“慧日圣光国师”。

10. 永源寺派

永源寺派由寂室元光于 1361 年创立，派名源于滋贺县东近江市的永源寺。下属寺以滋贺县为中心，大约有 150 座。1880 年以前属于东福寺派。

寂室元光（1290—1376 年），日本冈山人。幼年时拜谒无为元学，作为侍童随师学法。15 岁正式出家，先到兴善寺参拜约翁德俭，后又参拜东里会、一山一宁、东明惠日等大德。30 岁时与可翁然、钝庵俊等渡海来到中国的天目山，先参拜中峰明本，后参拜元叟行端、古林清茂、清拙正澄、绝学世诚、断崖了义等禅师。36 岁回国，住持滋贺县的永源寺，住持永源寺期间，光明帝曾诏请他进宫，问询法要。寂室元光曾做偈示众，偈语云：

个事明明呈示君。
不须特地策功勋；
风和日暖黄鹂转，
春在花梢已十分。

1376 年 9 月 1 日，寂室元光将徒众们召集起来，进行垂示。垂示后，他作了一首偈语：

屋后青山，
槛前流水；
鹤林双趺，
熊耳只履，
又是空花结空子。

传说他写完偈语，放笔而逝，世寿 77 岁。

11. 方广寺派

方广寺派由日本僧人无文元选于 1384 年创立，派名源于滨松市北区引佐町的方广寺。末寺以静冈县为中心，大约有 170 座。1904 年以前属于南禅寺派。

无文元选（1323—1390 年），日本皇子出身。18 岁时出家。先后拜谒可翁然、雪村友梅、无隐晦禅师为师。后渡海来到中国，遍参各地名寺，遍访各地名僧。到建宁大觉寺，参拜古梅正友，从而获得了古梅正友的禅法。后来又到仰山，拜谒子有、楚石琦、了庵欲。回国后，先出任岐阜了义寺住持。62 岁，创立奥山方广寺，出任方广寺住持，参徒众多。

1390 年 3 月 23 日，他连续向徒弟说了两首偈语：

其一

生平颠倒，
今日即当；
末后一句，
雪上加霜。

其二

生如出岫云，
死似行空月；
一念认性相，
万劫击驴橛。

传说，他说完这两首偈语后，就安静地圆寂了，世寿 68 岁。

12. 向岳寺派

向岳寺派由日本僧人拔队得胜于 1380 年创立，派名源于山梨县甲州市的向岳寺（又名向岳庵）名。

日本向岳寺

13. 建长寺派

建长寺派由兰溪道隆于1253年创立，派名源于镰仓建长寺的寺名。

日本建长寺

14. 圆觉寺派

圆觉寺派由无学祖元于1282年创立，派名源于镰仓的圆觉寺名。

日本圆觉寺

第三节　东传日本的曹洞宗

曹洞宗禅派是东传日本的重要禅派。第一个将中国曹洞宗传给日本的是日本僧人道元，虽在他之前三百年曾有一个叫能光的日本僧人已入唐跟洞山良介禅师学禅，得到了良介禅师传授的禅法，但他因在中国圆寂，所以没有能够在日本传承曹洞禅法。道元将曹洞宗禅法传回日本后，一方面按照中国宋朝的禅林制度，在日本宣传建立相应的禅林规范；另一方面遵照师父的叮嘱，以下层百姓为传授对象，形成了与临济宗不同的传承格局，有人曾用“曹洞土民，临济将军”八个字来概括。曹洞宗先在日本本州北部山村一带传播，14 世纪后，才逐渐扩展到本州东北部、中部乃至九州一带，形成了道元派、东明派、东陵派三个宗派。经过莹山绍瑾的努力，曹洞宗获得了进一步的发展空间，又形成了明峰派和峨山派两大门派。现在，日本曹洞宗已经成了拥有 16 000 余寺的大宗派，拥有信徒约 920 万的佛教大宗门，在日本佛教中占有重要的地位。

一、道元派

道元派由日本僧人道元创立，传承的是中国的曹洞宗，派名源于他的字。

道元（1200—1253 年），字希玄道元，号佛法房，日本京都人。道元自幼聪明，4 岁时，能读李峤的《百咏》诗，7 岁时，能读《毛诗》、《左传》，8 岁之后，所有诗文，无须老师讲解，都能了悟于心，在当时的京都，享有“神童”的称号。

8 岁的时候，他的母亲不幸离世了。母亲的遽然去世，使他久久沉浸在悲痛之中，他感到人生太无常，太无奈，便产生了要参透无常、看破无奈的想法，拒绝家人为他安排的仕途之路，决心投入佛门。1212 年春的一天夜里，他趁家人没有注意，从家里跑出来，来到比睿山拜访良显法师，要求跟从法师出家。一开始，良显法师没答应。经过他再三的恳求，良显法师终于被他的诚心所感动，同意接受他为弟子。1213 年，在天台座主公圆僧正的主持下剃发，受菩萨戒，正式成为佛家弟子，从此，他“习天台之宗风，兼南天之密教，大小义理，显密之奥旨，无不习学”。据说，仅《大藏经》，他就读了两遍。在读

《大藏经》的过程中，他有个疑问始终解释不清：既然“显密二教共谈本来法性，天然自性身”，那么为什么还要“三世诸佛依甚更发心求菩提耶”？为此，他请教了许多有名望的禅师，但禅师们的各种解释都没法解开他的疑团。1214 年，他来到三井寺，向公胤僧正请教这个问题。公胤僧正回答说：“此问不可辄答。虽有教义恐不尽理，须参建仁寺荣西。”道元于是来到建仁寺，参拜荣西，获得荣西的许可，但遗憾的是，没过多久，荣西就圆寂了。不得已，道元便转而参拜荣西的嗣法弟子明全为师。1223 年 3 月，明全为了访求正师，接受正教，决定到中国学习禅法。于是，道元随明全师父一起搭乘商船来到中国宁波天童山。

传说，道元和明全一行刚下船，就在宁波港的码头上，看到一位卖百货的日本商人，他们不由自主地向他走去，这时，正好有一位阿育王寺的老典座来买香菇，道元借机跟他攀谈起来，通过与老典座的对话，道元对“如何是文字？如何是辩道”产生了更加浓厚的兴趣。于是，为了究明禅理，道元和明全师父来到天童山的景德禅寺挂单，拜无际了派禅师为师。无际了派禅师一见道元师徒，立即给予了高度的赞许，同意收他们为徒。可能是道元与无际禅师因缘不具，道元在他座下参学了两年之久，但始终觉得没有长进，于是离开天童山来到杭州的径山寺拜访浙翁如琰，再到台州小翠岩参拜盘山思卓及平田万年寺元鼐等禅师，但收获甚微。这时，道元不免产生了失望与沮丧的情绪，想打道回府。主意已定，他便回到天童山，看一看两年前在天童寺圆寂的师父——明全。

真是“踏破铁鞋无觅处，得来全不费工夫”，就在道元带着不悦的心情，再返天童山的途中，偶然遇到一位老僧对他说：“要论现在天下的高僧，都说是如净禅师，谁都不能超过他。最近他应邀出任天童寺的住持，你想参拜高人，应该趁早去参见。”道元一听，立即改变了先前的想法，来到天童山后，直接就去参见如净禅师，对如净禅师说：“道元，幼年发菩提心，在本国访道于诸师，聊识因果之所由。虽然如是，未明佛、法、僧之实归，徒滞名相之怀幖。后入千光禅师之室，初闻临济之宗风。今随明全法师而入炎宋。航海万里，任幻身于波涛，遂达得投和尚之法席，盖是宿福之庆幸也。和尚，大慈大悲，外国远方之小人所愿者，不拘时候，不具威仪，频频上方丈，欲拜问愚怀。无常迅速，生死事大。时不待人，去圣必悔。本师堂上大和尚大禅师，大慈大悲，哀愍听许道元问道问法。”面对道元如此恳切的要求，如净当时就答应了他：“元子参问，自今以后，不拘昼夜、时候，著衣，衩衣，而来方丈问道无妨。老僧一如亲父恕子无礼也。”

道元就心中的疑问问如净：“古今善知识曰：如鱼饮水，冷暖自知，此自知即觉也，以之为菩提之悟。若自知即正觉者，一切众生皆有自知。一切众生依有自知，可为正觉之如来耶。或人云：可然，一切众生无始本有之如来也。或人云：一切众生不必皆是如来。所以者何，若知自觉性智即是者，即是如来也，未知者不是也。如是等说，可是佛法否?”

如净向他解释说：“若言一切众生本是佛者，还同自然外遭也。以我所比诸佛，不可免未得谓得，未证谓证者也。”

如净告诉道元：“参禅者身心脱落也。不用烧香，礼拜，念佛，修忏，看经，只管打坐而已。”

如何身心脱落，道元一直不能领悟。一天，道元豁然大悟了，他早晨便到方丈室，烧香礼拜如净。如净问：“为什么烧香?”道元说：“身心脱落了。”如净说：“身心脱落，脱落身心。”道元说：“这只是暂时的手段，您先不要印证我。”如净说：“我不印证你。”道元说：“怎样是不印证呢。”如净说：“脱落落落。”道元由此真正领悟了“身心脱落”的禅宗真谛。

1227年秋，道元拜别恩师，准备回国，如净便将道楷传持的袈裟、洞山良介的《宝镜三昧》和《五位显诀》及自赞顶相交给道元，让道元“早归于本国，弘道于祖道”，并嘱咐说：“汝以异域人，授之表信，归国布化，开示众生。莫近国王大臣，勿住城邑聚落，须居深山幽谷。时机未捻，接取一个半个，嗣续吾宗，莫令断绝。”

道元

道元回到日本后，先在京都建立兴盛寺，出任开山祖，后在吉峰寺任住持，后再移住大佛寺。道元著有《正法眼藏》12卷，以论述出家、受戒、归依三宝、深信因果以及深信三时之业为基本内容，主张参禅是身心脱胎，只要打坐，离五欲，除五盖，便是和佛祖相见的时节。

道元临终前写下偈语：

五十四年，
照第一天；
打个跳，
触破大千。
咦浑身无处，
觅活陷黄泉。

1253年道元圆寂，世寿54岁。他的著名弟子有孤云怀奘、诠慧、寒岩义尹、彻通义介等。

孤云怀奘（1199—1280年），俗姓藤原，号孤云，日本京都人。早年在比睿山横川圆能门下出家，修学止观、俱舍、三论与净土等。当道元回国，在深草闲居时，他便前去拜访，经过交谈，他抛弃所学，拜道元为师，皈依禅宗。由于长期跟随道元参习，所以能够参究曹洞宗的奥义。后协助道元一起创立永平寺。1253年继任永平寺第二世住持。传说孤云怀奘在任住持的18年间，在方丈室里挂上先师的影像，和先师在世时一样，朝夕奉侍。著有《正法眼藏随闻记》、《怀奘录》。

1280年孤云怀奘圆寂，世寿82岁。有弟子义介、寂园、义演等。

寒岩义尹（1217—1300年），后鸟羽帝的皇子。早年到比睿山学习天台宗。16岁时受戒。17岁时，道元回国，暂住在兴圣寺，他听说了，就前去拜谒，得到道元的许可，从而跟随道元20多年，并随道元移住福井永平寺。36岁时，来到中国，37岁时，道元圆寂，他回到日本，参拜孤云怀奘为师，并随他习法传法十余年。46岁时，再次来到中国，遍访各寺的名僧，如无外义远、退耕德宁、虚堂智愚等。50岁时回国，在博多圣福寺修习3年。53岁时住持熊本如来寺，创建大慈寺。在此期间，大智前来参拜，寒岩义尹给他一个馒头而问他：“你名什么？”

大智回答说：“万十。”

寒岩义尹问：“那万十吃馒头，怎么样？”

大智回答说：“比如大蛇吞小蛇。”

这一回答，使寒岩义尹大为吃惊。寒岩义尹说：“你有小慧，应名小智。”大智不肯。

寒岩义尹临终前，写下了一首偈语：

八十四年，
动静得禅；
末期一句，
威音以前。

1300 年寒岩义尹圆寂，世寿 84 岁。

彻通义介（1219—1309 年），俗姓藤原，日本福井县人。13 岁时出家，1241 年在兴圣寺参拜道元，后随道元移居永平寺。1259 年来到中国，历游天童寺、径山寺，1263 年回国，带回去了可观的伽蓝、法具等图录。1267 年任永平寺住持。

1309 年彻通义介圆寂，世寿 91 岁。著名弟子有莹山绍谨等。

莹山绍瑾

莹山绍谨（1268—1325 年），俗姓藤原，法名绍瑾，日本福井县人。8 岁时投在孤云怀奘门下做侍童。13 岁时随孤云怀奘受戒出家，孤云怀奘圆寂后，便转而参拜彻通义介为师。18 岁时开始游历诸方，参谒了寂圆、宝觉、慧晓等诸师，并在比睿山学习天台宗。1289 年，再回到彻通义介身边，随彻通义介参究禅法，终于悟得了彻通义介的禅旨，成为彻通义介的嗣法弟子。嗣法后，他将石川县的诸岳寺改成禅院，叫作诸岳山总持寺，出任开山祖。后奉命奏答后醍醐天皇的十种疑问，深得后醍醐天皇的称赞，于是，后醍醐天皇皈依其门，并下诏将诸岳山总持寺钦定为官寺，与永平寺并称为日本曹洞宗的根本道场。莹山绍瑾努力使道元宗风大众化，获得了僧众的欢迎，因此，他被尊称为曹洞宗中兴之祖。著有《语录》、《莹山清规》、《坐禅用心记》、《传光录》等。

1325 年 8 月 15 日，莹山绍瑾在永光寺鸣钟召集僧徒，向他们垂示，作了一首偈语：

自耕自种闲田地，
几度卖来买去新；
无限灵苗繁茂处，
法堂上见插锹人。

传说他端坐而寂，世寿58岁。敕谥“佛慈禅师”、“常济大师”。嗣法弟子有明峰素哲、智洪、峨山韶硕、至简、源照尼、祖忍等。

明峰素哲（1277—1350年），日本石川人。先在此睿山学习天台宗，后参拜莹山绍瑾为师，跟随莹山绍瑾8年，经过耳濡目染和细心琢磨，终于悟得了莹山绍瑾的禅旨，成为莹山绍瑾的嗣法弟子。嗣法后，他怀揣法心，到各寺去游历。1223年，回到永光寺看望莹山绍瑾。1338年任大乘寺住持，同时创建光禅寺。

1350年明峰素哲圆寂，世寿74岁。门徒有二十多人，是明峰派的标志性人物。

峨山韶硕（1274—1365年），日本石川人。16岁时在此睿山随莹山绍瑾受戒出家，成为莹山绍瑾的弟子。曾任总持寺住持。峨山韶硕倡导了五位说，并用五位说指导门徒学禅。

1365年峨山韶硕圆寂，世寿92岁。是峨山派的代表性人物。

二、东明派

东明派由中国僧人东明慧日创立，派名源于他的号，传承于曹洞宗的直翁德举。

东明慧日（1272—1340年），俗姓沈，号东明，浙江镇海人。传说他小时候就与众不同，9岁时到奉化的大同寺出家，13岁时剃发，17岁时受具足戒。后参拜天宁山的直翁德举为师，得到直翁德举的开化，而有所契悟，出任天宁寺的侍香之职。不久，到天童寺、灵隐寺、万寿寺、蒋山寺、承天寺等著名寺庙寻访名僧。后在白云山宝庆寺开堂说法，6年里，其影响不断扩大，德风播化四面八方。

1308年，东明慧日应日本北条贞时的邀请，搭乘日本商船东渡日本传法。1309年到达日本，任禅兴寺住持；1310年迁任圆觉寺住持；7年后，东明慧日应幕府之命，先后出任建长寺、万寿寺、东胜寺、寿福寺住持达30年之久，在这些道场，他引接众人，大扬曹洞宗风。

著有《东明和尚塔铭》、《白云东明和尚语录》、《扶桑五山记》3

卷等，囊括了他的禅学思想。

1340 年东明慧日在白云庵圆寂，世寿 69 岁。传法弟子有别源圆旨等人。

别源圆旨（1294—1364 年），日本福井人。1302 年到中国学习禅宗，1329 年回国，住持京都真如寺。后随东明慧日习禅，成为东明慧日的嗣法弟子。

1364 年别源圆旨圆寂，世寿 71 岁。嗣法弟子有玉冈如金。

玉冈如金（1332—1402 年），日本福井人。随别源圆旨出家，从而嗣得别源圆旨的法旨。先后曾住持弘祥寺、圣福寺、南禅寺。

1402 年玉冈如金圆寂，圆寂前写下了一首偈语：

七十一年，
讨甚么碗；
古渡月明，
青天云散。

世寿 71 岁。

三、东陵派

东陵派由中国僧人东陵永玙创立，派名源于他的号。

东陵永玙（？—1365 年），号东陵，浙江鄞县人。传说他出家之后，先在各禅宗寺院游历，拜访各寺院的名宿大德。后来到天童山的天童寺，拜云外云岫禅师为师，习得了云岫禅师的禅要，成为云岫禅师的嗣法弟子。之后，他便到天宁寺开堂说法。

1351 年，他东渡日本，参拜梦窗疏石为师，历任天龙、南禅、建长、圆觉等寺的住持，法席大盛，前来听法的人络绎不绝。东陵永玙著有《东陵永玙语录》存世。

1365 年东陵永玙圆寂，世寿不详。圆寂后，他的弟子在西云庵为他建了一座塔，以示永远纪念他。诏赐他谥号为“妙应光国慧海慈济禅师”。

四、寿昌派

寿昌派是中国僧人东皋心越禅师在日本对寿昌系东苑派的发扬光大。寿昌系的创立者是明代禅师慧经，慧经的门徒晦台元镜在福建的东苑寺弘法，晦台元镜的门徒觉浪道盛等续传师法，形成了寿昌系的东苑派，觉浪道盛传于阔堂大文，阔堂大文传于心越兴俦。

东皋心越（1639—1695 年），俗姓蒋，名兴俦，字心越，浙江省浦江县人。从小聪明好学，8 岁时在苏州的报恩寺落发为僧。13 岁时在江浙两地寺庙游历，遍访名僧大德，讨要禅机、禅锋。20 岁时，在江苏的天界寺参拜觉浪道盛，得到了觉浪道盛的许可，成为觉浪道盛的弟子。也许佛界俗界如一，人生不如意的事常十之八九，也许是他与觉浪道盛只有一年的佛缘，正当他随觉浪道盛参习禅要，日有长进时，觉浪道盛却不顾他们的挽留，自顾自地圆寂了。觉浪道盛远去了，东皋心越整理思绪，背起行囊，又开始了新的游历。不觉间，算一算时间已经过去了八九年，不觉间，看一看又到了自己家乡浙江的地界，于是，想到了师父觉浪道盛的指导：“30 岁那年，可到杭州皋亭山的显孝寺，可参拜我的弟子阔堂大文。”因此，他便来到显孝寺，拜阔堂大文为师，好像是佛缘已定，一见面，两人相谈甚欢，阔堂大文当即收他为弟子，经过两年的历练，阔堂大文看他法根已满，就把衣钵传给了他，于是他成为中国佛教曹洞宗寿昌派的第 35 代传人。

法嗣地位已定，佛门影响日增，1671 年，东皋心越受永福寺住持邀请，出任永福寺住持。据说，在住持永福寺的 6 年间，他既走出去，又请进来，广泛结交文人墨客，切磋交流诗、书、画、印、琴等技艺，一时间，永福寺成了文人集会的场所，艺术交流的殿堂，人们称他为“艺僧”。

由此，东皋心越的声名大播，并传到了日本，日本长崎兴福寺的第四代住持澄一道亮听说东皋心越的高风后，充满了向往之情，决定邀请东皋心越去日本担任兴福寺的住持。1676 年秋，东皋心越渡海来到日本，出任兴福寺住持，开堂说法，演说寿昌派禅旨。三年后，他离开兴福寺，来到大阪黄檗山的万福寺，约莫过了半年，他又离开万福寺到长崎去闭关，闭关一年后，不知什么原因，他没有直接进入寺庙，而是先来到江户寓居，在江户寓居半年后，又在水户寓居了八年多，直到 1691 年，才进入水户岱宗山的天德寺开堂说法。他一开堂，立即就吸引了日本 1 700 多位僧众，前来习禅问禅，佛教史认为这是日本佛教界 300 年来从未有过的盛事。

东皋心越不仅弘扬禅法，同时还传扬中华文学艺术。据王勇、上原昭一主编的《中日文化交流史大系·艺术卷》介绍，东皋心越在日期间，积极翻刻推广自己编著的《韵府古韵汇选》，使中国的金石篆刻艺术在日本广为传播，从而被日本僧众称为“篆刻之父”；据《日本音乐史》记载，东皋心越东渡日本时，随身携带着虞舜、素王、万壑松三把古琴，到达日本后，积极展演、传授中国的古琴艺术，自此之后，“在日本僧学者之间就有了琴曲的传统”，人们称他为日本的“近世琴学之祖”，他的《东皋琴谱》在日本是一版再版。

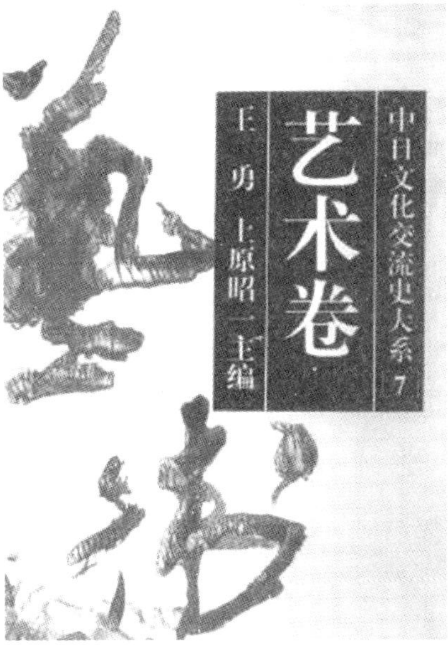

《中日文化交流史大学·艺术卷》

1695 年 9 月 30 日，东皋心越在天德寺圆寂，世寿 57 岁。东皋心越圆寂后，僧众们为了永久地纪念他，把岱宗山的天德寺改称为寿昌山祇园寺，奉东皋心越为祇园寺的开山祖师。少林山的达摩寺在东皋心越逝世两年后，正式开堂说法，也奉东皋心越为开山祖师。

第四节　东传日本的黄檗宗

黄檗宗由中国僧人隐元隆琦创立，是临济宗和净土宗相结合的产物，宗名源于道场名。

隐元隆琦东渡以后，在日本独树一帜，开创了黄檗门派，近代以后才正式称为黄檗宗。现在，黄檗宗寺院在日本已发展到五百多座，信徒众多。黄檗宗已深深扎根日本，成为中日文化交流的见证和纽带。

隐元隆琦（1592—1673 年），俗姓林，名隆琦；原名曾丙，号子房，福建福清人。6 岁时，他父亲为求生计，前往湖南、湖北一带谋生，不知何故，他父亲一去就没有再回来，从此家道中落。10 岁时，进入社学学习，但很快就辍学回家，与兄长一起耕种，以维持生计。耕种之余，他经常和几个玩伴来到村口的松树下，休息谈心，常常望着天空，喃喃自语：“浩渺的天空啊，你究竟隐藏着多少秘密呀！”冥冥中，他似乎听到了一种声音：“佛可度你，佛可度你。”于是，18 岁时，他加入了径江念佛会，开始学习佛法。20 岁时，开始寻找外出未归的父亲，在寻找父亲的过程中，他遍访了浙江各地的寺庙，对观音菩萨更加崇信，于是乘船来到普陀山，一到普陀山，他就有了出家的心愿，投在潮音洞主身边。不久，返回家乡。26 岁时，决心再上普陀山，可路费被抢，不得不回到家乡，继续耕种。28 岁时，母亲去世，按照本地风俗，家人请来黄檗山万福寺的和尚料理后事，从万福寺的和尚口中，他知道了印林寺里的鉴源兴寿和尚。于是，便去拜访鉴源兴寿和尚，鉴源和尚得知他的出家愿望后，恳切地对他说：“求道并不一定要选择地方，有缘的地方就是你的道场。”劝他就在黄檗山出家。但隐元认为，黄檗山距离俗世间太近，不大适合于辩明佛法。鉴源和尚说：“任俗无妨，心不俗就好。”于是，他恍然大悟，从鉴源和尚落发。一次，他化缘来到福清海口瑞峰寺，听了道亨法师讲说的《楞伽经》后，发心要重建黄檗寺，便想到去北京化缘。刚到杭州，碰到了从北京回来的时仁，了解到此时的北京，正是战火连天，于是便与时仁一起滞留杭州。在杭州的日子里，一次，他向时仁请教：“依照经书解释，佛义像是冤屈了三世佛，偏离经书一字则如同魔说，其中缘由实在无法明白。”时仁回答说：“过三十年以后再告诉你。”对这一回答，他十分失望，于是开始四处参悟游历。先后参访了嘉兴县的兴善寺、海盐县的云岫庵、碧云寺、积善庵等。来到积善庵时，受到了庵主景西的邀请。一天，他与景西谈及准备去通玄寺向临济宗高僧密云圆悟求教时，忽然听说密云圆悟已经出任海盐县金粟山广慧寺的住持，当即便与景西庵主一起乘船前去拜访。来到广慧寺，经密云圆悟许可后，跟随密云圆悟禅师习禅，从此道业大进，两年后大彻大悟，机锋日露，名声响彻金粟山。1629 年，密云圆悟应黄檗山万福寺耆宿信众的恳请，出任黄檗山万福寺的住持。1630 年春，隐元隆琦作为密云圆悟随侍者的身份，也来到黄檗山的万福寺。1631 年 8 月，密云圆悟退居金粟山广慧寺。1633 年，密云圆悟的弟子费隐通容出任黄檗山万福寺住持。隐元隆琦应费隐通容的邀请，担任“西堂”一职。1634 年，他成为费隐通容最初的法嗣。1637 年，他接受僧众的请求，出任黄檗山万福寺住持。

隐元隆琦出任黄檗山万福寺住持后，致力于禅寺的兴修与扩建，经过七年的努力，禅寺的面貌为之一新，一跃成为禅宗的一大丛林。1644 年，转任福岩寺住持。1646 年，受僧众邀请，再次出任黄檗山万福寺住持，直到 1654 年。9 年来他致力于弘法教化，利众化他，从而使黄檗宗风盛传于江南。

1654 年，另有一种说法是 1660 年，隐元隆琦东渡日本，当时日本崇福寺住持空缺。1651 年，崇福寺的一位施主邀请他的徒弟也懒性圭出任住持，可是也懒性圭在回国的途中，不幸遭遇到了大风浪，船毁人亡。于是，寓居在兴福寺的无心性觉受人之托，恳请兴福寺住持逸然性融邀请隐元隆琦出任崇福寺住持，逸然性融便连续给隐元隆琦写了三封邀请信，隐元隆琦被逸然性融的真情所感动，决定赴日本传法，便任命自己的弟子慧门如沛为住持，并相互约定三年后回国见。于是，便在大眉性善、独湛性莹、南源性派、独吼性狮等二十多名弟子的陪伴下，来到了日本长崎。

世事难以预料，更难以计划，他很快改变了三年的约定，决定留在日本弘法。由于隐元隆琦来到日本前，他已有培养日本的弟子，这些弟子还把他的语录带到了日本，当他到达长崎后，就有不少僧众前来随他参禅、皈依。据说，他刚在兴福寺开堂说法，就有上千的僧俗前来听说。1655 年，隐元隆琦应龙溪宗潜的邀请，出任普门寺的住持。1658 年，由龙溪宗潜、秃翁妙周的引荐，在江户谒见了将军德川家纲。1659 年，幕府将京都南部宇治的一块土地布施给隐元隆琦，作为他的弘法基地。于是，隐元隆琦在这里仿照中国黄檗山万福寺的规制，新建了一座黄檗山万福寺，称为“新黄檗”。幕府还专门从福建泉州请来与他素有交情的雕塑师范道生负责雕塑佛像，制定了新黄檗的规约，使古黄檗的传统、法式得到了弘扬。1664 年，他开始退居，任命弟子木庵性瑫继任万福寺的住持。

隐元隆琦

隐元隆琦著有《弘戒法仪》、《普照国师语录》、《普照国师法语》、《黄檗清规》、《云涛集》等，这些著作集中体现了他的黄檗禅思想，包括：

第一，人人本来都有佛性，因此，修禅应该自修自悟。“直下返照本来面目，觑破无位真人，则不被外物染污，亦无点尘留碍……”

第二，佛理蕴含着儒家的伦理，蕴含着孝道。“我等学佛之徒，须体佛心，净佛戒，行佛言，证佛果，不唯一世二亲已荐，乃至无量劫来父母俱已荐矣。”

第三，修法应禅净一致，修禅的同时要念佛。他在《黄檗清规》中所规定的，寺僧在晚上应该上堂“诵《弥陀经》、《蒙山施食文》、《心经》、《往生咒》”等，体现的正是这一思想。

由于隐元隆琦的黄檗禅，具有强烈的西方净土色彩，禅净融合的宗风和教化形式为日本佛教界带来了新的活力。很快，新黄檗的禅风，获得了日本朝野的普遍推崇，无论是皇室、朝廷、幕阁、幕臣，还是各地大名、藩士、信士、庶民，他们或者跟隐元隆琦参谒，或者向隐元隆琦求取诗偈、题赞，或者请求隐元隆琦作为外护，都尽心尽力地资助“新黄檗”的建设，赞助禅师语录、诗偈集的印刷与流通，促进了新黄檗在日本的发展。

1673 年，隐元隆琦在日本长崎圆寂，世寿 82 岁。圆寂前，后水尾上皇赐予他“大光普照国师”的封号。隐元隆琦的著名弟子有木庵性瑫、即非如一、慧林性机、独湛性莹、大眉性善、南源性派、独吼性狮、龙溪性潜、独照性圆、独本性源。

木庵性瑫（1611—1684 年），俗姓吴，字木庵，号性瑫，福建晋江人。1628 年在开元寺印朋门下出家。1634 年随鼓山永觉寺元贤禅师受具足戒。1635 年起游历杭州等地，随天童山密云圆悟禅师等学习禅要，后又回到永觉寺侍奉元贤禅师。1637 年秋参谒费隐通融禅师，修习看话禅，1638 年升任为该寺的副寺。1648 年来到黄檗山，参拜隐元隆琦禅师，获得了隐元隆琦的印可，成为隐元隆琦的得法弟子。1651 年，隐元隆琦擢他为首座。1654 年木庵性瑫应邀出任象山慧明寺住持。1655 年木庵性瑫应隐元隆琦邀请，率领慈岳琛东渡日本，到达日本后，出任长崎福济寺住持。1661 年木庵性瑫来到宇治黄檗山，与龙溪性潜共同协助隐元隆琦开创万福寺。到 1663 年冬，万福寺僧众已经达 500 人之多，为了进行有效的管理，隐元隆琦任命他和即非如一分任两堂首座。1664 年隐元隆琦退居，任命他出任万福寺住持，是黄檗山宗的二世祖。1665 年木庵性瑫到江户拜谒将军德川家纲，得到了将军德川家纲的大力支持，他不仅赐给他“山林田园”的朱印，而且还赐给他白金和木材。于是他用这些白金和木材，在万福寺内扩建了大雄宝殿、韦驮殿、惮悦堂。1670 年他受赐紫衣，并应江户端山居士的邀请，出任瑞圣寺住持。1674 年在瑞圣寺举行盛大的三坛授戒仪式，为 5 000 多僧俗信众受了戒。1680 年退隐紫云院，任命弟子慧林性机为万福寺的住持。

万福寺

木庵性瑫著有《黄檗木庵禅师语录》10 卷，《木庵禅师东来语》7 卷，《紫元山草》、《象山语语》、《紫云开士传》各一卷。

1684 年 1 月，木庵性瑫写完“一切空寂，万法无相”后，悄然圆寂，世寿 74 岁。嗣法弟子有 50 多人，其中著名的有铁牛道即、潮音道海、铁眼道光等。

铁眼道光（1630—1682 年），俗姓佐伯，字铁眼。日本熊本县人。13 岁时出家。26 岁时参拜隐元隆琦，后再参拜木庵性瑫，成为木庵性瑫的嗣法弟子。他认为日本没有自己刻印的《大藏经》，于是致力于《大藏经》之翻刻。他以万福寺宝藏院为根据地，云游各地，化缘募捐，经过 12 年的努力，终于在 1678 年刻印出了日本第一部《大藏经》，收录佛经 1 161 部 7 334 卷，世称《黄檗版大藏经》或《铁眼版大藏经》。

1682 年，铁眼道光圆寂，世寿 53 岁。敕谥为“宝藏国师”。

即非如一（1606—1671 年），俗姓林，福建福清人。15 岁时到黄檗山拜密云圆悟为师，修习禅宗。后拜隐元隆琦为师，从隐元隆琦受菩萨戒，获得隐元隆琦的法旨，出任福州雪峰寺住持。1647 年，听说母亲生病了，他便回家为母亲祈祷，说也奇怪，在他的祈祷声中，他母亲的病竟不治而愈。1657 年，即非如一应隐元隆琦的邀请，跟随昙瑞一起东渡日本，到达日本后，出任崇福寺住持，影响被及一方。1663 年，即非如一来到宇治的黄檗寺看望隐元隆琦，隐元隆琦便请他住持竹林精舍，不久，他与木庵性瑫又分别出任东西两堂首座。1664 年秋，即非如一准备返回福州的雪峰寺，可在经过九州的丰前时，奉小仓领主的命令，开善寺长老和法云明洞热情地挽留，劝他留下。为不拂他人的好意，即非如一留了下来，小仓领主特意为他建了一座福聚寺，请他出任开山住持。1668 年，即非如一退居崇福寺，法云明洞出任福聚寺住持。

即非如一禅师有《传法语录》25 卷传世。

1671 年 5 月 6 日即非如一挥笔写下：生如是，死如是。坐断生死关，触破没巴鼻。喝了一口茶后，泊然圆寂。世寿 66 岁。嗣法弟子有柏岩道节、千呆道安 5 人。

慧林性机（1609—1681 年），俗姓郑，福建福州人。传说他小时候就羡慕佛法，后在普陀山出家。40 岁时，参拜隐元隆琦，后跟随隐元隆琦东渡，成为隐元隆琦的得法弟子，是黄檗山万福寺的第三任住持。后因年老多病，认为自己将不久于人世，于是决定退隐龙兴院。病重时，曾召集僧众，向他们说法，留下偈语说：

来也错，
去也错；
一只草鞋活如龙，
打翻筋斗错错错。

1681 年慧林性机圆寂，世寿 73 岁。

独湛性莹（1628—1706 年），俗姓陈，福建莆田人。出身书香门第，可是在他年纪还小的时候，他的母亲就去世了，从而使他产生了人生无常的感觉。16 岁时，来到积云寺，随衣珠禅师剃发出家，出家后，日夜苦修，参禅问道，先后参访过承天寺的亘信、黄檗山的隐元、鼓山的永觉。27 岁时，跟随隐元隆琦东渡日本，曾在万福寺代替住持

升座说法。历任宝林寺、国瑞寺住持。圆寂前留下一首偈语：

我有一句，
别于大众；
若问何故，
不说不说。

1706 年独湛性莹圆寂，世寿 79 岁，著名弟子有圆通、悦峰等。

大眉性善（1616—1673 年），俗姓许，福建泉州人。传说他父亲在他很小的时候就去了日本，他便与母亲相依为命，精心奉侍母亲，不久，他母亲在忧郁中离开了人世，他只好投靠他的舅父，以延活生命。后来，他离开舅父，来到黄檗山出家，跟随隐元隆琦修法修行，并参访费隐、具德、孤云、百痴等当时著名的禅师，想得到他们的指点与教诲。曾受隐元隆琦的派遣，到日本长崎进行考察。1653 年，大眉性善回到福建，向隐元隆琦汇报考察情况，并同永觉、互信相见。1654 年，他随隐元隆琦一起东渡日本，来到日本的长崎，在兴福寺、崇福寺之间来回奔波，担任隐元隆琦的维那，后任福济寺住持。

1673 年 10 月 18 日，他写下了一首偈语：

住世五十八年，
了却人间报缘；
而今撒手归去，
大千世界坦然。

传说他写完偈语后，就圆寂了，世寿 58 岁。他被称为日本黄檗宗东林派祖。

独吼性狮（1624—1688 年），俗姓朱，字独吼，福建福州人。1643 年来到黄檗山拜隐元隆琦为师，隐元隆琦接受了他的请求，为他受具足戒。1654 年随隐元隆琦东渡日本。1661 年在万福寺担任堂司，很快又升任为监院。1671 年退居在汉松院。著有《五云别集》4 卷。

1688 年独吼性狮圆寂，世寿 65 岁。

南源性派（1631—1692 年）俗姓林，字南源，福建福清人。幼年时，在黄檗山无净璋公门下做沙弥，不久，就参拜隐元隆琦为师，随他习法参禅。1654 年跟随隐元隆琦一起东渡日本。1668 年在黄檗山旁创建华藏院，营建慈光堂。1671 年，隐元隆琦秘密地把偈颂、拂子交付给他。1673 年，隐元隆琦圆寂，发心为隐元隆琦编写广录和年谱。1688 年，重兴东大寺大佛殿，设千僧会，任法会导师。1692 年，隐居于高寿轩。擅长诗作，有“诗南源，文高泉”之说，著有《鉴古录》三十卷、《芝林集》二十四卷。

1692 年 6 月南源性派圆寂，世寿 62 岁。

龙溪性潜（1602—1670 年），俗姓奥村，名宗潜，字龙溪，日本京都人。16 岁时，在摄津普门寺剃度出家，出家之后，在长达 15 年的时间内，几乎遍访了日本南部的各寺庙，参遍了南部寺庙的各位高僧大德。在参学问要的同时，还不断地阅读禅宗语录。一次，在阅读雪窦重显的传法语录后，猛然觉得自己以前所学的都是古人的糟粕，从此更加用心参究，精心参究六年后，才终于有所领悟。1651 年龙溪性潜住持京都妙心寺，向僧众讲说佛教经论和禅宗列祖语录。后来出任摄津普门寺住持，隐元隆琦来到长崎兴福寺后，经众僧同意，邀请隐元隆琦住持普门寺，自任监院。在隐元隆琦的指导下，他朝参暮叩，终于深得禅法旨要。然后，应后水尾太上法皇的诏令，进宫问法，因为说法透彻深刻，受到了后水尾太上法皇的称赞。1663 年，宇治黄檗寺举行夏安居的时候，隐元请他出任西堂，住持并参加参禅活动。1664 年正式获得隐元隆琦的法嗣，名字由宗潜改为性潜，出任江户正明寺住持。除经常奉旨进宫为后水尾上皇说法外，并为后水尾上皇受菩萨戒，获得了后水尾上皇赐予的“大宗正统禅师”封号。

龙溪性潜禅师著有《铁嘴录》、《辨正录》、《宗统录》等。

1670 年 8 月应邀到大阪传法，在九岛庵专心坐禅时，突然爆发了洪水，然而他不为洪水所动，淡然写下了一首偈语：

三十年前恨未消，
几回受屈烂藤条；
今晨怒气向人噀，
喝一喝，
却倒胥江八月潮。

传说他写完偈语后，听凭洪水上涨，端坐水中而亡，世寿 69 岁。

独照性圆（1617—1694 年），俗姓富田，日本江户人。幼年时家庭不幸，他的父亲过早地抛下他，离开了人世，不得已，只得随叔父移居到兵库县居住。11 岁时，决心出家，修学佛法，先在大阪的祥云寺拜大德寺派泽庵宗彭为师，后参妙心寺派一丝文守为师，曾以独居“死关”石室的参究方法，用三年的时间，参一个“无”字，终于有所领悟。后来，在京都嵯峨西谷创建了直指庵，供自己和弟子居住修行。隐元隆琦在长崎兴福寺说法时，他特地前去参谒，随后便随隐元隆琦参禅问旨，日有长进。1659 年，他邀请隐元隆琦到他的直指庵开示说法，并带领他参访当地的禅宗名刹。隐元隆琦赠给他一首偈语：

云到不辞分半榻，
鸟因静处觅同参。

正当隐元隆琦结束参访，准备离开京都的时候，突然接到幕府的通知，请他留在京都，选择合适的地点建造新寺。1671 年，隐元隆琦派人给独照性圆送来了“禅法世系图”和法衣，他正式成为隐元隆琦的嗣法弟子。

1694 年独照性圆圆寂，世寿 78 岁。著名弟子有法灯、月潭等三人。

独本性源（1617—1689 年），俗姓法木，日本千叶县人。14 岁时出家。先投在曹洞宗门下，发心参究曹洞宗的“五位”宗旨，但收效甚微，后来到京都的龙安寺参拜龙溪性潜，学习临济宗禅法。1647 年回到江户，创建自肯庵供自己和弟子居住修行。听说隐元隆琦在长崎兴福寺传法，他便带着弟子前去参谒，引起了隐元隆琦的重视。后来他出任江户海福寺的住持。1658 年隐元隆琦进见德川家纲之后，他礼请隐元隆琦访问海福寺，并奉隐元隆琦为海福寺的开山祖师。隐元隆琦圆寂前，特地为他写了一首付嘱偈：

一柄龟毛今付子，
勿狐黄檗老婆禅。

隐元隆琦明确确认他为嗣法弟子。后来，在镰仓创建净业禅寺，出任该寺住持。在即将示寂之前，他叫弟子把他的著作和语录统统烧掉，说“不必留片语以辱于我也”。

1689 年独本性源圆寂，世寿 73 岁。

第四章　南传亚洲诸国的中国南禅宗

中国南禅宗在不同时间，通过不同方式传入了亚洲诸国，由于南禅宗在这些国家没有形成影响，因而，对他们的流传情况缺乏记录。但缺乏记录，并不代表它不曾存在过，我们还是可以找到它的一些蛛丝马迹。

第一节　新加坡的中国南禅宗

中国清朝早期开放海外贸易，那时福建人和潮州人大量移民新加坡。随着移民潮，佛教正式传入新加坡。

有人认为，中国南禅宗是1898年传入新加坡的，因为在那一年，由刘金榜资助，贤慧、会辉、转道法师在新加坡建造了莲山双林寺，那是新加坡的第一座寺院。真实情况是否如此，有待我们进一步挖掘材料来证实。

新加坡双林寺

1920年，郑雨生居士献出自己的一块土地，胡文虎善士出资，让转道法师建造了光明山普觉寺，转道出任首任住持。1945年宏船法师继任住持，以后演培法师、隆根法师、瑞今法师相继出任住持。

圆瑛大师

1926年，太虚大师和圆瑛大师相继到新加坡弘法受戒，太虚大师发表了《略论世人对佛法之误会》、《觉世救人之佛法》、《佛乘宗要论》、《心经》及《维摩诘经》等讲演。圆瑛大师在普觉寺发表了《大乘起信论》等讲演，前来听讲的僧众有数千人之多。经过他们的宣传，新加坡相继成立了“新加坡佛教会”、“中华佛教会”、“青年佛教会”。

第二节　马来西亚的中国南禅宗

据记载，早在公元2世纪的时候，佛教就已传入马来西亚。不过这时传入的佛教是小乘佛教，而大乘佛教是在公元17世纪才传入的。那时大批中国人到南洋谋生，一些中国僧侣接踵而来，大乘佛教传入马来西亚，并在此落地生根。但那时传入的是不是就是南禅宗，则要分别探究。

有人认为，中国南禅宗传入马来西亚应是1888年。在那一年，有位曹洞宗传人妙莲和尚在马来西亚槟榔屿弘法，备受当地侨绅善信的推崇，纷纷请求妙莲和尚住持广福宫。由于广福宫是华侨所建的民俗香火庙，且又处在闹市区，不便静修，妙莲和尚决定另外寻找安静的地方，兴建道场，在侨绅张弼士等的扶持下，终于将位于“阿意淡”的闽侨杨秀苗的别墅买下，改建寺庙。在侨领张弼士、张煜南、谢荣光、郑嗣文、戴欣然等人的大力支持下，寺庙于1891年开始兴建，经过15年的建设，终于在1905年建成开光，从而使马来西亚有了集众讲经的道场——极乐寺。落成后的极乐寺有天王殿、大雄宝殿、藏经楼、东西客堂、放生池以及各种殿堂寮房数百间。寺碑上说：“松槛桂庑，上出重霄，碧阁丹梯，下临无地，芝草千丛，香花万簇，游憩其间，顿觉琼楼玉宇，尚在人间。”寺内供奉有妙莲和尚迎请的《龙藏》和光绪皇帝御赐的“大雄宝殿”匾额及慈禧太后颁赐的“海天佛国”匾额。

1905年，虚云从仰光准备来槟城看望妙莲和尚，本想回国的妙莲和尚听到这一消息后，决定延迟行程，在槟城等候，两人在广福宫相见后一起前往极乐寺。在极乐寺，虚云和尚坚持日日静坐，妙莲和尚劝他注意身体，并对虚云说：“你讲说一部《法华经》结一结缘，我将要回国了，你在这里讲完《法华经》后，先不要回你的常住寺庙，到鼓山这里来一趟，我有事要跟你说。”

妙莲和尚离开后，虚云开讲《法华经》，法缘殊胜，听经与皈依的人多达数百人。

1938年，胜进法师到马来西亚弘法，在怡宝兴建了“东莲小筑”。

福建鼓山妙莲和尚法像

1941年，随中国佛教国际访问团同来马来西亚访问的慈航法师，在寺众弟子的挽留下，征得太虚大师的同意，长住马来西亚，并应洪福寺大护法兼信理人、槟榔屿殷商——林耀椿母子的礼请，入住洪福寺与宝誉堂，出任第一任住持。随后，他联络僧俗两界，成立了槟城佛学会。在驻锡菩提学院期间，慈航法师宣讲了《楞严经》、《法华经》、因明学、唯识学和《楞伽经》等。

1942 年，在马来西亚的升旗山，福建高僧会泉法师兴建妙香林寺，出任开山住持，圆寂后，由宏船法师继任住持。

1946 年，太虚大师在马六甲、吉隆坡、槟城等地发表了“在家学佛次第”、“菩萨行与新生活运动”、“八正道与改善人群生活”、“佛教与中国女学”等讲演。

1950 年，在马来西亚的金马伦高原，演本法师兴建三宝万佛寺，出任开山住持，1958 年圆寂后，由本道法师继任住持。

1954 年，竺摩法师在马来西亚槟榔屿弘法。1959 年，马来西亚佛教会成立，竺摩法师任会长。1962 年，竺摩法师在槟城兴建三慧讲堂，出任开山住持。“三慧讲堂”实际上是马来西亚第一个禅宗道场。在这里，他向信众传授中国禅宗，并以“三慧讲堂”的名义资助出版太虚大师的著作《人生佛教》。讲堂现建有太虚大师纪念塔一座，供奉大师的舍利。1969 年在槟城还创建了第一所马来西亚禅学院，培养汉传禅宗僧尼。竺摩法师在马来西亚弟子众多，其中较有影响的是启诚法师（Ven. Sik Chi Chern），他现在是马来西亚佛教青年会会长，也是马来西亚居士林林长。

第三节　印度尼西亚的中国南禅宗

据记载，早在公元四世纪时，大乘佛教就已传入印度尼西亚。中国的南禅宗一般认为是随着中国劳工移民而在 19 世纪下半叶传入印度尼西亚的。

1969 年 9 月 27 日，竺摩法师应印度尼西亚棉兰李苐荪的邀请，组织佛教访问团到印度尼西亚弘法，访问团到达棉兰后，受到了当地各佛教团体的热烈欢迎，竺摩法师在欢迎大会上作了“从佛教推广友爱，实现人生和乐”的讲演。在棉兰随后的十多天里，竺摩法师还到十多座寺院里接受任天的供养并发表演讲。每次演讲都座无虚席，短短的十来天，皈依者超过了数千人。李苐荪居士曾任棉兰教育局长，他率领其所办的菩提中小学校的师生，集体皈依三宝，其中有人受五戒，有人受菩萨戒，个个都法喜踊跃。竺摩法师便将各处供养给他的十余万盾分捐给菩提中小学校、印度尼西亚佛教会及各寺院。

1969 年 10 月，竺摩法师接受邀请，乘飞机到吉兰丹佛教会弘法，作了三个晚上的开示；后又到丁加奴佛教会，作了两个晚上的开示，陈少英校长陪同并译为闽语。

1971 年，台湾东初法师应印度尼西亚佛教会的邀请访问印度尼西亚，在雅加达等地受到广大华人佛教徒的热烈欢迎，其参观了数十座佛寺。

1972 年 4 月 20 日，竺摩法师第二次到印度尼西亚弘法，为皈依弟子林赛娥伉俪创办的智光学校主持开幕典礼。在典礼上，竺摩法师作了“现代佛教需要学校教育”的演讲，随后又在佛学社浴佛仪式上作了“少欲普爱的佛法”的演讲。该校师生听了他的演讲，都纷纷向他皈依。不久，应李萠荪董事长的邀请，竺摩法师出席菩提中小学成立三周年纪念会，发表了“佛陀与教育”的演讲。

第四节　泰国的中国南禅宗

中国南禅宗是随着闽粤僧俗移民而传入泰国的。据记载，续行禅师因仰慕泰国是著名的佛教之地，于 1862 年来到泰国。他最初住在曼谷耀华力路的谷斗巷观音宫，宣传中国的南禅宗，不少人因而成为南禅宗的信奉者。他的名声也一天比一天大了起来，从而引起了当时的泰国执政者暹罗五世皇朱拉隆功陛下的赞赏和重视。1863 年，续行禅师想按照中国传统禅院的样式在曼谷修建一座龙莲寺，立即得到了朱拉隆功陛下的支持，陛下不仅划拨了石龙军路旁的 9．6 市亩土地用作寺院的建设用地，而且还命令朝廷官员披耶初侣叻色提辅助开展寺院建设工作。1863 年，龙莲寺开始动工兴建，经过 8 年的建设，终于在 1871 年竣工，左配殿供奉六祖惠能。续行禅师为第一任住持。朱拉隆功陛下为龙莲寺题写了泰文寺名，封赐续行禅师为“帕亚庄真三昧智越”，并授予他为华宗大僧长。现在，龙莲寺的住持已经传到第九代，是仁晁大师。他是在泰国出生的华人，精通中文和泰语，出任华宗副僧长之职。

1907 年，虚云大师在泰国的曼谷讲经。一天，他将右脚盘放在左腿上，左脚盘放在右腿上坐着讲经，讲着讲着，就入定了，直到七天以后才出定。他的这一举动，引起了泰国全国的轰动。

泰国曼谷龙莲寺

1910 年，泰国华侨领袖郑智勇先生以郑谦合商号的名义向各华人商号发起募捐，在帕抛猜路买得一块土地，正式盖起了一座具有一定规模的大峰祖师庙，庙名叫作报德堂。

20 世纪 30 年代，泰国高僧菩塔通过英文转译泰文，将中国的禅学著作介绍给泰国僧俗读者。在《人类手册》中，菩塔将禅宗的观点与小乘教义相糅合进行介绍，深受读者欢迎。

1959 年，普净法师在曼谷然那瓦县沙徒巴立路兴建普门报恩寺。1965 年第一期工程完工，3 月 12 日法师举行开山晋寺大典，由泰国君主拉玛九世敕赐奠基。普门报恩寺占地 28.8 市亩，是继龙莲寺后华人兴建的又一所禅宗寺院，现任住持是仁德大师，同时是华僧人尊长。

目前，泰国相继出版了一些有关禅宗的著作，如阿喃达译的《六祖坛经》、宗猜译的《临济禅师谈禅》、派乐编译的《禅如是说》、弯匿译的《生命之奥秘》、畦乃译的《面对人生的禅学》、泼乍那等译的《未来的宗教》和《打开禅宗的钥匙》、巴林译的《战胜生命的禅学》、帕巴差译的《悟的神通》、梭巴译的《佛门禅宗与精神分析》、苦巴乍译的《禅宗的智慧》，泼乍那著的《禅宗哲学》、拉延著的《参禅的方法》及《与禅同在》和《禅空》、弯蒂著的《禅趣》及《禅的斗争艺术》、塔威瓦著的《禅灯》、劳瓦腊著的《轻轻过山泉》、丹莫强等著的《禅宗对话录》等。

第五节　菲律宾的中国南禅宗

早在公元 8 世纪的时候，佛教就随着印尼室利弗逝王朝而传入菲律宾，但没有随即发展壮大。中国南禅宗传入菲律宾，人们也认为是源于 19 世纪末的移民热潮。

1931 年，旅菲中华佛学研究会在菲律宾成立。1936 年，旅菲中华佛学研究会发动信众捐款，购得了一块 630 平方米的土地，在马尼拉兴建了信愿寺，这是在菲律宾兴建的第一座大乘佛教寺院。1937 年，应旅菲中华佛学研究会主席吴江流和董事们的邀请，性愿禅师来到菲律宾弘法，并出任信愿寺住持。

1946 年，瑞今禅师应信愿寺住持性愿禅师的邀请，同厦门妙释寺住持善契法师一起来到菲律宾，驻锡信愿寺，协助性愿法师开展法务活动。1948 年瑞今禅师继任信愿寺住持。

1965 年，广范法师云游棉兰老岛弘法，广结法缘，度化了不少的信众。1966 年，有护法居士发心献出土地，建设弘法道场，广范法师为满足众愿，开始兴建龙华寺，出任第一任住持。2002 年，能振法师继任住持。

1989 年，台湾佛光山前往菲律宾弘法，在菲律宾兴建有佛光讲堂、慈恩寺及多所佛光缘。

菲律宾龙华寺

第五章　西传美洲的中国南禅宗

在远隔千山万水太平洋彼岸的美洲，中国南禅宗也获得了生存发展的土壤，并形成了具有美洲特点的禅宗宗派。其中，美国是美洲的代表。

第一节　美国的中国南禅宗

中国南禅宗何时通过什么途径传入美国？现在有两种说法：一种说法认为，中国南禅宗是由中国劳工 19 世纪 40 年代传入美国的。这种说法，有一定的可能性。一是最初去美国的中国劳工大多是中国广东人。据记载，1850 年前后中国劳工大量进入美国，那时的中国广东因太平天国运动而动荡不安，美国加州因淘金潮而急需劳力，于是一些广东人基于到加州淘金发财的梦想，应聘到美国去做劳工。广东是南禅宗的发源地和普及地，这些自 1840 年至 1877 年间陆续到达加州的广东人中应有人熟悉或信奉禅宗。根据文化迁移原则，当移民到达一个新的地区后，他们往往会将原有的信仰带到新的地方，沿传并展演，因此，说他们把中国南禅宗带到美国，于理可通。二是美国旧金山唐人街上的庙宇和菩萨，是中国劳工的神灵记忆和精神寄托，所祭祀的虽不仅仅是禅宗神，但里面有禅宗的精灵在飘荡，给予劳工以心灵的安慰。虽然是在同胞之间传播与传承，但这却是在美国土地上的流传和展演。只是我们不能确定开始在美国土地上传播禅宗的具体是哪一个人。

另一种说法认为，中国南禅宗是由日本禅学大师铃木大拙传入美国的，这是有确切记载的。据记载，1893 年世界宗教会议在美国芝加哥召开，铃木大拙陪同释宗演前往芝加哥，在大会上翻译演说了释宗演的《凡是皆有因》（*The law*）。在这次大会上，他首次将因果、涅槃等名词，用英语精准地介绍给了对此闻所未闻的西方人，并结识了当时美国著名的学者保罗·卡洛斯（Paularus）。因此，有人将他在这次会议上翻译论文的话语，作为日本禅宗传入美国的肇始。

若以会议翻译论文作为禅宗传入美国的标志，我们认为，将日本禅宗，也就是把中国南禅宗传入美国的，应是释宗演和铃木大拙两人，释宗演提供的是思想，是他所主张和宣传的禅宗思想，铃木大拙提供的是媒介，是他所掌握和理解的语言。

释宗演（1859—1919 年），字洪岳，号楞伽窟、小厮子、不可往子，小名常次郎。日本福井县人，临济宗禅师。12 岁时，参拜越溪守谦为师，并随他出家，改名为宗演。后又参拜仪山善来、独园承珠、滴水宜牧等多位禅师。1878 年，再参拜令北洪川法师为师，得到令北洪川法师的许可，经过七年的苦心参究，终于悟得了令北洪川的禅旨。后因得到了山冈铁舟等人的援助，去锡兰留学，三年后学成回国，回国后，在日本大力宣传、弘扬禅宗。

释宗演曾有一首诗说："人有赤黄兼黑白，道无南北与西东。不信乞看天上月，清光透彻太虚空。"此诗明确地表现了释宗演的思想，即禅思想是全人类的。

传说释宗演，看到耶稣站在彼拉多面前默不作声时，竟拍案大叫："耶稣已到了禅的最深奥秘，拍膝而叹的境地了。"

释宗演曾任圆觉寺派管长、临济宗大学（现花园大学）校长等职，曾代表日本佛教界出席芝加哥世界宗教会议。著有《西游日记》三卷、《楞伽漫录》十九卷、《欧文说法集》等。

1919 年释宗演圆寂，世寿 61 岁。得法弟子有间宫英宗、宝岳慈兴、太田常正等，俗家弟子有夏目漱石、铃木大拙等。

铃木大拙（1870—1966 年），原名贞太郎，后因学禅，改名大拙，别号也风流居士，日本石川县人。23 岁时，在东京专门学校（早稻田大学的前身）修

释宗演

学英文，因不满形式化的大学教育，毅然放弃学业，前往镰仓圆觉寺参谒令北洪川禅师参禅修行，以寻求解决人生的根本问题。禅师至诚无伪的气度，使他立下了“以禅者为己任”的心愿。24 岁时，令北洪川禅师圆寂，便转而拜令北洪川的嗣法弟子宗演禅师为师，宗演禅师赐予他“大拙”之名。因好友西田儿多郎的劝说，这一年，又进入了东京帝国大学研读。在东京帝国大学的三年里，他一方面广泛涉猎有关禅与佛学方面的书籍，一方面往来于圆觉寺，过着僧侣式的生活，从而逐渐养成禅者的风范。25 岁时，宗演禅师代表日本出席在芝加哥举行的世界宗教会议，他作为翻译随行，并在大会上引起了西方世界的关注。26 岁时，将保罗·凯奈斯的英文著书《佛陀的福音》译成日文，并在东京出版。27 岁时，认为若到美国，便不再有机会参禅，便以“破釜沉舟”的决心，在日本专心坐禅，终于在这一年腊月禅定时，悟到了“物我合一”的无差别世界，参透了初关。29 岁时，经宗演禅师的推荐，赴美国担任保罗的助理，任 OPEN COURT 出版社编辑。在美国 11 年间，铃木大拙不仅完成了保罗所托付的工作，还英译了《大乘起信论》和写作了《大乘佛教概论》，从而奠定了他佛教学者的地位。期间，又契入了“肘不向外曲”，终于真正领悟到佛法的根源。36 岁时，随宗演禅师在美洲东部各地巡回讲演，向西方人士介绍东方的禅学思想。38 岁时，游学欧洲，足迹遍历英、德、法、瑞士等国。39 岁时，回到日本。47 岁时，辞去东京帝国文科大学教职，专心于禅籍的著述。52 岁时，移住京都，担任大谷大学教授，同时任《禅道杂志》编辑。58 岁时，在英国伦敦出版《禅佛教论集》。64 岁时，刊行《神会录·六祖坛经》敦煌文献以及《梵文楞伽经梵汉藏语索引》。65 岁时，注重敦煌文献的中国禅宗史研究，对有关达摩的资料，进行整理、解说、集成而出版为《敦煌出土少室逸书》及《敦煌出土六祖坛经》。66 岁时，以日本外务省交换教授的身份，在英国各大学讲“禅与日本文化”，同年秋天，到美国中部、东部各大学，进行同题讲学。68 岁时，出版《禅与日本文化》，与先前出版的《禅佛教论集》成为世界宗教史上不朽的名著，从而在欧美掀起了一股“禅风”热潮。80 岁时，荣列为日本学士院会员，获得“文化勋章”荣誉。81 岁时，担任美国哥伦比亚大学客座教授。85 岁时，获得朝日文化奖。

1966 年 7 月 12 日，铃木大拙突发绞扼性肠闭塞症去世，享年 97 岁。

铃木大拙 1934 年访华期间与胡适合影

以释宗演和铃木大拙在芝加哥世界宗教会议上的发言作为美国禅宗传入的标志，是当今禅学史上的共识。从 1893 年算起，至今也就一百多年的历史。一百多年来，美国的禅宗逐步发展，截至 2005 年，佛教徒人数达到 272 万，大小城市几乎都建立了禅中心，逐渐形成为临济宗的话头禅和曹洞宗的默照禅及综合禅。

第二节　美国的临济宗

据资料记载，释宗演传承于令北洪川，铃木大拙既传承于释宗演，也传承于令北洪川，而令北洪川是日本近代临济宗高僧。因此，铃木大拙在美国传播的禅宗应主要是临济宗的话头禅，传播过程可以分为两个阶段：

第一个阶段是 1935 年前。由于语言翻译不对等的缘故，我们虽能看到有关所谓“禅佛教”的一些材料，但仔细一考察，才觉得他们的“禅佛教”跟我们的“禅宗”不是一个概念，他们的“禅佛教”其实就是佛教的又一称呼，铃木大拙早期文本中或话语中的“禅”，很多也是这种意义上的禅，因此，仅凭他那些有关“禅”字的材料，我们难以勾画出他在美国 11 年间的禅宗传播情况。据记载，铃木大拙早期的研究主要集中在华严宗方面，《禅佛教文集》3 卷是他这一时期研究成果的结集。尝试用英文撰写与禅有关的论著，开始向欧美世界宣传禅宗，是1909年以后才开始的，成果不多，《禅是什么》是这一时期研究成果的结集；1935年前后，才正式集中精力对达摩禅和惠能禅进行研究，《禅思想史研究第二》是这一时期研究成果的结集。不过，这些工作都是他离开美国回国后进行的。

由于直接传承于临济宗，与临济宗有着割不断的血脉联系，尽管他早期把专注点放在华严宗上，但是他不可能将临济宗全然弃之不顾，在美国11年间，有记载，说他36岁时，曾随宗演禅师在美洲东部各地巡回讲演，向西方人士介绍东方的禅学思想，这是有意地系统传播。而更多的时候，则是在不同的场合，有意或无意地传播临济宗，这是一种零散的、片面的传播。

当然，这一时期在美国传播禅宗的并不是只有铃木大拙一人，据有关资料显示，还有三个人值得一提。

一是主动走出去的罗素夫妇。据记载，1905年，旧金山的罗素夫妇前往日本跟随宗演禅师习禅。

另外两个人是主动走进来的释宗演的出家弟子宗活和中国的太虚大师。宗演禅师（Sokatsu Shaku）在1906年率领14名弟子来到美国，在旧金山建立禅中心，后在家弟子佐佐木指月（ Shigetsu Sasaki），1930年在纽约成立“美国佛教协会”（Buddhist Society of America），1945年改称为“美国第一禅堂”（ First Zen Institute of America）。太虚大师1929年在美国纽约、华盛顿、芝加哥、旧金山、檀香山等各大学和宗教组织巡回讲演，受到热烈欢迎，各大报纸作为重要消息予以报道。

佐佐木指月（ Shigetsu Sasaki）（1882—1945年），又叫曹溪庵，15岁时跟随临济宗禅师释宗活学禅，1906年随师到美国旧金山传授禅宗，在这里，与千崎如幻禅师相遇。1924—1925年间，他开始在纽约一家书店开办佛法讲座（Orientalia Bookstore on E. 58th Street）。1928年，他获得宗活禅师的印可证明。是最早在美国居住并教授禅宗的禅师之一，对禅宗传入美国起了关键性的作用。

他在美国佛教协会的教学方法主要是参禅（san zen）：给一个公案让弟子参，并经常以主讲课（teisho）的形式进行开示。Mary Farkas（佐佐木指月的学生，佐佐木指月去世后担任第一禅堂主席）曾说：“曹溪庵并不想复制日本传统的禅宗修行方法，旨在让学习者达到忘

佐佐木指月

我的境界。"

1945年5月7日，佐佐木指月在美国圆寂。虽没有嗣法弟子，却有几个著名的学生：Alan Watts，Mary Farkas，Ruth Fuller Sasaki，Henry B. Platov。

第二个阶段是1935年后。1935年后，铃木大拙开始着力系统研究惠能禅和临济宗，并不断在美国各地宣传禅宗和成立组织。据记载，1936年11月至12月期间，他先后在美国中部和东部各大学讲演，并在洛杉矶的西本愿寺说法；1949年9月至1950年2月，在夏威夷大学讲授禅学；1950年至1958年在哥伦比亚大学讲授禅学；1957年9月在哈佛等大学讲授禅学；1957年1月，在廓内里亚斯·克雷因的资助下，成立了纽约禅研究会，并出任会长。

这一时期，他系统地向美国人，尤其是文化知识界传播了临济宗的思想。

同时，传播临济宗的还有其他人。

在铃木大拙为主导的传播者的努力下，临济宗在美国得到了自己的生存发展空间，逐渐为美国人所接受、所认同，禅寺、禅堂、禅宗学校、禅定中心在美国不断出现，一些著名大学开设了禅宗研究机构或团体，一些文化机构或个人定期编译出版禅宗典籍，如艾普（Urs App）译介云门文偃的语录，鲍威尔（William Powell）译介洞山良价，华森（Burton Watson）译出临济义玄的语录，扬波尔斯基（Philip B. Yampolsky）译注的敦煌本《六祖坛经》（Philip B. Yampolsky，The Platform Sutra of the Sixth Patriarch：the Text of the Tun－huang Manuscript. New York，Columbia University Press，1967）等。

这种在美国流行的禅宗，美国人称其为"铃木禅"。

以"铃木禅"思想为核心，结合美国的社会实际，在美国逐渐形成了所谓的披头禅或嬉皮禅。

披头禅，即Beat Zen，得名于铃木大拙学生艾伦·瓦茨的同名著作。"披头"（Beat）这个字原先是克路亚格（Jack Kerouac）所起的名字，有“被打垮”的意思，有的又称为“垮掉禅”；1965 年后，又被称为“嬉皮禅”（Hippis Zen）。

第二次世界大战后，美国经济繁荣、科技领先，但在经济繁荣的背后，人们却精神痛苦、心灵异化：政治迫害、种族歧视、原子恐怖、女权运动、环境恶化……许多年轻的美国人由此对美国的社会制度、道德准则和价值观念、传统艺术形式，甚至基督教教义都产生了怀疑。于是，他们便以反叛的姿态挑战主流社会：不修边幅、蓬头垢面；常常在公寓或地下室聚会，一边谈论着社会文学艺术，一边吸着大麻、酗酒，欣赏爵士乐或搞同性恋；有时也在酒吧、咖啡馆吟咏自己的作品，或是成群结队去山林旷野，在自然乐趣中寻求心灵依托……但更多时候，他们以放纵感官享受的方式寄托自我，一切荒唐、淫乱的行为，都被视为超凡入圣。

但是，他们很快就意识到了这种生活方式的荒诞与无力。预期的幸福与期望的充实不但没有到来，心灵反而更加失落与不安。而铃木大拙的禅法讲演，开启了他们迷茫的心灵，那注重切近人生、止息烦恼、获得快乐自在的生命的启悟，使他们获得了求之不得的禅缘。于是，他们前往加州北海岸的广大山区，在天空下修行禅定、静坐默想，向禅宗乞求，试图规避被现代文明所驯化的命运，以实现灵魂的最终圆满和完善。核心人物有凯鲁亚克、金斯伯格、加里·斯奈德等人。

由于披头禅主要在文学青年中传承，于是，它具有两个明显的特点：一是通过文学、艺术作品，以禅悟的方式，表现他们的自由主义；二是通过文学、艺术作品，以禅悟的方式，表现他们的自然主义。

思考中的加里·斯奈德

加里·斯奈德，生于 1930 年，美国旧金山人。1951 年毕业于里德学院，获得文学和人类学学位，后进入加利福尼亚大学学习东方语言文学，在此间参加垮掉派诗歌运动，翻译了寒山的 24 首诗作，寒山诗中超越个体生命的禅悦生机和安宁、祥和的自然风光对他产生了深刻的影响，于是他在 1956—1968 年间来到日本京都，开始了为期 10 年的临济宗禅学和东亚文化研习历程。其中在京都大相国寺出家为僧三年，研习禅宗之外“敲了三年木鱼”，是这个寺庙的第一位洋和尚。由于他中文、日文都具有深厚的造诣，因此，他的禅学水平远远超过了一般的美国学者。

1969 年，斯奈德回到美国，在内华达山区买了 100 公顷土地，他与妻子在这里割草、伐木、种菜，著书立说，讲学访问，过着非常简朴的生活。同时，他还在这里建有一间禅堂，自己俨然是一个禅宗师父。

1984 年，加里·斯奈德与美国著名诗人艾伦·金斯伯格（Allen Ginsberg）作为美国作家代表团成员来到中国访问，终于圆了他 30 年来亲临“中央王国”的梦想。1985 年他任加利福尼亚大学戴维斯分校的教授。

第三节　美国的曹洞宗

美国的曹洞宗，何时由何人传入，就目前的材料来说，不好明确确定。根据现有的材料判断，应该是在 20 世纪初期左右。有人认为美国曹洞宗最早是由日本曹洞宗禅师矶部峰化于 1914 年传入的。这一年，他在美国的檀香山创建了第一座曹洞宗寺院。随后，不断有禅师来美国弘扬曹洞宗与培养弟子。1929 年，中国高僧太虚大师来到美国，在美国各地宣讲佛法——曹洞宗法旨，虽然在美国停留的时间不长，但是在美国播下了曹洞宗的种子，他是第一个到美国传播曹洞宗的中国僧人。1949 年，日本曹洞宗禅师松冈操雄在美国中西部创建了“芝加哥佛禅寺”。1961 年，日本曹洞宗禅师铃木顺泷（Shunryu Suzuki）、片桐大忍等，建立“旧金山禅中心”、“蒙特列禅团”等。1962 年，肯妮特（Jiyu Kennett）来到美国，创立了“禅传道会”、“霞斯塔寺院”。1970 年，肯妮特在加州、俄勒冈、华盛顿、蒙大拿等地设立了“禅传道会”分支机构。1971 年，美国人理查德·贝克（Richard Baker）成为铃木顺泷禅师的法嗣。1974 年，美国人理查德·兰格罗斯（Richard Langolois）出任芝加哥佛禅寺住持，随后在威斯康星州设立芝加哥佛禅寺分院。这些禅师几乎都具有西方文化素质，因此，他们所传播的禅理与禅法，容易为西方人所接受。

太虚大师（1889—1947 年），俗姓吕，名淦森，浙江桐乡人。16 岁时，在苏州小九华寺落发为僧。后在宁波的天童寺随寄禅禅师受具足戒，修禅学佛。中国近代曹洞宗高僧。

1929 年在美国各地宣讲佛法，是第一个到欧美弘法的中国僧人。

太虚大师

松冈操雄

松冈操雄（1912—1997 年），日本曹洞宗禅师。1949 年在美国中西部创建“芝加哥佛禅寺”。随后他的影响逐步扩大，到20 世纪60 年代时，追随他习禅的人一天比一天多，形成了一支数目可观的队伍。其中美国人 Richard Langlois 是他的忠实追随者，最终成为他的得法弟子。1970 年他从芝加哥移居到长滩，继续主持一些禅修团体。

松冈操雄的曹洞宗理论在某些方面与日本曹洞宗的理论存在着分歧，以致日本曹洞宗认为他是教内逆子，不承认他的曹洞宗传承关系。而他自己传承的法嗣众多，以致人们怀疑他的禅师资格。

乙川弘文（1938—2002 年），英语名为 Kobun Otogawa，俗姓知野，日本曹洞宗禅师的儿子，生活在曹洞宗寺院中，从幼年时起，就接受了明心见性的教诲，思考着生与死的妙义。青年时先在驹泽大学就读，后在京都大学获得硕士学位。1967 年，乙川弘文应铃木俊隆禅师的邀请来到美国，传播禅宗思想。据说，乙川弘文是苹果公司创办者史蒂夫·乔布斯的精神导师与好友。当乔布斯从里德大学回到硅谷的一段时间内，他经常到乙川弘文主持的禅宗中心修习。1976 年，乔布斯进入人生的迷茫地带，他不知道此时是在硅谷创业好，还是到日本去修禅好，带着迷惑，他恭敬地请乙川弘文禅师帮他指点迷津，他问：“假如我在硅谷创业，我就要劳碌奔波，就无法保持内心的宁静；假如我到日本修禅，面对的就只有青灯古佛，虽然环境安静，内心也许可以宁静，但是又实现不了自己的理想。大师，请你指点我，我该怎么办？”

乙川弘文禅师拍着乔布斯的肩头，以狮子吼的方式对他说：“人生如电，亦如朝露，奔波劳碌是一回生死，青灯古佛亦是一回生死。原本无生无死，万事皆是梦幻，又何须决断？”

乔布斯还是不明白，继续问他：“可是，我无时无刻不在想着改变世界。如果人生皆如梦幻，改变与不改变，又有什么分别？”

乙川弘文

乙川弘文禅师用手指着墙上的经幡说：“风吹幡动。千百年前，有僧人说：‘是风动。’又有僧人说：‘是幡动。’六祖惠能说：‘不是风动，也不是幡动，而是心动。’变与不变，其实，只在于你是不是真的心动呀。”

乔布斯问：“您是说，只要追随我心，就无须纠结？”

“一切万法，不离自性。去吧，既然心向往之，还有什么可纠结的？全心即佛，心佛无异。当心性再无滞碍、行止皆随本心的时候，你就是大彻大悟的佛陀呀！”

1991年3月18日史蒂夫·乔布斯和妻子劳伦·鲍威尔举行婚礼，

乙川弘文禅师应邀作为婚礼主持人。

2002 年 7 月 26 日，在瑞士湖滨，为了救助不慎落水的 5 岁女儿，乙川弘文禅师不幸溺水身亡。世寿 65 岁。

第四节 美国的临济、曹洞合一禅

美国的临济、曹洞合一禅，由日本发心寺原田祖岳禅师创造。从 1960 年以来，他便派弟子安谷白云、卡普勒（美国人）、前角泰山在美国进行传播。安谷白云不仅在美国各地传授坐禅方法，而且还担任檀香山“金刚僧伽会”、“加州菩萨会”、“纽约禅学研究会”禅师。1966 年，卡普勒在纽约创立“罗契斯特坐禅中心”，中心下设许多分支机构，遍布美国、加拿大各地。他还在美国各大学讲授禅学。前角泰山 1966 年在美国创立“洛杉矶禅中心”，所收弟子全是美国人。该中心于 1971 年开始印发通讯；1976 年出版禅学著作；1977 年，前角泰山指定美国数学博士格拉斯曼（Tdtsuge Glawwman）为法嗣；1978 年“洛杉矶禅中心”成立“超越文化研究学院”。

安谷白云和他的弟子

安谷白云（1885—1973 年），法名量衡，日本静冈县人，13 岁时在曹洞宗寺院出家。1925 年开始在原田祖岳门下接受禅宗训练，1943 年得到原田祖岳的禅旨。1954 年创立三宝教团，着重训练在家居士。1962 年访问美国。因 Philip Kapleau 的《禅宗三柱》，他在美国广为人知。书中不仅介绍了他的经历，还记述了他《参禅入门法》的开示，这是英文世界里第一个关于坐禅指导的开示。他是一个极端的民族主义者。

第五节 多元的美国禅宗

由于美国是一个多元文化国家，加上传授禅师来自具有不同的文化背景中国、日本、越南、韩国，同时传授场地与传授的在地化需求，禅宗在美国从内容到形式都发生了变化，他们不再恪守法脉而进行交

融，不再固守传承形式而进行修正，因此，呈现出一种多元化的态势。

有人根据西方禅学研究的实际，认为，20 世纪 80 年代后是“铃木终结”的时代，也就是美国禅宗进入多元化的时代。

20 世纪 80 年代后，美国产生了几位有影响的禅师，他们分别为：

度轮法师（1918—1995 年），俗姓白，名玉书，又名玉禧，吉林双城县人。传说出生前，他母亲曾梦见阿弥陀佛大放光明。11 岁时，见邻居家的一个小孩死亡，顿时感到生命无常，萌发了出家的意向。15 岁皈依常智老和尚。19 岁时，礼请常智老和尚为他剃度，老和尚赐他法名安慈，字度轮。传说守丧期间，有一天他正在打坐，忽然看到六祖大师来到他的茅棚，对他说：“将来你要到西方去，会在那里会教化无数人，就像恒河里的沙子一样，数也数不清。这是你的造化，也是西方佛法兴盛的标志。”说完，六祖大师就不见了。1947 年游历到普陀山，在普陀山受具足戒。1948 年游历到南华寺，礼拜虚云和尚为师，虚云传授他沩仰宗法脉，赐法号宣化。1949 年，度轮法师到香港弘法。1959 年，他令弟子在美国成立中国佛教总会，后改为法界佛教总会。1961 年，到澳洲弘法。1962 年，他应美国佛教人士邀请，来到美国三藩市弘法。1968 年，三藩市成立暑假楞严讲修班，华盛顿州立大学的 30 多名学生前来修习，讲修班结束时，有 5 名美籍青年恳请剃度出家，创下了美国佛教史上有美籍僧相的纪录。

经过他的苦心经营，他在万佛圣城建立了具有国际性宗教中心性质的道场，并在这里创立了一所法界佛教大学；同时在西岸各城市还分别建立了分道场。

度轮法师主张佛教不分法脉、派别，应沟通南北传佛教的融合，合大小乘为一乘。他说：“无论南传北传都是为众生发菩提心，了脱生死，离苦得乐。所以要沟通南北传佛教，使团结合一，不要你做你的，我做我的，把佛教的力量都给分散了。”度轮法师并在万佛城多次举办南北传佛教交流大会。

度轮法师于 1995 年 6 月 7 日在美国圆寂，世寿 78 岁。

美国加州沙加缅度禅学针灸研究院院长孙东柏居士曾写了一篇《参禅见佛》的文章，纪念度轮法师，文中记述：

> 1978 年，他来到美国游学，12 月 22 日来到金山寺，当时的金山寺十分简陋，寺门说是门，却又像窗户。他来到门

前，不知所措，这时，他突然感到前胸有一股股暖流流过，并迅速传遍全身，顿时令他神清气爽。这时，寺里有人向他招手，他刚踏进右边的小门，就有一个白人小和尚向他介绍说，他是宣化老和尚的美国弟子。于是，他向这位小和尚说，他来此的目的，是为了参加万佛圣城为期三周的冬季禅七。在法师的安排下，他和三个中国人及一个英国人一起，乘便车前往万佛圣城。

在万佛圣城的禅七期间，每天晚上宣化上人都要讲一小段《华严经》和开示。第二个礼拜天的晚上，宣化上人说他要到洛杉矶去，嘱咐他们不要偷懒，他们当中一定有人会得二十五圆通法门，并为大众说了四句偈语：

一九七八打禅七，
不紧不慢不焦急；
绵绵密密勤精进，
不久当至诸佛地。

度轮法师法像

就在开示后进行礼佛时，他抬头一看，在宣化上人上方，有五尊一丈高的圆锥形的紫金佛悬空而坐。

礼拜完毕，宣化上人故意问道：“你们有谁看到或者感应到什么没有？若有谁看到或者感应到了，请说出来让大家分享。”他不知道该不该说，接着宣化上人又问了两次，并鼓励说：“说出来，给大家听听，参禅的功德绝不会白白付出的。”于是，他鼓足勇气，说出了刚才的所见。

他认为，宣化上人能够得到五佛护持，是他以身作则、艰苦卓绝、为法忘躯、维护正法的结果。

圣严法师（1931—2009 年），俗姓张，江苏南通人。1943 年，由邻居戴居士带到狼山广教寺出家，1946 年来到上海天圣寺，1947 年来到上海静安寺佛学院学习，1949 年入伍，1960 年退伍，退伍后，投在东初老人座下，由东初老人再次剃度出家，赐予法号“慧空圣严”。东初老人既传承曹洞宗，也传承临济宗，一人传承两宗法门。圣严法师从东初老人那里得到了两系的传承。1961 年，投在基隆八堵海会寺的道源能信长老座下，求受沙弥、比丘、菩萨三坛护国千佛大戒，被选为沙弥首。1961 年秋，在高雄县美浓镇“大雄山朝元寺”修持佛经、戒律。1969 年，到日本东京立正大学的佛教学部求学，1975 年 3 月，获得立正大学博士学位。1975 年 12 月，圣严法师应美国沈家桢居士的邀请，前往美国弘法讲学。经沈家桢居士组织的“美国佛教会”（The Buddhist Association of the United States）安排，居住在该会所属的纽约市布朗士区大觉寺。在大觉寺的两年时间里，他根据西方人重实际的特点，侧重于学禅打坐的推广，开设了初级班、中级班、高级班、特别班、精进班及周日静坐班，首次举办禅七活动。1977 年 12 月，圣严法师奉东初老人的遗命承继道场，出任中华佛教文化馆的负责人。此后，在美国和台湾两地奔波、东西兼顾。之后，在纽约成立了禅中心，为授课需要而编写了一本《禅的体验》，陆续发行了两种英文的定期刊物：*Ch'an Magazine*（《禅杂志》季刊）以及 *Ch'an Newsletter*（《禅通讯》月刊）。2000 年圣严法师在美国象冈道场举办“默照禅四十九”。

圣严法师

由于圣严法师自身传承于禅宗的两大法系，又兼修戒律，在美国所传授的禅法，据他自己说，既不是中国禅宗的传统，也不同于日本禅宗的传统，许多是他自己多年的教学心得。由于他的美国弟子中既有以中文为母语的华人，也有受西方教育的美国人，为便于西方社会接受，在大体保持华人佛教徒熟悉的佛教形式的基础上，进行了一些改革。如将禅修由传统的禅七延长到禅十、禅四十九，针对习禅者的不同素质，将默照禅与话头禅分开传授，因此得到了参学者的喜爱。

同时，为了禅宗能在美国生根推广，他要求，美国的各分支道场，“当以禅风一致化、人事本土化为原则，以利纯粹禅法之不堕”。

一行禅师于1926年出生，越南中部人。1942年，他出家习禅。越美战争爆发后，目睹了一幕又一幕的战争惨状，促使他放弃寺院的清修生活，以越南佛教和平代表团主席的身份，组织出家同修，积极开展救助战争受害者的活动。1949年，在越南创立了安广佛学院（An Quan Buddhist Institute），是越南重要的佛学研究中心。1961年，分别在哥伦比亚及普林斯顿大学进行比较宗教学的教学和研究工作。1963年回国，在越南领导了一场非暴力抗争运动。1964年，与越南的一些大学教授及学生一起创立了青年社会服务学校（the School of Youth for Social Service）。1966年，一行禅师应和平联谊会（the Fellowship of Reconciliation）及康奈尔大学的邀请来到美国，在美国，他不断地进行演讲，积极主动地访问了社会团体和知名人士，如美国原国防部长麦克纳马拉（Mc Namara）、参议员富布赖特（Fullbright）和肯尼迪（Kennedy）、小马丁·路德·金博士（Dr. Martin Luther King, Jr）、托马斯·默顿（Thomas Merton）等，向他们描述了越南人民在战争中所遭受的苦难和他们对和平的愿望。受他游说的感染，1967年，小马丁·路德·金（Dr. MartinLutherKing, Jr.）提名应授予他"诺贝尔和平奖"。随后，辗转来到欧洲，在欧洲他拜访了众多政府首脑以及天主教人士，并两次觐见了教皇保罗六世（Pope Paul VI），希望天主教与佛教能加强合作，以共同推动越南和平事业。1973年，他在法国定居。定居法国后，他在"甜土豆"社区建立了一个小小的禅修者活动组织。1976年他和他的越南佛教和平代表团成员，想把募集到的救济金送给那些正在饱受饥饿的越南儿童，但是这一愿望没有实现。1977年，他们一行又来到马来西亚和新加坡，想营救在暹罗海湾遭受骚乱的船民们，但是受到了泰国和新加坡政府的阻饶。由于所有的努力，所有的心血都付之东流，一行禅师退回到他法国的隐居地——梅村，开始了长达五年多的静修生活，在此期间，他除了接见来访者外，就是坐禅、写作或修剪花园。1982年，他应邀在纽约参加了"尊重生命联合会"（the Reverence for Life Conference）会议。会议期间，他发现美国人对禅修具有极大的兴趣，于是便决定在美国创建禅修活动中心——"正念静修中心"，以指导美国发心禅修的人进行禅修。1983年，创立了大型静修中心，随后便隔年来一次这里指导静修及发表有关正念生活和社会责任的演讲。他认为，以"正念禅"和"生命的转化和疗救”为核心的人间佛教的修行理念，是疗救不健康的人心和病态社会的有效手段。通过不懈的努力，现在已在美国建成了无数个“正念静修中心”，为美国的禅修人士、艺术家、心理医生、环保主义者及儿童们提供了积极的帮助，取得了优异的成绩，备受美国人关注。

目前，他用越南语、英语和法语编写了80多本著作。其中包括：《活得安详》（*Being Peace*），《太阳我的心》（*The Sun My Heart*），《体味和平》（*Touching Peace*），《培养爱心》（*Cultivating the Mind of Love*），《太阳我的心》（*The Sun My Heart*），《切穿妄想的金刚石》（*The Diamond That Cuts through Illusion*），《与生命相约》（*Our Appointment with Life*），《呼吸，你活着》（*Breathe! You are Alive*），《活着的佛陀，活着的基督》（*Living Buddha Living Christ*），《行禅指南》（*A Guide to Walking Meditation*），《白云深处》（*Hermitage among the Clouds*），《正念的奇迹》（*The Miracle of Mindfulness*），《一默如雷》（*Thundering Silence*），《互即互入》（*Inter being*），《般若之心》（*The Heart of Understanding*），《佛之心法》（*The Heart of the Buddha's Teaching*），《步入解脱》（*Stepping into Freedom*），《生命的转化与疗救》（*Transformation and Healing*），《当下一刻，美妙一刻》（*Present Moment, Wonderful Moment*），《故道白云》（*Old Path White Cloud*）等，集中表达了他帮助人们改变迷失的、遗忘的、虚假的、烦恼的生存方式，实现觉悟的、自主的、真实的健康生活的“正念”理念。

一行禅师的禅法与日本禅宗系统大相径庭，不仅融入了许多南传的止观法门，而且融入了兼收并蓄的宗教情怀，据说他的佛堂里，同时供奉着耶稣。具体体现就是他的正念理论，正念是日常生活行为的正念，是对日常生活情境的积极利用，正念下的一切行为没有等级和高低贵贱的分别，它们都是神圣同一的，实现正念的途径就是观呼吸（conscious breathing），即对每次呼吸的觉知。由于他经历过战争，并且能正视社会问题，他的开示、指导永远都是围绕着痛苦、调适及和平的主题展开，具有浓厚的生活气息和强烈的现实针对性，是真正的入世佛教。因此，他的思想和著作在美国受到了普遍的欢迎，美国《新时代》杂志曾有评论认为：一行禅师的著作“是现在所见到的介绍禅修之智慧和禅修之胜妙的最优秀的著作之一”。“他的这些一流的著作已经帮助了成千上万的读者加深了对自我的理解，并获得了身心的安详和悦乐。”他是当今美国知名度最高的禅师。

1965年罗勃甘乃迪神父在日本传授基督教时，就拜Yamada禅师为师，跟禅师习法参禅。回到美国后，又拜Maezumi禅师为师，参加禅修。罗勃甘乃迪认为，基督教与禅宗不仅不是对立的，而且是可以产生互动的，基督教徒可以不必放弃原有的信仰，自由地参加禅修。因此，他曾带领许多基督教徒来到禅修中心禅修。1997年，他获得了禅师的称号，成为了具有耶稣会神父与禅师身份的传教士。他不仅在纽约、新泽西、康州地区指导着十多个禅修团体，而且还经常应邀参与跨宗教融通的座谈会，对东西方宗教的融合作出了极大的贡献。

第六节　西传加拿大的中国南禅宗

加拿大的中国南禅宗，最早有可能是由中国劳工传过去的，因为早在19世纪末期，就有大批华人铁路工人进入加拿大参与西部边疆的开发，这些铁路工人基本是中山、开平等地的广东人，他们把家乡的佛教——禅宗信仰带到了那里。确切地说，应该是由美国传过去的，一方面，有些禅师在美国弘法的同时，也去加拿大弘法；另一方面，有些禅师在美国建立道场的同时，也在加拿大建立道场。

释悟德法师，俗姓张，原籍广东潮州，出生于越南，20岁时剃度出家。最初修习净土宗，1972年开始研习禅宗，是临济宗传人。1975年越南统一后，因偷渡而入狱，1980年偷渡成功，逃到马来西亚，过了8个月的难民生活后，终于在1981年5月被加拿大接收。他在湛山精舍开始了为期4年的精修，禅法日益长进，与信众的善果因缘也日益深厚。随后在多伦多市中心建立了第一座华人佛教道场“大悲精舍”。1990年将该市的一座西人教堂改建成当地第一所华人佛教寺院“妙觉寺”。1992年9月依靠信众的资助，在多伦多市中心买下一座破旧的“东正教”会所，经过4年的改造兴建，终于建成为今日的“正觉寺”。现任正觉寺住持。

释悟德法师在湛山精舍

莱昂纳德·科恩（Leonard Cohen），生于1934年，加拿大蒙特利尔人。20世纪70年代开始修禅。1994年起，隐居在伯地山，1996年剃度出家成为禅宗和尚，法号“自闲”。1999年还俗下山。

第六章　西传欧洲的中国南禅宗

尽管中国南禅宗传入欧洲的时间不是很长，但是欧洲许多著名大学现在都成立了研究禅宗的机构或团体；欧洲许多出版社都用各种文字出版有关禅宗的著作；欧洲各国不断有信徒前往国外禅宗寺院朝拜和修习禅定；欧洲各国相继建立禅寺、禅堂、禅宗学校、禅定中心、修禅兼研究中心，中国南禅宗在欧洲的影响不断扩大。

第一节　英国的中国南禅宗

中国南禅宗传入英国，早期可以确认为19世纪初至40年代，那时，英国为了到中国来掠夺黄金，曾派出了一批宗教人士及学者和人类学家来到中国，进行传教和考察，在他们的考察报告中，已有关于中国南禅宗的描述与记载，南禅宗的因子已传播到英国。

20世纪初，中国南禅宗进一步在英国传播。根据相关材料记载：1914年铃木大拙开始在英国的《新东方》杂志上连载禅学论文，1927年英文版《禅论集》第1卷在伦敦出版，1933年英文版《禅论集》第2卷在伦敦出版，1934年英文版《禅论集》第3卷在伦敦出版。1936年10月至11月间，铃木大拙以日本外务省委派的日英交换教授的身份，先后在剑桥、牛津等多所大学开设《禅与日本文化》讲座，并在牛津大学开设坐禅会，指导听众坐禅，是一次理论与实践相结合的宣传。

1972年，英国籍日本曹洞宗比丘尼肯妮特在英国诺桑伯兰谷地创立“霞斯塔寺院”分支机构“瑟罗塞尔洞修道院”，该修道院住持禅师除了教导人修习坐禅外，还为人主持婚礼、举行葬礼，举行幼儿命名仪式及纪念仪式、佛教庆典活动等。在肯妮特的号召下，经过汉弗莱斯和史罗格尔等的极力倡导，禅宗很快便在英国流行开来，各地纷纷建立了坐禅中心，其中以“法屋”、“伦敦禅学社”等最为著名。

英国流传的中国南禅宗，主要是临济宗和曹洞宗。现在，英国佛教徒中25%的教徒信奉、传承的是中国南禅宗。

汉弗莱斯，又译作洪飞斯，出生于1901年，年轻时在剑桥大学攻读比较宗教学，后因听了培恩的演讲，从而改信佛教。1943年“伦敦佛教会”正式定名为“佛教协会”，汉弗莱斯应协会邀请，几乎每周公开演讲佛教，并与会员定期修习禅定。编著“佛学”及“禅学”著作，他的编著流行于西方世界。

第二节　法国的中国南禅宗

我们认为，中国南禅宗传入法国应是19世纪初，那时，法国同样派出了一批传教士和人类学家来到中国，考察中国的宗教和宣传自己的宗教，这些传教士和人类学家的考察报告中，同样也有关于中国南禅宗的描述。

1928年9月，临济宗禅师太虚大师来到法国马赛、巴黎弘法，在巴黎大学讲授“中国禅宗”，受到了法国学者及知名人士的欢迎，并共同发起筹建“世界佛学院”，法国政府为表示支持，决定捐地作为佛学院用地。法国佛教徒马格尔李维还与太虚大师商议，准备成立“巴黎佛教会”，可惜没有如愿。1929年，在太虚大师的促成下，罗丝贝莉（Constant Lounsbery）女士成立了“法国佛教友谊会”，后改名为“巴黎佛教协会”。1970年后，日僧凡泰仙（Taisen Deshimaru）禅师将日本禅的修行方法传入法国，并在法国的罗尔河和谢河及亚德斯市分别建立了大溪禅寺和禅修中心。1976年由凡泰仙禅师将日本曹洞宗传入巴黎，很快便遍及法国各地。其中在法国影响较大的禅寺有“格雷茨欧洲第一禅寺”、“马赛法华禅寺”等。1978年秋，在日本东京召开的“世界佛教徒联谊会第12届大会”上通过了一项决议，决定吸收“欧洲禅宗联盟”作为区域中心，机构设在巴黎。

目前，法国流传的中国南禅宗主要是临济宗和曹洞宗。

凡泰仙禅师，出生于武士家庭，小时候跟随母亲信奉净土宗。长大后，他跟随一位传教士学习，放弃了净土宗而信奉基督教新教。后来又放弃基督教而学习临济宗，再改临济宗而学曹洞宗。珍珠港事件

以后，凡泰仙禅师来到印度尼西亚一个岛屿（Bangka）上当兵，在那里，他教当地的华人、印度尼西亚人和欧洲人学习坐禅。由于有反战言行，被指为叛乱分子而入狱。不久，他被送到新加坡的一个战俘营里，几个月后他获得释放。凡泰仙禅师刚一释放，便去找他的曹洞宗老师，并追随老师 14 年，一直到老师圆寂为止。老师圆寂后，他按照老师的教导，前往欧洲弘法传禅。1967 年他来到巴黎，不倦地为弘法奔走，1970 年后，他的弘法事业有了长足进展。他被曹洞宗宗派确认为曹洞禅欧洲的座主。他的弟子将他的禅法传向了欧洲各地以及美洲。

戴密微（Paul. Demiéville，1894—1979 年），瑞士洛桑人，法兰西学院中国语言文化教授，对佛学有着深厚的功力，很早就注意到了敦煌文献中的禅宗写本 。在法兰西学院的讲座中，他仍不断讲授禅宗典籍，并不时发表一些论文。如 1972 年，发表了著名佛教著作《临济语录》的法译本等。

第三节　德国的中国南禅宗

中国南禅宗最迟已于 20 世纪初期传入德国，据记载，1929 年，中国临济宗禅师太虚大师来到德国讲学，曾与德国学者论说禅宗。1933 年斯泰克离开德国，到中国南京的栖霞山皈依太虚大师，法名照空。1934 年在伦敦召开的“首届国际佛学会议”上斯泰克被选为主席。第二次世界大战期间，他住在德国南部，专事写佛书、讲佛经。1938 年，将铃木大拙的《禅佛教入门》翻译成德文出版。

现在德国人信奉禅宗的较少，不过，汉堡禅中心，在德国还是具有一定影响的。

杜默林（Heinrich Dumoulin），德国著名禅宗学者。1988 年英译出版《禅佛教史：印度、中国卷》（*Zen Buddhism*：*A History-India and China*，*MacMillan*，1988），1990 年又出版《禅佛教史：日本卷》（*Zen Buddhism*：*A History-Japan*，*MacMillan*，1990）。1992 年出版《20 世纪禅佛教》（*Zen Buddhism in the 20th Century. New York*：*Weatherhill*，1992），评述了禅研究的最新进展以及禅与西方思想的融通。

第四节　意大利的中国南禅宗

20 世纪 60 年代，Martinclli 在佛罗伦萨创建了意大利佛教协会，同时，渊源于中国南禅宗的日本黄檗宗传入意大利，并开始受到意大利人的关注。

1983 年，意大利人 Taiten 获得日本 Taisen Deshimaru 禅师的禅旨，成为 Taisen Deshimaru 禅师的得法弟子，是黄檗宗嫡传的第一个欧洲人。1984 年，法师 Taiten 在佩鲁贾省兴建 Fudenji 寺，出任住持。寺中常住僧尼有 15 至 20 人，有时还有些居士和禅宗爱好者在这里修行学法。在米兰、诺瓦拉、布雷西亚、瓦雷泽等市都有 Fudenji 寺的附属中心。现在，Fudenji 寺还是意大利黄檗宗协会（Assoeiazione Italiana Zen Soto）的总部。

除此，还有特尔尼省的晋化宗寺庙、罗马和热那亚的菩提达摩中心（Centro Bodhidhanna）、阿雷佐的 Reve Asolana 塔、诺瓦拉的禅屋学院（Scuolachanwu）等，这些寺庙不仅经常举行集体坐禅活动，有时也进行静修和说法。

第五节　西班牙的中国南禅宗

早在 16 世纪，西班牙耶稣会的传教士就来到了中国和日本传教，其中，传教士 San Francisco Javier 和 Cosme de Tprres 曾撰文向西班牙人介绍过中国禅宗和日本禅宗，这应是中国南禅宗传入西班牙的标志。

1999 年，西班牙巴塞罗那的 Kairós 出版了 Laureano Ramirez 翻译的“*Sutra del estrado*”，“*Sutra del estrado*”就是“坛经”，这是西班牙唯一直接由中文转译成西班牙文的禅宗译著。这一译本的译者不仅进行了注解，而且还写了导言、列出了参考书目。

后　记

2009 年一个冬日的下午，正在韶关西联考场学车，忽然接到韶文化研究院莫昌龙院长的电话，说韶文化研究院已与暨南大学出版社达成意向，拟组织出版一套韶文化研究丛书，希望能申报一个选题。其时，我正涉猎禅宗文化，便斗胆申报了“南禅宗海外传播史”。盖因南华禅寺是南禅宗祖庭，海外南禅宗都渊源于南华禅寺，该选题与韶文化研究丛书相符。

承蒙韶文化研究院和暨南大学出版社的不弃，该选题立即得到了批准。可到正式开始写作时，却感到困难重重，有的国家资料宏富，难以提炼概括，以至未能全面反映相关情况；有的国家却资料稀少，难以成篇，以至相关国家只好付之阙如。这与书名实在难以相符，我们除了忐忑，就是汗颜。唯待日后不断搜索资料，充实提高，使之臻于完善。

《南禅宗海外传播史》由王焰安和慧贤法师合作完成，王焰安撰写了第一章、第三章、第四章、第五章、第六章；慧贤法师撰写了第二章。写作过程中，我们抄录、参考了释清决的《越南禅宗史论》、杨曾文的《日本佛教史》、何劲松的《韩国佛教史》以及《海东入华求法高僧传》等相关资料，特此予以说明。

《南禅宗海外传播史》完成初稿后，出版计划有变，原以为出版无望，便将稿件搁置在电脑之中，没有关注更没有修改。2013 年秋，出版计划重新启动，可能因电脑多次转换，传给责任编辑的不是最终的文本，因此苏编辑觉得书稿比较混乱，但她还是耐着性子审阅书稿，并不时地通过电话、短信、QQ与我们交换意见，尽量减少书稿中的错误。韶关市哲学社会科学联合会主席黄明奇、韶文化研究院院长莫昌龙为《南禅宗海外传播史》的规划、统筹、出版，花费了大量的时间和精力。对此我们深表谢忱！

王焰安　慧贤

2013年10月26日于韶关